中公文庫

無意味なものと不気味なもの

春日武彦

中央公論新社

文庫版◆まえがき

本書は、二〇〇七年にハードカバー版で刊行した『無意味なものと不気味なもの』の文庫版である。

ハードカバー版のまえがきでは、書名の由来を、「あれはいったい何だったのだろう……」といったどこか不安感や違和感に満ちた感覚をもたらす——そのような小説群を指し示す言葉であると説明をしておいた。今回の文庫版まえがきにおいては、そうしたあたりをもう少し詳しく述べてみたい。

結論から申せばこのタイトルは、〈恐怖の一歩手前〉ないしは〈流産した恐怖物語〉、〈グロテスクの未然形〉といった在りようを示している。取り上げた作品によってはチープな恐怖譚もあれば直球の私小説もあり、純文学そのものの短篇もあれば幻想文学に分類されるものもある。いずれもどこか曖昧《あいまい》さや割り切れない部分を含み、それがわたしたちの心にいつまでも引っ掛かる。

二〇二三年に『恐怖の正体——トラウマ・恐怖症からホラーまで』（中公新書）という一冊を上梓した。この本でわたしは恐怖およびその亜型としてのグロテスクについて定義を試みた。定義というものは一言で簡潔に言い切れれば何よりだが実際にはそう上手くいくものではない。苦肉の策として、三つの要素を挙げた。それが揃ったときに立ち上がってくる圧倒的な感情がすなわち恐怖でありグロテスクである、と。すなわち——

恐怖については、①危機感、②不条理感、③精神的視野狭窄、の三要素である。

グロテスクについては、①目を背けたくなる（しかし、しばしば目が釘付けになる）、②そのようなものと一緒に自分はこの世界を生きていかねばならないのかと慨嘆したくなったり、震撼させられたりする、③その異質さは、ときに滑稽さという文脈でしか受け入れられない、という三つである。

右の記述に鑑みれば、〈恐怖の一歩手前〉とは恐怖の三要素のうち、①危機感がいまだ前景化していないものに近いのではないか。また〈流産した恐怖物語〉とは、このままエスカレートすれば恐怖が顕現するであろうに、そのような顚末に達することなく終わった物語を指すだろう。そして〈グロテスクの未然形〉とは、グロテスクの三要素のうち一つないし複数がいささか薄弱であるものが該当するのではないか。そう考えたいのだ。

〈恐怖の一歩手前〉〈流産した恐怖物語〉〈グロテスクの未然形〉は、結局のところ恐怖やグロテスクの「気配」に終わっている。本書の第五章で紹介する作品で作者のラヴクラフトは恐怖を現出させたつもりでいるようだが、多くの読者は恐怖など（馬鹿馬鹿しくて）感じない。だがそれとは違ったところで「心にいつまでも引っ掛かる」。第三章や十四章の小説などはなるほどグロテスクそのものが描かれているかのように映るが、わたしたちが反応するのはそれよりももっとグロテスクな（しかし明示されていない）別な何かである。いずれにせよそれらは摑み所がないという点で、「無意味なもの」でしかない。「無意味なもの」についてあらためて言及してみるなら、それは存在していない状態に近いが、決して不在とは同一でない事物のことだろう。だから摑み所がないもの、曖昧なもの、（あたかも）取るに足らないもの、無視しようと思えばそれは可能だが無意識レベルでいつまでもわだかまりかねないものを指す。うっかり無意味なものを見落とすと、それは厄災を招いたり後悔をもたらすかもしれない。さまざまな可能性を自ら断ってしまうかもしれない。

以前、巨大なシャコ貝の中身をYouTubeで見たことがある。貝を無理矢理こじ開けて取り出した中身である。一抱えもあるぐにゃぐにゃしたそれは、大き過ぎてあからさまで、到底食欲をそそるものでなかった。冗談めいた表現をするなら、むしろ宇宙から飛来した未知の生物に近い感触すらあった。一瞬、醜いと感じたが、そもそも美醜の対象となる存在とは思えなかった。美醜を超越しているがゆえに、圧倒された。もしもシャコ貝が何かを考えるとしたら、その思考はこの内臓めいた形象に相応《ふさわ》しい筈であり、それはこちらの想像を超えているのみならず「おぞましい」ものだろう、と考えずにはいられなかった。グロテスクに限りなく近く、無意味であると同時に意味が過剰過ぎた。無意味なものは、ときに過剰な意味を孕《はら》んでいる事実に気付かされた体験でもあった。

なお「不気味なもの」という言葉については、少なからずの読者がフロイトの論文『不気味なもの』で語られた「不気味なものとは、慣れ親しんだ-内密なものが抑圧をこうったのちに回帰したもの」(『笑い/不気味なもの』原章二訳、平凡社ライブラリー、二〇一六)という箇所を思い起こすかもしれない。シャコ貝の中身に動物の内臓や女陰との相似を感じる人もいるのだろう。だがもっとシンプルに、「心にいつまでも引っ掛かる」ような打ち消し難い違和感を以て「不気味なもの」と称して構わないと思う。

それにしてもこの本は何の役にも立たない。主義主張すらないし、インテリジェンスの涵養《かんよう》に寄与するわけでもない。誰かに内容を話して聞かせれば感心してもらえるわけでもない。けれどもわたしは、たとえば第十六章で示した「いつの間にかするりと家庭に入り込んでくる人物、さりげない闖入者《ちんにゅうしゃ》」といったテーマを扱った作品が、(上手く書かれていれば)我々の心をざわつかせてくるように、ぜひ読み継がれるべき奇異で不穏な味わいの小説群についていくぶん風変わりに論じてみたかったのである。それがどうしたと嘲笑されても構わない。しかし読了後に「あれはいったい何だったのだろう」といった感覚を脳髄の襞《ひだ》でうっすらと感じていただけたら、それだけでもう本書は十七年を経て文庫化された価値があるだろう。

まえがき

ちっぽけな祠《ほこら》があって、周囲を鎮守の森が黒っぽく囲んでいた。といっても、森そのものが学校のプールくらいの広さしかなく、その向こうには貧相な木造モルタルアパートや文化住宅が点在していた。昭和三十年代のことである。

ミニチュアめいた鎮守の森であったが、湿って薄暗い場所は確保されていた。祠の手前には石造りの灰色をした鳥居があって、脚の根元には苔《こけ》が生えていた。近所に友人の家があり、彼の叔父に当たる人物は駅前で精肉店を営んでいた。

その友人と、ときおり鳥居の前で遊んだ。鳥居の貫《ぬき》や笠木――つまり横棒の部分に石ころが幾つも乗っかっている。大人でも手が届かぬ高さだから、これは小石を投げて上手く鳥居の横棒に乗せたわけである。よほど巧みにコントロールして投げないと、石は跳ねたり転がったりして横棒の上には鎮座してくれない。

友人が教えてくれたところによると、自分の投げた石ころが首尾よく乗っかれば願いが叶うという。小学生のわたしにことさら願いなどなかったが、何となくこだわりたくなる。飽きもせずに、足元の小石を、放物線を描くように鳥居目指して投げ続けた。たまに成功することがあって、ただし横棒の上は既に誰かが投げ乗せた石で満席状態であったから、こちらの石が乗っかるということは、古い石を蹴落とすことであった。石を落とされると見知らぬ人が不幸にでも見舞われるのか、そのあたりのことは友人も知らなかった。

ある日、鳥居を見上げると、貫の端近くに奇妙な小石が乗っていた。石そのものは変哲がないが、表面にペンキか何かで赤い点がぽつんと記してある。そしてその赤い点は、サイコロの一の目を連想させた。

気になるのでその怪しい石を落としてやろうと、友人と躍起になって投擲《とうてき》を続けたが、なぜか二人とも不調でまったく成功しなかった。ただし、あのおかしな石を鳥居から落とすと不吉な結果を招きそうな予感もあって、失敗したことにむしろ安堵する気持ちもあった。そしてその次に我々が鳥居の前に立ったとき、赤い点のある石は消え失せていた。たぶん誰かが別の石を投げて、その側杖《そばづえ》で転がり落ちたに違いない。そこで鳥居の下を探してみたが、あの小石は見つからなかった。持ち去られてしまったのだろうか。

話はそれだけである。けれども、今になってもなぜかあの赤い点の記された石のことを不意に思い出す。そして「あれはいったい何だったのだろう」と呟きたくなる。自分の人生においてことさら意味があったとは思えないし、どうして記憶に残っているのかそのこと自体がよほど不思議な気がする。だいいち、解明を試みたとしてもいまさら役に立つ話が出てくる筈もあるまい。しかしわたしは、それこそ呪文のように「あれはいったい何だったのだろう」と繰り返さずにはいられない。

やはり小学生の頃、父と連れ立って通っていた散髪屋があって、そこの主人は日曜画家ならぬ月曜画家（理髪店は月曜が定休）であった。洗髪のためのタイル貼りのシンクが店の奥にあって、その上に彼の描いた油絵が掛けてあった。暗い色彩の抽象画で、理髪師の自信作であるらしかった。

いったい何をモチーフにしていたのだろう。わたしは子ども心に漠然と、あれは客の頭を洗うときの理髪師のしゃかしゃかした手の動きを表現しているのではないかと考えていた。さらに、なぜわざわざそんなことを抽象画の形で表現しなければならないのか、そのあたりを疑問に感じていたが上手く言葉にして質問することが出来なかった。おそらく言語化が可能であったとしても、問い質しはしなかったろうが。

あの抽象画のことも、特別な脈絡もないままいきなり想起されることがある。もう一度見たいとも思わないが、「あれはいったい何だったのだろう」と、どこか懐かしさともどかしさとが混ざり合ったような気持ちがこみ上げてくる。美術史を彩る数多《あまた》の名画よりも、よほど気掛かりになったこともある。

自分が生きてきた中で、「あれはいったい何だったのだろう」としか言いようのないものと出会ってきた。それは他人に語れば埒《らち》もない些事に違いない。目に見えるような影響力を自分に及ぼした痕跡もない。わたしとしてはその正体をはっきりと突き止めきれず、あるいは吟味する機会もないまま、いつしか記憶の浜辺に漂着していることを発見した事物に過ぎない。そうしたものの内には、小説もまた含まれる。通俗小説とか娯楽小説として分類されるものから純文学まで、本来のメッセージとは微妙に食い違った部分においてひそやかに違和感を与え続けてきた小説たち。奇妙な方法論を用いて世界を分節してみせた物語たち。わたしの孤独感をますます深めてきた文章の数々。

本書は、そのような小説について、あえて個人的な記憶や体験を織り込みつつ論じたものである。文学研究といった高尚なものではないし、エッセイと称するには強迫的な気配が漂い過ぎているだろう。それは無意味なものと不気味なものにまつわる探求報告であり、「あれはいったい何だったのだろう」という呟きの執拗な反復である。

いったい本書が世の中においてどれほどの意味を持ち得るのかわたしとしては甚だ心もとない。だがもし読者諸氏にも「あれはいったい何だったのだろう」との文言が病原菌のように感染すれば、著者としては嬉しい。寂しさがまぎれ、この世界に生を営んでいくことの不安を、幾分なりとも忘れさせてくれそうだからである。

目次

文庫版ボーナストラック

無意味なものと不気味なもの

一、隠蔽された顔

——ナサニエル・ホーソーン『牧師の黒のベール』

先日、精神科救急の当直をしていたら、中年の女性患者に唾を吐きかけられた。小匙に一杯ぐらいの量の唾液が、わたしの額を直撃した。油断していたので避けそこねたのである。いくら相手が精神を病んでいるとはいえ、女から唾を吐かれると、瞬間的に平静を失う。怒りのあまり吃《ども》りそうになって、自己嫌悪に陥った。

彼女は統合失調症（精神分裂病）で、半裸になって路上で騒いでいたために警官に保護された。事情聴取をしようとすると、喋る内容が目茶苦茶である。おまけに交番で暴れようとする。机の上にあった電話を床へ払い落とし、その次には書類をいきなり摑み、真っ二つに引き裂こうとした。そのくせ顔は笑っているという。どうも精神に問題がありそうだということで、真夜中にパトロールカーで病院へ連れて来られたのであった。

診察室では、意外にもおとなしかった。室内をきょろきょろ見回し、ときおり満面に笑みを浮かべる。にやにやしたり、（可笑《おか》しさのあまり？）ぷっと吹き出したりする。幻聴がさかんに聞こえていて、その内容が当人を笑わせているようにも見えるし、あるいは笑いの表情を司る神経だけが暴走しているようにも見える。

「何か面白いことでも、聞こえてくるの？」

そう尋ねてみると、その質問自体が滑稽でならないように笑い顔となる。ただし声は出さない。唐突に柏手《かしわで》を打って背筋を伸ばしたかと思うと、次にはもう顔中が笑いで膨らんでいる。

神経学的な検査をしようと診察台へ横になってもらった。小太りで、皮膚のあちこちに蚊に刺された痕《あと》がある。検査のために、自然にわたしの顔が相手の顔に近づく。それを待っていたかのように、彼女は不意打ちで唾を吐きかけてきたのだった。しっかりと口の中へ唾液を溜め、狙いを定めてでなければあれほどの量を命中させることは出来ない。

普通、相手の顔に唾を吐くのは一種の「攻撃」である。強い拒絶とか嫌悪感の表明といったものをも含めて、攻撃に準ずる行為であろう。それは笑顔にそぐわない。もっとも笑い顔というのも、言葉で表現すれば一言で済んでしまうが、実際には嘲《あざけ》りとか優越感の誇示といった具合に攻撃のニュアンスを含むことがある。

ところが彼女の場合には、その笑いに攻撃性は感じ取れなかった。自己完結しているのである。だから油断をしてしまった。

結局彼女は静脈注射で鎮静させられて入院となった。その顛末はともかくとして、表情と行動（あるいは思考）とが極端にかけ離れていると、類似したケースを何度目にしていても、やはり当惑せざるを得ない。まるで左右の目玉を別々に動かせる人間と遭遇するようなもので、あまりにも不自然である。だが、現実にそのような落差が生じているのを見ると、つくづく「人の表情は、所詮は皮一枚の現象なのだな」と思わせられる。そしてその感慨は、視覚や聴覚を通じて相手の内面を理解するなんて不可能であるといった実感につながっていく。

＊　＊

『緋文字』の作者として知られるナサニエル・ホーソーンは、大学を出てからおよそ十年のあいだ、マサチューセッツ州セイラムにある自宅の屋根裏部屋へ閉じこもって、黙々と短篇小説の創作に打ち込んでいた。俗世間へ顔を曝《さら》すこともなく、ひたすら孤高を保ちながら、奇矯でグロテスクな作品群を書き綴っていた。

世俗から隔絶されたこの十数年間については、姉エリザベスとの近親相姦の日々を疑う評論家もいるほどで、何やら秘密めいて濃密な期間であったらしい。実際、倫理的な罪であるとか、心の奥底に秘められた「おぞましさ」といった彼の終生のテーマは、ひどく現実離れをしたこの十数年を以て濃縮されていったのである。

蟄居《ちっきょ》生活の時期に執筆された短篇のひとつに、『牧師の黒のベール』と題された作品がある。読了したときの感想は、「屋根裏部屋でこんな物語を書いていたなんて、実に不健康な精神の持ち主だなあ」といったものであった。じわじわと嫌な気分が湧き出てくるような内容だったのである。

ストーリーは、ある牧師の半生である。

ニューイングランドの小さな村の聖職者であったフーパー牧師（年齢はおよそ三十歳、独身）は、柔和で控えめな常識人であった。善人だが凡庸な人物だったのである。だがある晴れ渡った安息日の朝から、彼は自らの顔を捨て去った。突然黒いベールで自分の顔を覆い隠し、誰にもその理由を説明することなく、死ぬまで（それどころか死んでからも！）ベールを取ろうとしなかったのである。物語の内容はそれ以上でも、それ以下でもない。フーパー牧師がはじめて人前に黒いベールで登場したときの描写を、ここに引用してみよう（坂下昇訳）。

彼の外観で驚くべき特徴が一つだけあった。額のあたりを包みこみ、息を吐くたびにゆらゆらと揺れるくらいの低さにまで、黒のベールをかぶっていたからである。近寄ってみると、このベールは二重の喪章用の黒いクレープで出来ているらしく、そのために目鼻だちは完全に隠れ、口と顎だけになって見えた。このベールは恐らく彼の視界を遮る妨害物《さえぎ》とはなっていなかったろうが、ただ、彼の視野の中では、この世の命あるもの、命なきものの印しが一面の黒ずんだ世界に見えていたに違いない。

おそらくベールは、歌舞伎役者の後見を務める黒子の頭巾のようにして顔を覆っていたのではないだろうか。

それにしても黒のベールはあまりにも禍々《まがまが》しく異様である。忌まわしい。当然のことながら、素朴な村の人々は面食らい、かつ恐怖に似た感情を覚えた。だからこそ彼らは、口々に正直な感想を述べたのだった。

墓掘り人は言った、「どうもほんとにその気がせん、あの黒の喪章の薄絹のうしろに、フーパー牧師の顔があるみたいには見えんのだがなあ！」。

ある年寄りの女は言った、「あたし、不吉な気がするの」「あの方、なにか怖気《おじけ》だつものに変身なすったのだわ、顔を隠しただけのことで」。

グレー旦那は叫んだ、「わしらの司祭は気が狂っておしまいじゃ！」。

そんな反応に気づいていながらも、牧師は朝の説教を淡々と済ませ、葬式にも参列し、あまつさえ目出たい結婚式にさえ不気味なベールで顔を隠したままで列席したのだった。なるほど顔は覆い隠してしまったけれど、彼の人柄や物腰は以前とまったく変わらなかった。発狂した様子もない。ではなぜフーパー牧師は顔を隠さねばならなかったのか？

顔に大怪我でもしたのか。不思議な病気によって顔面が崩れてしまったのか。何かの贖罪といった意味なのか。あるいは修行に近いものなのか。さもなければ、非常に特異な形による祈りなのか。

村人たちは、ベールに対する疑問で身悶えせんばかりであった。しかし面と向かって不躾《ぶしつけ》に質問することも憚《はばか》られる。なにしろ相手は聖職者なのだから。そこで村から代表団を立てて、牧師を訪問して問い詰めることにした。

が、いざ彼の前に出ると、何やら威圧されるような不安な気持ちになってしまい、質問する勇気など雲散霧消してしまうのであった。

例の黒のベールはフーパー牧師の額をくるみ、静寂の気を湛えた口から上の容貌はすっぽりと隠したままだったが、彼の口許には、時折、憂鬱症の微笑《ほほえ》みが光るのが認められた。だが、この一枚の喪章用のクレープが、みなの想像の中では、まるで牧師の心を掩《おお》う覆面であるかのように見え、牧師と一同との間を遮っている恐ろしい秘密であるかのように見えたのである。ベールを外してさえくれれば、自由にその話が出来るはずだが、垂らしたままでは手の施しようがない。こうして、一同はかなりの時間そこに座っていたが、舌はもつれ、頭は混乱し、目はフーパー牧師の目から自信なげに逸らすのみだった。相手の目が不可視の視線で自分らを睨んでいるのを感じていたからである。

村の代表者たちはすごすごと退散し、謎が解き明かされることはなかった。そして村人たちに畏怖の感情を与えつつも、フーパー牧師は聖職者の仕事をまっとうかつ地道につづけたのであった。いやそれどころか、聖職者としての名声を次第に高めるまでに至ったのである。

あまりに慣れ親しんだ人物よりも、どこか不可解で理解の及ばぬ要素を持ち合わせた人物のほうが、霊験あらたかな宗教家として後光を発するものである。そうなると、謎に満ちた黒いベールのもたらす効果は絶大なものとなる。不気味に顔を被《おお》ったフーパー牧師へ、やがて人々は困惑を通り越して、そこへ超自然的な力や計り知れぬ包容力を見るようになった。フーパー牧師は、あの黒いベールによって自らへ受難にも似た苦悩を強いている。その苦悩は、異様な覆面のもたらす衝撃と慈悲に満ちた声とによって、敬虔な信徒たちへ神秘に満ちた魂の実在を信じさせるようになったのであった。

こうして歳を重ねるにつれて、ついに彼は「尊父《そんぷ》フーパー」と呼ばれるまでになった。顔は黒く不吉なベールで覆い隠したまま、聖職者としての地位を確実にのぼりつめていったのである。

やがて長い年月が過ぎ去り、顔に刻まれたであろう皺を誰も見ることは叶わなかったたけれども、彼は年老い、寿命の尽きる頃合いが訪れた。全身が衰弱し、歩くこともままならず、教会の人々や信者たちに見守られつつ臨終の床へ就くようになった。

今や尊父フーパーは白髪となり、それがあのベールの黒と鮮やかな対照を示していた。ベールは、細く弱々しげな呼吸のたびに、ひらひらと微かに揺れる。「この一片の黒のクレープは彼の生涯を通じて彼と世界とを隔てる幕だったのだし、愉快な友愛からも女の愛からも遠ざけ、地上の牢獄でも最も悲しい牢獄――彼自身の――心のうちに隠遁してきたのである。なのに、このベールはいまも彼の顔を掩い、あたかも彼の小暗き部屋の陰鬱さをいやが上にも深め、永遠の陽光から彼を遮断しているかのようだった」。

虫の息となってもなおかつ黒いベールのまま素顔を見せようとしないのは、もはや静謐《せいひつ》な心を反映しているとは思われない。どこか常軌を逸している。死が間近に迫っている状況を考え合わせると、ベールへの途方もない執着は尊父フーパーがいつしか人間以外の存在へと化してしまっているかのようにすら感じられる。

とうとうウェストベリの牧師が耐えきれなくなった。フーパーへ、昇天する前にベールを外して素顔を見せてはどうかと促したのである。

すると、

だが、突然、並み居る者を慄然とさせたことに、尊父は全身の力をふり絞ると寝台掛けの下にあった両手をひったくるようにして出し、黒のベールの上からはっしと抑えつけた。ウェストベリの牧師よ、おまえがいまわの際の人間と決闘したいというんなら、かかってこい、俺が相手になってやる、といわんばかりだ。

「絶対にいかん！」、と覆面の牧師が叫んだ。「地上では絶対にいかん！」。

臨終の床で凄まじい気力を示した尊父フーパーは、寝台からむっくりと起き上がり、おどろおどろしく語りはじめた。その姿は、顔の欠落と想像を絶した精神力ゆえに、さながら魔物を思わせる。

「皆の者、どうして私ひとりを見てそんなに怯えるのかね？」、と彼がいって、ベールを垂れた顔を青ざめた顔の客一同にぐるりとまわした。「お互いを見合ってさえ怯えているではないか！　皆が私を避け、女たちが哀れみも示さず、子供らが泣いて逃げ出したというのも、すべて私の黒のベールのせいだというのかね？　それとも、それがおぼろに象徴する神秘のほかに、この一片の黒のクレープをそんなに恐ろしいものにしているものが他にあるというのかね？　いずれの時にか、友が親しい友に、恋人が最愛の人に、魂の深層の秘密を打ち明けられる時がくるとしたら、さらにまた、人が自分の罪の秘密を嫌々ながらも大切に仕舞いこみ、大いなる創造主の眼から逃れようとして無益な努力をしないでもすむ時がくるとしたら、その時こそ、私がそのために生きてきたし、いままたそのために死んでゆく象徴の怪物だったとかなんとかいうがいい。私のまわりのどの顔を見まわしても、見よ！　どの顔にも『黒のベール』があるではないか！」。

客たちは蒼白となって震え上がり、そのあいだに尊父フーパーはついに息を引き取った。黒いクレープを捲くり上げて死に顔をあらためようとする者は誰もいない。後ずさる者ばかりである。だがそのまま放置しておくわけにもいかない。遺体となったフーパーは恐れおののく人々に遠巻きにされつつ、ベールで顔を覆った姿のまま手早く棺《ひつぎ》へ入れられ、埋葬されることになったのである。あの明るく晴れた安息日以来、フーパー牧師の顔は、本人の望み通り誰の目にも一切触れることなく地中へと埋められたのであった。

物語の最後は、以下のような文章で締めくくられる。

その墓の上では、くる年もくる年も、草は生えては枯れ、生えてはまた枯れた。いつしか墓石は苔むし、尊父フーパー牧師の顔もいまは塵あくたと化した。あの顔が永遠なる地上の「黒のベール」の下で朽ち果てつつあるのかと思うと、いまも怖気だつ！

結局、いかなるエピソードがフーパー牧師に生涯顔を隠す決心をさせたのか、具体的な説明は一切されることのないまま話は終わる。読者としては、半端に放り出されたまま、困惑と不気味さとに押しつぶされそうな気分にさせられる。E・A・ポオはこの作品を絶賛したそうであるが、なるほど『赤死病の仮面』や『早すぎた埋葬』の作者ならば、大いに共鳴する部分があったに違いない。

これほどのインパクトがある『牧師の黒のベール』であるが、それではこの作品が傑作なのかどうかとなると、わたしは躊躇してしまうのである。なぜなら、以下の二点が引っかかるからなのである。

①フーパー牧師はなぜ黒のベールで突然顔を覆い隠し、死の間際にも外すことを拒絶したのか。この問いを放置したままでは、本作は、解決の省略された推理小説のような欠陥品ということになりはしないか。

②黒のベールとは、何かの象徴とか隠喩といったもののように感じられる。だが、どうもいまひとつベールが意味するところが不明瞭である。

おそらく①と②とは密接に関わっているが、いずれにしても釈然としない部分が残る。それはホーソーンの確信犯的な作戦なのか、あるいは不完全な作品の証左でしかないのか。

わたしは学生時代に現代国語の科目がまったく駄目であった。作者の言いたいことを四十字以内で記せ、といった類の設問が特に苦手であった。現代国語が得意科目であった連中でも（いやなおさら）、①②には困ってしまうのではないか。図式的に要約が可能ならいならば小説をわざわざ書く必然性などあるまいが、やはり曖昧に過ぎて不安になるのがこの『牧師の黒のベール』なのである。

研究書を繙《ひもと》いてみると、たとえば岡田量一の『ホーソーンの短編小説』（北星堂書店、一九九六）には「作品の主軸をなす黒ヴェールそのものが、今だに謎のままである」と述べられている。そしてポオ以来、もっとも多い説は性的な罪に絡んだものが暗示されているという意見である。確かに黒ベールで顔を隠した聖職者には「いかがわしさ」がまとわりついているし、それが性的な悪を連想させるのは無理からぬことであろう。息を引き取る直前にフーパーが「私のまわりのどの顔を見まわしても、見よ！　どの顔にも『黒のベール』があるではないか！」と言い放ったことも、性的な罪の普遍性を思い起こさせる。

だが死んでもなお顔を隠さねばならないほどの性的な罪がどんなものであったのか、それが一切語られていないのは小説としてバランスが悪すぎないか。

牧師としての職業上の戦略であったという説もある。フーパーのベールはマジックミラーのような作用を持っている。信徒たちから彼の顔は見えない。だがフーパーのほうは、二重に折ったクレープを透して彼らを見ることが出来る。こうした装置によって、信徒たちは何もかもが見透かされているかのような心理に置かれる。そうした意味においてフーパー牧師は、神に一歩近づいた存在になることが可能となり、だからこそ聖職者として傑出していったのだ、と。

たしかに一理ある説だけれど、物語全体を貫く禍々しいトーンや、臨終に際してのフーパーの態度などを思い返すと、そんなハウツー的な動機であったとは信じられない。もっと深く根源的なものを黒ベールは仄めかしているように感じられるのである。

いっぽう瀬戸川猛資は『夢想の研究』（東京創元社、一九九九）において「時間を小さなヴェールの形に切り取って見せた男の物語である」と主張する。なるほどフーパー牧師はあの忌まわしいベールを被ることで、今までとは別な時間を生きることになった。同じ場所にいても、彼だけはベールの奥で異なる時間を営んでいる。しかもベールを取らないまま地中に葬られているフーパーは、まったく別な時間に属しているからこそ恐ろしい。いつ生き返ってくるのかも分からないし、地上の人々の秘められた罪が柩《ひつぎ》の中で消え去ってしまう保証もないのだから。

瀬戸川説がいちばん説得力がありそうだけれども、深読みといえばその通りである。黒いベールがすなわち時間であるとは、本文のどこにも書かれていないし暗示されてもいないのだから。

短篇小説を一種の精緻な工芸品に近いものと見倣すならば、たぶん『牧師の黒のベール』は不完全な作品だろう。だが読後感がもたらすものは、不全感とか不満足といったものとは趣を異にする。

わたしとしては、この作品は断片に近いものではないのかと思う。内容に欠落した部分があるまま、断片は断片なりに存在感を主張していると作者によって判断されたのではないだろうか。だから黒のベールが何を象徴しているか不明なのは当然のことで、それは砂漠で見つけた頭蓋骨を眺めて生前の髪の色を言い当てることが不可能なのと同じ理屈なのである。

以下はわたしのたんなる妄想と思っていただきたい。

作品を構想している段階で、若き日のホーソーンは実際に喪章用クレープで黒いベールを作り、それを屋根裏部屋でそっと被り、鏡を覗いてみたのではないか。さもなければ、姉の顔を黒いベールで覆ってみたのではないか。そしてただの実験にもかかわらずあまりの不気味さに感じ入り、もはや因果関係や象徴性をいちいち説明することに不毛さを覚え、あえて断片としての物語のみを書き上げることにした。だからこの物語のリアリティーは、屋根裏での実体験によって保証されている。

フーパー牧師とホーソーンとが同一人物であるとは思えないが、ホーソーンが「本当に」ベールで顔を覆ったとき、彼はフーパーでもあり同時に怪物でもあったのだろう。もちろんそんな戯言を裏付ける証拠など一切ないけれど。

＊　＊

黒いベールで顔を覆った患者がわたしの診察室を訪れたことはない。ただしサングラスとマスクで顔を隠したり、長く伸びた髪を前に垂らして顔を隠している患者と向き合ったことはある。普通の眼鏡のレンズ部分にガムテープを貼り、テープの間のスリットから外を眺めるといった即席サングラスを着用していた患者もいた。

彼らは、性的な罪を負っていたわけではない。他人に対する劇的な視覚効果を狙っていたのでもない。何かをアピールしたかったわけでもない。

ある患者は、自分が他人に狙われ危害を与えられるのではないかとの妄想から、顔を隠していた。別な患者は、自分の顔がこの世のものとは思えないほど醜く（実際にはそんなことはない）、その醜さゆえに他人をうろたえさせてしまうから顔を隠しているのだと語った。

概して顔を隠蔽したがる人々は、病理が重い。そして彼らと向き合っていると、たとえようもなく不安な気分に駆られてしまう。そんなときには、「なぜあなたは顔を隠しているのですか？」といった単純な質問すらも、わたしには憚られてしまうのである。

二、本物そっくり
――河野多恵子『半所有者』

高校生の頃、級友が書いた小説を読んだことがある。肉筆の原稿を綴じた回覧式の同人誌（メンバーはすべて高校生）に彼が作品を寄せていて、その同人誌ごと貸してもらった。家で、水羊羹《みずようかん》を食べながら読んだ。

友人の作品もさることながら、いろいろな小説が載っていて興味深かった。大仰なペンネームで書いている者や、文豪の原稿みたいに太字の万年筆で書かれた作品があって、どこか微笑ましい。わざわざ旧かな遣いで書いている者までいた。

級友の作品には、何人もの女性が登場していた。そして彼女たちの会話が原稿用紙に綴られていた。「〜だわ」とか、「〜なのよ」「ほほほ」などと書いてあると、まるで級友が女装をして裏声で喋っているのを聞かされているような気分になった。小説を書くということは、こうも恥ずかしいことなんだなと本気で思ったことを覚えている。

見知らぬ高校生が書いた作品には、性交の場面が出てきた。それを読んだときのわたしはまだ童貞だったし、当時の高校生の童貞率は現在よりも遥かに高かった筈である。であるからして、小説中の性交場面は果たして実体験に基づいているのだろうかとわたしは大いに疑った。まだ童貞のくせにいやに詳しくセックスのことなんか書いていたら、ずいぶん背伸びしていることになる。本当に性交を味わった後に自分の作品を読み返したら、きっと顔を赤らめることになるのではないか。

いっぽうすでに童貞を捨て去っていたとしたら、たんにそのことが自慢したくて書いているだけのように思われる小説なのであった。まさに風化が約束されている小説ということで、ずいぶん悲しい話である。

活字となって本屋で売られている小説には違和感を覚えないのに、自分と同年齢の者が書いた小説として読む肉筆原稿には、恥ずかしさや馬鹿らしさが充満していた。わたしは、小説なんか書く奴の気がしれないなあとかなり長いこと思っていた。しかし近ごろではそんな感覚が麻痺してしまっている。何が書いてあっても昔のように生々しさを感じない。喜ぶべきことなのだろうか、悲しむべきことなのだろうか。

＊　＊

河野多恵子の『半所有者』は、川端康成文学賞を受賞している。この賞はかなり信用出来ると勝手に思い込んでいるせいで、しかも死体との性交を描いているということで、わたしは大層意気込んで頁を繰ったものである（おまけに短篇なので、すぐに読み終えられる）。そして、いささか当惑した。文章は平易だし描かれている光景はまことに鮮明なのに、「よく分からない小説だなあ」というのが、率直な感想だったのである。

よく分からないというのは、つまりこの小説が示しているであろうテーマが何だか分からなかったということなのである。作者を含めて死体と性交した人なんてまずいないだろうから、作品のクライマックスは明らかに「まことしやかな嘘」である。その嘘は娯楽小説におけるものとは性質が異なる筈で、切実な必然性を以て創造された嘘の筈である。屍姦を持ち出してまで書かなければならないテーマなんてあるのだろうか。しかも屍《しかばね》は妻であり、夫における性交の感覚を女流作家が書いているのだから、二重に嘘が積み上げられているのである。そこまでして表現されねばならないものとは？

なにはともあれ、内容を追ってみよう。

主人公は久保氏、五十五歳。仕事の内容は分からないが文系の大学を出ており、枕のことをピッロウと呼び、自宅には六法全書が置いてある位なのだから、それなりにインテリなのだろう。二階建ての一軒家に住み、同じ敷地内には息子夫婦が住んでいる。

妻は四十九歳で、一ヵ月半ばかり入院して息を引き取った。病名は書かれていないが、この若さからすると、癌の可能性がいちばん高いのかもしれない。一進一退を繰りかえし、最後には酸素吸入のお世話になりつつ昇天した。

無念なことではあるけれども、唐突な死ではない。夫の久保氏としてもある程度の覚悟はついていた。だから妻が亡くなっても取り乱したりはせずに、葬儀屋と一緒に打ち合わせを済ませ、遺体を自宅へ連れ帰り、座敷へ安置したわけである。

自宅へ戻った時点で(真夜中である)、久保氏は一緒にいた息子夫婦が邪魔で仕方なくなっていた。ただしそれは「早く妻と性交したい」と思っていたからではない。とにかく妻と二人きりになりたい、そしてゆっくりと妻の顔を眺め別れを告げたいと考えていたからである。

息子夫婦が辞してから、早速彼は妻の顔に被せてあった白い布を退け、「おかえり」と声に出して言ってみた。彼女が返事をする筈もないのだが、久保氏はじっと耳をそばだてていた。と、いきなり電話のベルが響きわたった。彼は舌打ちをする。「彼はその家屋をまだ完全には独占できてはいなかったのだ」。電話機のところへ行って、〝おやすみ〟モードに切り替えてまた妻のところへ戻った。そして「おかえり」と、「今度は怒鳴り気味に言った」。

それから久保氏は、横たわっている妻の遺体に向かって、とりとめもない話を気さくな調子で語りかける。享年は数え年で記すものなので、君は五十一歳ということになる、これで僕らは六つ違いではなくて四つ違いになったね、などと。このあたりでの些細なエピソードの入れ方が、小説の上手下手に大きく関わりそうな気がする。

やがて彼は、返事をしない妻の顔にじっと見入る。穴のあくほど見つめる。そうやって妻が元気だった頃の仕種や喋り方を思い浮かべようとする。ところが不思議なことに、そのような記憶が一向に甦ってこない。拭き消されたかのように、記憶が甦ってこないのである。

遽《にわ》かに、久保氏は元気であった妻の話し方や声の記憶を喪失させたのは、その遺体である気がした。

久保氏は遺体そのものに腹が立ってくる。彼は両手で妻の死顔を挟んでみる。皮膚の冷たさにたじろぎながら、顔が変形するほどに顔を強く挟みつける。そんなことに意味はないのに、強く挟みつけるのである。次には衿先から手を入れてそっと胸へ触れ、やがて身体じゅうを撫で回す。行為はエスカレートしていき、妻の遺体は「つくづく自分のものだと思えてくる」。

妻に対する愛しさや死を認めたくない気持ちの延長として、身体を撫で回したり屍を誰にも渡したくないと考えるのは、ある程度了解可能かもしれない。遺体を「自分のものだ」と思うのは妻をモノ扱いしているとか男尊女卑的な発想であるというよりも、むしろ死んだという事実を否定したい感情の顕れだろう。

だが次の行為になると少々常軌を逸してくる。夫の久保氏は妻の遺体から離れ、二階に上がって六法全書を調べ始めるのである。

いったい何を調べるのか。

遺体の所有権は誰にあるのか、ということについてである。ここがおそらくストーリーの屈曲点になっている。なぜなら「遺体は自分のものだ」と考えるとき、通常はさきほど述べたように愛しさや、死を否定するといった自然な感情の文脈にある。だが六法全書を繙いた時点で、話はまさにモノとしての所有権へと文脈が転換してしまうからである。ここで久保氏は異常の領域へと踏み込んでしまったということが出来るだろう。

法律によれば、遺骨については配偶者の所有権が認められている。が、火葬される前の遺体は腐りやすく衛生面でも問題がある。さっさと処分してしまわなければならないケースはいくらでもある。たとえば妻が死去したのに夫がブラジル旅行中で連絡がつかないとしたら、彼が帰国したときにはとっくに親族によって妻は遺骨にされていた、といった事態は法律的に問題とされない。配偶者の遺体の所有権は、法律においては、その扱いにかなり曖昧な部分がある。

そんな法律的現状を知った久保氏はますます気持ちを昂《たかぶ》らせる。この遺体そのものが生前の彼女の記憶を甦らせるのを阻んでいると感じている、つまり死体を憎んでいる――それなのに、愛しさや死への否認から「遺体は自分のものだ」と固執する。さらに法律的には曖昧な形でしか自分に遺体の所有権が認められていないことが、なおさら久保氏を苛立たせる。もはや久保氏は、頭の中の一貫性が失われている。

「死体毀損は刑事犯罪だろうが、死体性交もそれに当たるのか。たとえば山中で偶然出会った死体との性交はそれに当たりそうだが、夫のその行為もやはり犯罪なのか。不備な法律は、そこでも夫の権利を守っていないのではないか」。もはや怒りは抑えきれず、挑戦的な感情をあえて実践してみることでしか、久保氏の苛立った気持ちは引っ込みがつかなくなっていた。

そして疲労感と孤立感と、真夜中というシチュエーションと「いまさら伝えようのない愛」と、喪失感と遣り場のない怒りとが重なったとき、人間はどんな行動に走るのか。

久保氏が妻を解体してその肉を食べたとしても、ここまで話が進んでいればあながち不自然ではないストーリーに仕立て上げることは可能だろう。もはや自分以外の誰にも妻の顔を見せたくないからと、包帯で顔をぐるぐる巻きにして透明人間のようにしてしまう可能性だってあり得る。硬直した妻の遺体を助手席へ乗せたまま、日本一周のドライブ旅行へ出発してしまうかもしれないし、いつまでも一緒に暮らすために彼女を縁の下へ埋めてしまうかもしれない。どの行動も可能性としてありそうである。

ただし、ある意味ではもっとも分別のある行動を久保氏は選んだ。夫による屍姦ならば露顕する確率は低く、見過ごされたままで済みそうだからである。それに男子の生理として、極端に疲れていたり気分が非日常的状態にあると、それが簡単に性欲の突出といった形を成すことは決して珍しくない。

それにしても久保氏が激しい性欲に駆られたのは、二階へ上がって六法全書を繙いている最中であった。このあたりの不思議なユーモアにはかえってリアリティーを感じさせられる。彼は書物を出しっぱなしのまま一階の座敷へ引き返し、電灯を消す。遺体の浴衣を開き下着を下ろし、冷たい身体に自分を重ね合わせる。交合は強烈な快感をもたらした。

一段の冷たさが鮮烈だった。その冷たさには、繰り返す都度、募る鮮烈さと相俟《あいま》って、突きあげられる感じがあった。女体の場合の快感とは、こういうものであったのか。彼は女体になり替った気がした。頭を擡《もた》げて、自分をそうさせている〈もの〉の顔を見た。

女陰の温かさが冷たさに変化していることによって、久保氏の感覚は変貌を遂げる。自分が女となってセックスをしている錯覚に襲われたというのである。果たしてそんなことがあるのか。疑わしくはあっても、作者の言い分に耳を傾ける以外にはない。文学的魔術に作者自身が惑わされている気すらしてくるが、読者として久保氏に共感することが困難であってもさすがに仕方がないだろう。

さて、彼が「頭を擡げて、自分をそうさせている〈もの〉の顔を見た」とき、意外なことに気づいた。なぜか妻の鼻に綿が詰められていない。いやそれどころか耳にも詰められていない。「それあってこそ死顔を死顔らしく見せる鼻綿がない」。そのことを知ったことが契機となり、久保氏は再び妻を女として認識するようになる。

が、彼はもう女体ではなかった。〈流石《さすが》に珍しい死顔だけのことはあるぞ！〉と裸体のなかで言い放つ。〈君が悪女とは知らなかった。こんな悪女であったとは知らなかった〉とさらに言う。どれほど一心に待とうが、声なき声を聞かせてくれなかったのも、ひと頃の病院で時たま二言三言、洩らした弱い籠るような声が思いだせないのも、元気であった日々の話し方や声の記憶を喪失させたのも、この行為の共有へ拐《かどわか》すための企みだったのかと思えてくる。

遺体は、今や意味を孕んでいる。思い出を阻害する邪魔な存在だった筈なのに、いつしかそれは「焦らす」ための作戦であったと思えてくる。久保氏はモノローグを重ねつつ、射精へと至る。そしてすべてが終わったあと我に返り、彼は急に恐ろしくなる。屍との性交を息子に知られることが恐ろしくなったのだ。

彼は息子へと電話を入れる。湯灌や納棺に立ち会うべく息子がそろそろ来る時刻だったのだが、久保氏は高飛車に「来るな」と告げる。驚いた息子があれこれ言ってもそれを遮り、

〈来ることならん！〉

思わず言うなり、彼は受話器を置いた。

この二行で物語は幕を閉じる。まさに突き放したような終わり方である。

こうしてあらためて読んでみて、罠だらけの小説だなあという感想が湧いてくる。つい深読みをしたり、まことしやかな結論を引き出したくなるような誘惑に満ちた短篇小説なのである。

たとえば屍姦というセンセーショナルな題材のみに目を眩ませられて「究極の愛」といったことを口走ってしまうとか、久保氏が女になったように感じる部分を取り沙汰して「死者との交わりが、あらゆる境界を越える」と言ってみたり、肉体を所有することは可

能でも心を所有することまでは出来ないとか、そんなつまらないことをつい発言したくなってしまう作品なのだ。しかしそんな底の浅い結論に見合った小説とは思われない。
わたし個人としては、久保氏は屍姦者というよりは窃視者《せっし》であるような印象を受ける。そもそも彼にとって妻の死顔は、まことに思わせぶりな存在として見え隠れしていた。

（……）男の差しだす四角い白布を彼が死顔に掛けてやったあと、白布は掛けられたままではなかった。枕経《まくらぎょう》の始まるまでに来てくれた者はすぐさま、そして読経《どきょう》の途中や終ってから来てくれた者は、住職の去ったあとで、主に近親者たちだったが、それぞれ対面するたびに、彼か息子か嫁が白布を取って、死顔は幾度か現われたのだ。

そんな具合にして久保氏は繰り返し亡くなった妻の顔をちらちらと見せつけられ、もどかしさを募らせていった。死顔を覆うたった一枚の白布は、それがあるがゆえにまず視覚の欲望を挑発した。あたかも淫らなものを盗み見る行為をそそのかすかのように。だからやがてその欲望は、「余儀ない不器用を強いられつつ何とか抜き得た下着をわきへ抛《な》げた。蠟燭の弱い明りのなかで、眼はしっかりと体毛を捉えた。彼はこれまで、それほどまともにその体毛を見たことはないかもしれなかった」といった記述につながっていく。
久保氏にとってすべては、亡くなった妻の顔をじっと眺めることからスタートしているのである。妻の顔がそんなに珍しいものか？　妻に限らず、他人の顔をじっくりと眺める機会は意外に稀である。相手はいつまでもおとなしく「じろじろ」見られるにまかせている筈がない。眠っていたり気を失っていれば存分に眺めることは可能だが、それは普段の顔とは違う。写真やビデオに撮った顔はどこか実物と違ってしまうし、じっと眺めさせてくれと頼んだらそれだけで不自然な空気が流れてしまう。

そういった意味では、我々は親しい者（ことに配偶者）の顔を知らない。何となく知っているだけである。

ときおり、仕事から帰ってくるとやはり仕事を終えてきた妻と駅の周辺で出くわすことがある。群衆の中から見つけ出した彼女の顔は、わたしが漠然と頭にインプットしている顔とどこか異なる。目鼻だちも微妙に違っているし、表情もまるで別である。必ず違和感が伴うのである。

遺体となって家へ戻った妻を偲ぶべく、久保氏は彼女の顔を見つめ、話しかける。今となってはそれしか出来ないのだから、しかもこれが最後のチャンスなのだから、そうせずにはいられない。だが、妻の顔を一方的に存分に眺められる段になって、もはや死者となっている彼女の顔には微妙な違和感が生じてしまっている。彼女は「本物」なのに、生命を失っている点では「まがいもの」に過ぎない。しかし違和感こそが彼女の本当の顔を示唆しているのかもしれない。

相手が死んでいるのをいいことに顔を眺め続ける行為には、どこか「いかがわしさ」が伴う。それは窃視に近い。そのいかがわしさが、久保氏の気持ちを妙な方向へ駆り立てていく。

わたしが医学生だった頃、解剖学の実習があった。六名の学生が一体の遺体を解剖していく。数ヵ月かけて、図譜（アトラス）と照らし合わせながら慎重に解剖を進めていく。その最初の時間に、これからお世話になる遺体と対面する。すでに助手が解剖台の上に遺体を横たえてくれている。わたしのグループに割り当てられたのは、七十近くの男性であった。その顔を見たとき、うろたえた。顔面に傷があったり凄まじい表情を浮かべていたからではない。本物ではなくて、精巧に作られた「まがいもの」のように感じられたからである。七十年近くの人生を営んできた一人の人間という気がしなかった。といって魂の脱け殻というわけでもなく、本物そっくりの何かとしか思えなかった。

睫毛《まつげ》だとか無精髭《ぶしょうひげ》だとか、そういったディテールまでがきちんと整えられたレプリカにしか見えなかった。そしてそんなものが横たわっていることに、どこか「いかがわしさ」を感じていたのである。それはまぎれもなく遺体に対して失礼な感情なのだけれども、やはり違和感は拭えなかったことを記憶している。

死者は、ときに「いかがわしさ」を醸し出してしまう。その事実と死者に対する思い入れが重なったとき、たとえばつねってみたいとか、刃物でほんの少しばかり傷つけてみたいといった気持ちを覚える人はいるかもしれない。そうして死者を相手に一人芝居をしているうちに、エスカレートしてしまう人物を小説の中に想定してみることは作家にとって興味深いに違いない。

なるほど久保氏は六法全書で遺体の所有権について調べているうちに、死んだ妻を抱きたくなった。また小説の題名は『半所有者』である。ところで相手の姿を、ことに誰にも見られていないと油断している姿をじっと見ることは、相手を所有することにつながる。相手を自由自在にすることは無理であっても、油断した状態を含めて姿を脳へ取り込んでしまえば、想像力の中での再構成が可能という意味で相手を「半所有」出来るのである。窃視とはそのような行為であり、久保氏もまた窃視者の一人であるとわたしは考える。

この一見猟奇的な小説にテーマを求めるとしたら、それは我々が愛する者に対して窃視者となったときの快感と罪悪感ということになるのではないだろうか。


蛇足であるが、ときおりラジオで朗読が放送されている。朗読のCDもある。もしこの小説を誰かが朗読してみたらどうであろうか。聞く側はグロテスクな気持ちに囚われるのか、不快感に襲われるのか、さもなければ歪んだ愛の形に感動するのか。

おそらく内容そのものよりも、アナウンサーは声を出して読み上げることに抵抗があったのではないのかとか、そんな余計なことのほうに関心が向いてしまいそうな気がする。

＊　＊

まだわたしが産婦人科医をしていた頃に、医院で当直をしていた。日曜日のことである。ひとりの中年女性が、いきなり診察を希望してきた。妊娠中で（たしか四ヵ月位であった）しかし妊婦検診などは一度も受けたことがないという。で、今朝から身体じゅうが気持ちが悪い、気分が落ち着かないし、いてもたってもいられないという。

とりあえず産婦人科的に、あるいは内科的に診察や検査をしてみたものの、特に異常は見つからない。しかし状態はまったく良くならない。このまま帰宅させるのも心配なので、ベッドでしばらく横になっていてもらうことにした。

ときおり部屋を覗いてみると、彼女はじっと寝ていない。いらいらとベッドの周囲を歩き回っている。どこか精神的に病んだ印象があった。夫からも話を聞きたかったが、今は出掛けているという。

夕方になったら、いよいよ落ち着かない。困ったなあ、どうしようと思っていたら、彼女の顔つきが不意に変化した。心ここにあらずといった表情であったのが、突然形相が一変し、鬼瓦のような顔となって身体のバランスを失った。「あっ！」と思って支えようとしたが、そのままベッドへゆっくり倒れこみ、大量の大便を洩らした。そしてそのまま死んでしまった。

あわてて蘇生を試みるも、結局は無駄であった。まさに突然死であった。やがて連絡がついて、夫が駆けつけてきた。小太りで野球帽を被った四十歳位の人物であった。職業は分からない。内縁関係で、他に子どもはいない。妊娠のことは承知していたという。

経緯を伝え、亡骸《なきがら》と対面してもらった。

すると彼は、小走りで遺体にすがりつき、大声で彼女の名前を連呼した。そしてまことに饒舌に、骸《むくろ》に向かって喋り始めた。

「お前、目を覚ましてくれよ。なあ、せっかく二人でやり直す筈だったじゃないか」

「安らかだよ、きれいだよ、お前の顔は素敵だよ。分かるか、え⁉」

「今朝、お前は目玉焼きを焼いてくれたよな。あれが最後だったんだ、俺にしてくれた最後のことだったんだ。忘れないよ！　忘れないよ！」

といった調子で、正直なところまるでテレビドラマの臨終場面のような調子なのであった。わたしはナースと顔を見合わせずにはいられなかった。なるほど夫としては寝耳に水のことであるし、悲しみと驚きとで混乱するのは当然である。だが、こんなに多弁な遺族はまずいない。不自然、といった印象を何よりも感じてしまうのであった。

浅ましい話だが、わたしには警戒心が湧き上がりつつあった。心配であった。あの調子では、今でこそ遺体に向かって饒舌に喋っているが、矛先をこちらに向けて非難を始められたらかなわないな、という懸念である。当方としてはやましいことはないが、おそらく理屈で納得してくれそうもない。

だが変死ということで呼んだ警察がいちはやく到着したおかげで、内縁の夫が当方を詰問することはなかった。遺体は監察医務院で解剖されることになった。塞栓《そくせん》が脳幹へ飛んで急死した、といったことがいちばん考えられそうな気がしたので、そのあたりをきっちり調べて欲しいと伝えた。

結局この事件はそれでおしまいとなり、トラブルに発展することはなかった。解剖の結果は、わたしが予想した部分には異変はなく、死因は不詳とのことであった。

さて内縁の夫が遺体に向かって「まるで安手のドラマで聞いたことがあるような台詞」を喋り続けていたあの不自然さは、ある意味でホラーだった。確かにこちらに矛先を向けられる不安といったものもあったが、それよりも緊急事態においてああいった台詞が溢れ出てくる人間の存在そのものが信じられなかったからである。遺体も夫も、どちらも贋者《にせ》であるかのような錯覚に陥ったのである。その現実離れした感触が、それこそ不穏な「いかがわしさ」を漂わせていた、といってもいい。

実に後味が悪かった。

死体を前にして、人間はどんな言動をも示す可能性があるのだなと思った。

三、糞と翼

――パトリック・マグラア『長靴の物語』

夜の電車に揺られながら、心優しいケーキ職人のことを考えてみた。

彼は街で小さなケーキ屋を営んでいる。なかなか美味しいし値段も手頃なので、そこそこの人気はある。ただし行列ができるほどの評判は呼べないし、遠くからわざわざ彼のケーキを求めにやって来る客もいない。定休日は月曜である。

彼に家族はいない。たった一人ですべてをこなしている。だが決して寂しいわけではない。少なくとも寂しいと考えたことはない。ただし夜になると辛くなる。なぜなら売れ残りのケーキを捨てなければならないからである。作ってから時間が経てば風味はどんどん落ちていくし、衛生管理上の問題もある。だから、毎晩、多かれ少なかれ必ずケーキを捨てなければならない。ショーケースの中のケーキが完売したことはない。わざと少なめに作ってみたこともあるが、そんな日に限って客もいやに少ないのだった。

ポリ袋の中へケーキを捨てるとき、彼は必ず泣いた。せっかく心をこめて作ったケーキをそのままゴミとして出さなければならないことが、彼をひどく悲しませた。毎晩、水子の供養をしているような気分だった。

涙をこぼしながらケーキを捨てている感傷的な彼のことを想像しているうちに、げんなりしてきた。そこで別なことを考えてみることにした。

知人の精神科医で、カメレオンを飼っている奴がいた。あんなものに感情移入を出来ることが不思議でならなかった。名前をつけているのかと尋ねてみたら、首を振る。さして愛情を注いでいる様子ではなかった。むしろ奇をてらって、物珍しさからカメレオンを飼育しているだけらしかった。

カメレオンは体色を変化させる。ただし、灰色がかった緑とか、茶色がかった緑に変化するのがせいぜいで、フェラーリのような赤になったり地中海のような青になったりすることはないという。売れ残りのケーキの上にカメレオンを置いてみても、真っ白に変身したりすることはないのである。

知人はカメレオンについて語っているうちに、こんなことを言った。ある日、気まぐれに、(自分たちの)夕食の材料に使った肉の切れ端をカメレオンに食べさせてみたという。すると両目を別々に動かしながら美味そうに食べる。だが、しばらくしたらとんでもなく臭い糞をしたというのであった。彼は実に大変なことを発見したような口調で喋ったものである。

「肉を食べさせると、カメレオンの糞は本当に臭くなるんだ。人間のウンコとまったく変わらないくらいの悪臭がするんだ！」

＊　＊

英国生まれでロンドン大学卒、現在はニューヨークに住んで執筆活動をしているパトリック・マグラアは、ポストモダン・ゴシックの作家とされている。グロテスクな怪奇小説を書くけれども、彼の目新しさは、トーンは薄暗いのに曖昧な描写を排したその明晰な文章にあるだろう。従来のゴシック・ホラーには、文章が下手なのか表現が茫洋としているのか、それとも文体が古臭くてしかも勿体ぶっているだけなのか判然としないがために、もどかしさを覚えさせられるところがあった。しかしマグラアの作品には「詰めの甘さ」がない。技術的な確かさが感じられるので、脆弱なB級感覚がない。

映画化もされた長篇『グロテスク』では、物語の本筋と並行してフレグモサウルス・カルボネンシスという架空の恐竜の化石を組み立てる様子が詳細に描かれるが、こうしたディティールが丁寧かつきちんと語られているので、安っぽい印象がないのである。長篇小説では『スパイダー』も映画化されていて、これはクローネンバーグが監督をしている。生理的不快感の追求において反りが合ったのだろう、たぶん。

さて今回わたしが取り上げたいのは、処女作品集の『血のささやき、水のつぶやき』

（宮脇孝雄訳）に収められている『長靴の物語』である。この作品集には溜め息をつきたくなる短篇がいくつも収められているけれども、個人的な趣味としては本篇がベストなのである。その理由のひとつは、物語の語り手が人間ではなく長靴であるという奇矯さにある。

さきほどマグラアの作品には曖昧さがないと述べたが、実は物語の根幹において、しばしば、きわめて訝《いぶか》しい要素が組み込まれている。それは話者が「信頼できない語り手」であったり（たとえば理路整然と冷静な語り口を持った狂人であるとか、性別において読者に錯覚を与えるような語り手であるとか）、植物人間や長靴が語り手になるといった物理的にあり得ない設定を平然と持ち込むからである。したがって、物語の隅々にまできちんとシャープにピントが合っているというのに、全体として落ちつかない、きわめて違和感に満ちた感覚が漲《みなぎ》ることになる。そうした方法論に、マグラアはきわめて自覚的なのである。

ここで『長靴の物語』の、まことに異様な冒頭を少々引用してみよう。

　本当のことをいえば、自分はただの長靴にすぎない。もう若くはない年頃だ。革はしわだらけで、触っても張りがなく、環境にほんろうされて形も崩れた。底革は口をあけ、鳩目はだいぶ取れてしまったし、かろうじて残っている鳩目もすっかり錆び付いている。戦争の前のように、太陽のもとでこの体が輝くこともない。あの当時、自分は作業靴だった。芝生や土を踏んだこともあるし、郊外の車寄せの砂利道も知っている。すっかり歳を取ってしまった今も、健康な足を締め紐でしっかりくるみ、豊かな緑の大地をふたたび踏みしめたいと夢見ている。

いったい、長靴がストーリーを語るとはどのようなことなのだろうか。そもそも長靴は左右で一対であるが、それぞれは別人格（？）であるらしい。「友人であり共同生活者でもあった」もう片方は、もはやスープで煮られて失われてしまっている、とこの長靴は語る。

ときたま、人間以外が語り手となる物語に出くわすことがある。カフカの『橋』などは、その好例だろう。「私は橋だった。冷たく硬直して深い谷にかかっていた。こちらの端につま先を、向こうの端に両手を突きたてて、ポロポロ崩れていく土にしがみついていた」といった文章で始まる（池内紀訳）。おまけにこの橋は、最後には落下してバラバラになってしまう。たとえ語り手が人間であったとしても、自分の死の瞬間までをも語るなんてことはルール違反ではないのか。

わたしは文学理論といったごとにはまったく疎いのだが、語り手の問題については既にどこかで語り尽くされているのではないのだろうか。「神の視点」によってさまざまな登場人物の心の内部にまで言及することの当否とか、二人称単数現在による語り口（あなたは、彼女の顔を見てにっこりする——といった形式の奇妙な語り）とか、短時間のうちに書きおおせる筈のない長大な「告白の手記」の妥当性とか、そういった問題についてどのように取り沙汰されているのだろう。ぜひとも詳しく知りたくてたまらない。

吉村昭の名作『星への旅』では、集団自殺の光景が描かれる。目の眩むような高さの断崖から海へと飛び込むのだが、物語は主人公が命を落としたあとまでもが淡々と叙述される。末尾の文章は「これが、死というものなのか。かれは、かすかな安らぎをおぼえながら、白っぽい星の光をまばたきもせず見上げつづけていた」となっている。

わたしはこの横紙《よこがみ》破りの叙述ゆえに『星への旅』は読者の気持ちを根源的に揺さぶってくるような迫力を具《そな》えるに至ったと理解しているが、それはそれとしてこのような表現は論理的にどう説明されるべきなのか分からない。

私事で恐縮だが、学生時代に、「わたしは幸せです！」という一文で終わる小説を書いてみたいと思ったことがある。憧れの異性とセックスができることになったとか、悲願が成就したとか、宝籤《たからくじ》が当たったとか、そういった当たり前のシチュエーションではなくて、客観的にはちっとも幸せそうにない状況にもかかわらず語り手が「わたしは幸せです！」と独白する奇怪な物語を作ってみたいと思いついたのであった。ある種のマゾヒストが、生きたまま身体を切り刻まれながら独白するような、そんな異常な設定を考えてみたかったのである。

しばらくのあいだ首を捻っていたけれども、主人公が人間であるとどうも上手くいかない。いかにも小手先で人間心理を扱っているようなことになりかねない。そこで思考を切り替え、語り手というか主人公を一本のガラス瓶としてみることにした。

そのガラス瓶（もともとは毒性のある化学薬品が入っていた）は、最終的には、空き瓶と化したのちにある人物の気まぐれによって、内部へ手紙を封入される。一枚の手紙が細く丸められて口から押し込まれ、それからコルク栓で固く蓋をされ、蠟で封印される。しかるのちに大洋を航行する船から海へと投じられる。ガラス瓶は、いまや「漂流瓶」となって海を漂って行く。そしてメッセージを携えて漂流していく瓶自身は、自分がE・A・ポオ以来の「瓶の中の手記」形式の物語を実践することになったことを誇りに思い、よるべない大海の真ん中で無慈悲な太陽に照りつけられながら「ああ、わたしは幸せです！」と呟くのである。

おそらく瓶が無事に浜辺へ流れ着き、しかもだれかに発見されて手紙を読んでもらえる確率は奇跡に近いことだろう。岩場に打ちつけられて砕けたり、長い年月を経るうちに海水が徐々に浸入して手紙のインクは溶け出し、内部は海水で満たされ、遂に瓶は真っ暗な深海へ引きずり込まれていく可能性のほうが遥かに高いだろう。にもかかわらずパラノイアめいた幸福感にあふれている緑色のガラス瓶に、わたしは当時の自分の気持を託そうとしていたのであった。結局その物語が実際に書かれることはなかったけれど。

で、この漂流瓶の物語を構想した際、当然のことながらガラス瓶に腕が生えてペンを握ったり、口と舌が生じて語り始める筈もないので、物語の成立過程について悩んだ。このストーリーを、ガラス瓶が喋ったという事実として正当化する方法である。いちばん簡単なのは、そのような夢を「わたし」が見た、といった解決であろう。だがそれではいくらなんでも安易である。そこで、自動書記による作品ということを考えた。狐や死者がオカルト能力のある者に憑依してあれこれ言葉を語るように、ガラス瓶（それはいまだに大海原を漂っているかもしれないし、すでに砕けてしまっているかもしれない）の思念がわたしに憑依し、無意識のままにわたしが手を動かして著した物語である、と。

ずいぶんいい加減な工夫であり、心霊といった要素を持ち出したらもはや「いかがわしい」作品にしかならないけれど、とりあえずそんなふうに辻褄を合わせることは可能だと踏んで、わたしは一安心したのであった。もちろんオカルトの部分はあえて作品には書き添えない心づもりであったが。

いずれにせよ、『長靴の物語』は、古びた長靴氏による陰鬱な語りによって話が進められていく。ストーリーはこんな具合である。

場所はアメリカ合衆国。東海岸ではないらしい。わたしは中西部の郊外地域と勝手に想像していたが、読み返しても場所を特定する手掛りはない。現在ないし近未来（つまりマクドナルドやピザハットやデニーズが普遍的存在となっている世界）のことであり、九月下旬のある晴れた日曜日であった。

登場人物は、マーガトロイド一家の四名である。

●ハーブ・マーガトロイド（父親）配管工。性格は偏執的で、気が短い。ときたま、顔にチックが生ずる。小柄で身だしなみは良く、鉛筆ほどの細い口髭を生やしている。「発明をする」と称して仕事場に一人で閉じこもって機械いじりをしていることが多い。醜い妻には嫌悪感を抱いている。子どもには無関心。

●ガーティ・マーガトロイド（母親）ぶくぶくと肥り、ジャンクフードを食べながら漫然とテレビを終日眺めている主婦。身だしなみへの気遣いなど、とっくに放棄している。空虚感のかたまり。「えらに似た薄い唇にあるのは、終わることのない拒絶の哀歌」。

●アン（姉）繊細でおとなしい。父に従順。

●ピーター（弟）肥満して顔にはそばかすだらけ、垢まみれのTシャツを着ている。いじめっ子。やがて徴兵されて戦地へ赴いたら、嬉々として非武装の民間人を射殺して回りそうなタイプ。「生きとし生けるものはすべていじめの対象であり、情容赦なく虐殺すべきものであった。両親に省みられない悲しさを、そうやって癒していたのである」。

つまりアメリカの病的な部分をそのまま体現した「みっともなく、希望も志もないありふれた一家」なのであった。

さて運命の日曜日、テレビが世界の終末を告げた。

「東部海岸地方がミサイルで壊滅的打撃を受けたという報告が入っています。大統領は大規模な報復処置の発動を命じました。アメリカ市民のみなさんは、あわてずにシェルターに入ってください。追って指示があるまでシェルターから出ないようにお願いします。この放送は録画です。繰り返します……」

この放送は録画です、という部分が怖いではないか。父親のハーブは冷静沈着であった。もともと偏執的であるがゆえに、彼は以前から地下室を改造し、素晴らしいシェルターを自力で完成させていた。そこへ一家を逃げ込ませた。

こうして歪んだ核家族によるシェルター生活が開始されることになった。いつになったら出られるようになるかも分からぬ息の詰まりそうな蟄居《ちっきょ》生活が。

シェルター内の生活における家族の力動関係をいやに冷静に描くあたりにも、作者マグラアの無慈悲な視線が感じられる。

そもそもマーガトロイド家は母親のガーティを中心に営まれていた。もちろん彼女は夫と同様に子どもへの関心が希薄だったし、一日中愚かなテレビ番組に釘付けとなっているような主婦である。知性とも美しさとも無縁である。ただし、ぐうたらなりにまさに文鎮のごとき存在感によって一家の中心となり得ていた。通常、「いるときは甲斐甲斐しいが、いつもいるとは限らない母親」よりは「いつもいるけど何もしない母親」のほうが、はるかに母親としての価値は高いのである。

（……）二週間が過ぎたとき、幼いながらも生まれてからずっと弱いものをいじめることに生きがいを見出してきたデブのピーターは、家族の緊張関係が自分を中心にして織りあげられていることに気がついた。ピーターは最年少であり、しかも一番自己主張が強かった。母親は、テレビ局がぷっつりと放送をやめたときに大きな衝撃を受け、緊張症に似た呆然自失の状態に陥り、そのまま醒めることがなかった。無意識のうちに、デブのピーターは、絶望的な監禁状態の中で醸し出されている精神の毒素を一身に引き受けた。そのかすれた笑い声は、やがて、暗く沈んだ不機嫌な表情に取って代わられた。

ハーブのほうは、ガーティの精神状態が悪くなるのと反比例して自己主張を強めていった。ガーティの輝きが弱まるにつれてハーブの輝きが増し、家族の生体としての恒常性も保たれることになった。

息子のピーターは、家族の無意識的代弁者として、ますます我が儘度を高めていった。

地下生活が長引きそうとの予測から食料の配給制がハーブによって決定され、食べ物は缶詰ばかりになったときも、ピーターは大声で不服を唱えた。駄々をこね、見苦しく泣きわめいた。精神的に退行したピーターは、昏迷状態のまま椅子の上でじっとしている母親に駆け寄る。母の服のボタンをまさぐり、胸をはだけると、紫がかった乳首にむしゃぶりついた。ハーブが断固とした態度で自分のズボンのベルトを引き抜き、息子の背中を力まかせに引っぱたいても、ピーターは乳房から離れようとしなかった。

四日後には、こんなことがあった。シェルターに入る密閉式のドアの向こうから物音が聞こえたのである。それは衰弱した人間の声であった。「入れてくれ……」「みんな餓えている……ひどく寒い……入れてくれ」。

この瞬間、ドアの内側に居合わせたのはピーターとアンであった。

「嫌だよーだ！」と、ピーターは叫び、何週間ぶりかで初めて笑い声を漏らした。その嘲笑には感染性があった。

「嫌だよーだ！」と、アンも叫んだ。「ここにはマーガトロイド家の分しかないんですからね！」

「マーガトロイド家の分しかないんだよーだ！」ピーターはそういうと、新たな笑い声を上げた。笑い転げているうちに、抑えようがなくおしっこを漏らしていた。

「入れてくれ……」相手の声はさらに弱くなった。「みんな餓えている……」「マーガトロイド家の分しかないんだよーだ！　マーガトロイド家の分しかないんだよーだ！」

やがてハーブがやってきて、いったい何の騒ぎだと訊いたとき、アンは興奮を抑えながら事情を説明した。ハーブは眉をひそめた。顔に一瞬だけチックが走ったあと、彼はいった。「そのとおりだ。ここにはマーガトロイド家の分しかない」そして、機械のところへと戻っていった。

やがて母親のガーティが椅子に座ったまま、不意に死んでしまった。すでに意識がなかったとはいえ、まことに呆気ない死に方であった。家族は誰も悲しまなかった。

ここで物語にはひとつの節目が訪れる。

翌朝、亡くなった母親の指が一本失われていたのである。父に問い詰められてピーターは告白する。自分が指を盗んだのだ、と。

（……）ややあって部屋から出てくると、少し及び腰になりながら、歯の跡がたくさんついた指の骨を差し出した。「ぼく、お腹ぺこぺこだったんだよぉ」と、かぼそい声で少年はいった。

「ピーターったら！」アンがつぶやく。

ハーブは、奇妙な顔つきでしばらく息子を見ていたが、「おまえは——」と、ようやく口を開いた。「食べる前に火を通そうとは思わなかったのか？」

この瞬間、父親の内面で、何かが弾けたのである。三十分後には、床にビニールシートを敷きつめ、父と息子は母親の遺体の解体を始めた。その時点で父子には奇妙な連帯感が生まれていた。娘のアンは良心の呵責から行為に加わろうとしなかったが、数日後には仲間となった。

躊躇もなければ、死者への敬虔な態度も見せずに、まるでファスト・フード・レストランの調理場のような気楽さで彼らはてきぱきと母親を食品へと変えていった。このカニバリズム行為に対して、語り手である長靴は批判的であった。「放射能シェルターにいたほかの履き物たちも賛成してくれたが、どう見てもあれは礼儀知らずの粗野な振舞いでしかない。ヨーロッパの家族ならこれほど悪趣味なやり方はしなかっただろう、ということでみんなの意見は一致した」。

ヨーロッパ的な勿体ぶった人肉食のほうがよほど悪趣味のような気もするが、母親を食べることでマーガトロイド一家が身も心も平和を取り戻したのは事実であった。

（……）何時間かたって、ガーティ・マーガトロイドの解体が終わると、手足や内臓はきちんと包まれ、しばらく前からからっぽになっていた冷凍庫にしまい込まれた。血まみれの作業が片づき、掃除がすんだあと、腹をすかせた牡たちは、尻の肉の一部をミンチにしてパテをこしらえ、油で炒めてうまそうに食べた。二人の顔には何週間ぶりかで——本当に何週間ぶりかで血の色が戻り、父と息子はランプの明かりの中で顔を見合わせてにやりと笑い、びっくりするくらいうまかったな、などとささやきあっていた。

奇を衒《てら》ったり、ある種の挑発のつもりで言うのではないが、カニバリズムが小説のテーマに取り上げられているのを目にすると、「たかが食べ物のことを、何を大仰に！」といつもわたしは眉をひそめてしまう。牛の共食いがプリオンを発生させてBSE（牛海綿状脳症）に至ることが事実ならばそれは本当に恐ろしい話だけれど、その点を抜きにすれば、いったいどれほどの事件だというのか。食べるためにわざわざ殺人を犯すということに対しては悪事であると思うし、グルメとして人肉を味わうのも趣味が悪い。だが、一九七二年にアンデス山中に墜落した飛行機の生存者たちとか、漂流船で飢えに苦しむ水夫たち、食料のないまま孤島に見捨てられた兵士たちが人肉を口にしたからといって、それが倫理や道徳と絡めて語るに足るほどのことなのか。

わたしは甲殻類恐怖症で、もしも漂流中に上海蟹とか越前蟹を食べなければ死んでしまうとしたら、そんなグロな生き物よりは、人の肉のほうが遥かにましだと思っている。躊躇なく食べる。馴染み深いものを体内に取り込んだほうが、違和感がない。逆に、わたしが衰弱死でもしたら、我が遺体を食べてもらって結構である。ある考えから、角膜以外の臓器を移植のために提供する気はまったくないのだが、他人が生き延びるためにわたしをディナーとすることは一向に構わない。どうせなら美人に食べてもらいたいなどと、泥臭いギャグのようなことを言う気もない。

おそらくカニバリズムには、「そうまでして生き延びたいのか⁉」というある種の卑しさや見苦しさとイメージ的に重なる部分があるのではないだろうか。そして、こそこそ盗み食いをするような品の無さ、いかがわしさが伴いがちなのではないか。だが通勤電車でマナーもへったくれもなく飲み食いをしたり、レストランで食べきれないほどの分量を注文して平気で残すとか、ジャンクフードの空き袋を道端に捨てるような愚か者たちと、魂の透明度においてどれほどの差があるというのか。人肉食の話になると、途端に品が良くなってしまう連中ばかりでわたしは不愉快なのである。

それにしても、人肉を食べたあとで出る大便は、とてつもなく臭そうな気がする。

母親を食べて生き長らえたマーガトロイド一家は、ついにシェルターの外へ出てみることにした。もう核の影響はなくなったろうとハーブが判断したからである。「三人はぽっちゃりと太った体に薔薇色の顔をして、上着をはおり、スカーフを巻き、靴をはいた」。こうして彼らは地上の世界へと探検に出た。もちろん語り手である長靴もその探検に参加していた。

地上は壊滅状態であった。空気は冷たく、暗黒の荒野が広がり、ショッピングセンターやスーパーハイウェイも吹き飛んでいた。やがて彼らは、骨組みだけになったビルの廃墟で焚き火をしている人々を見つける。急いでマーガトロイド一家は駆けつけた。

（……）だが、火のまわりに集まっていた生存者たちがこちらを向いたとき、三人はぎくっとして足を止めた。その人々は骨と皮だけに痩せこけ、真っ白な肌をして、顔は膿を滴らせる吹き出物で穴だらけになっていたのである。深く落ちくぼんで黒ずんだ眼窩《がんか》の奥にある目は、ほとんど光を発することがなく、その所在さえはっきりしなかった。棒にネズミを突き刺して焼いていた彼らは、マーガトロイド家の人々を見ると、影の中に後ずさりをはじめた。なぜそうしたかを理解するのは、それほど難しいことではない。放射能を浴び、餓えに苦しむ半人間たちにとって、健康そのもので肉づきのいいマーガトロイド家の人々は、まるで怪物のように――否、怪物そのものに見えたのだ。

いかにも、といった黙示録的光景である。核戦争後の光景でもあり、ゾンビに占領された世界の光景でもあり、化学物質に汚染され尽くした後の世界の光景でもある。そして案の定、マーガトロイド一家は「半人間」たちに襲われ、殺され、食べられてしまう。しかも語り手である長靴の相棒——もう片方の長靴も、スープとして煮られてしまったのであった。

以上でストーリーは終りだが、この作品の素晴らしさは、いちばん最後の部分にある。偶然にも取り残された長靴が、絶望感と共に宗教画さながらの光景を夢見るところである。

(……)黒い雪や灰のあいだから、マーガトロイド家の人々の骨が何本か突き出しているのが、今でも見える。自分は、未来はどうなるのだろうと感慨に耽っている。ときどき上革のところから二枚の翼が生えるのを想像することもある。自分は、その翼をはためかせ、すべてをあとに残し、雲の上まで飛んでいって、清潔な薄い空気の中にたどり着くのだ。そして、さらに高みへと駆け昇り、翼の生えたちっぽけな長靴は神のふところを目指して昇天してゆくのだった。

この結末を読んで、わたしは純粋に感動したのである。それはおそらく「空の高みへと飛翔していく翼の生えた長靴」というイメージが、まるでどこかのスポーツ用品会社か靴メーカーの登録商標でも想起させるように感じられるいっぽう、切なくもクリアな救いの構図でもあるという聖俗合わさった性質を帯びていることによるだろう。カニバリズムよりも卑しい生活を営まねばならない現代人の我々に相応《ふさわ》しい救済のイメージがあるとしたならば、それは飛翔する長靴のごとき、あたかも広告デザイナーが描いたような光景に違いないからである。

＊　＊

以前勤務していたS県の精神科病院では、キリスト教とは何の関係もないのに、クリスマスには一種の学芸会のようなものを派手に開催するのが恒例であった。メインは病棟対抗の演劇である。オリジナル劇（といっても昔話をアレンジしたようなもの）やオペレッタなどが繰り広げられる。入院したてで興奮状態の患者はさすがに無理だが、この病院には十年以上の長期入院患者も多い。退院先がないし家族や親戚も彼らが社会に戻ってくるのを拒否するので仕方なく病院に留まっているといった人たちも多かった。そんな彼らは予想外に役者としての才能を発揮したり、小道具や大道具にしても、もと大工や左官屋であったりとか、前歴を活かしてびっくりするようなものをこしらえてみせたりするのだった。

わたしも書き割りや背景の絵をずいぶん描いた。そういったことは比較的上手いほうなので、舞台装置には自信があった。シナリオの作成や演技監督はナースが担当し、とにかく妙に熱心な人がどこの病棟にもいて、かなりレベルの高い演劇大会が毎年催されていたのであった。

ある年、内容は忘れたがとにかく天使の出てくる劇を上演することになった。天使は二名、それぞれ頭の薄くなりかけたオヤジ患者が演ずることになって可笑しかったが、コスチュームがなかなか難しかった。基本的には、頭からすっぽりと白い布を被り、背中にボール紙の翼をつければ良い。だが布のほうに羽根を縫い付けると、形よく収まらない。翼そのものの重さによって付け根の部分がよじれてしまい、ちっとも天使らしく見えなくなってしまうのである。

仕方なく、ランドセル方式を編み出した。ランドセルのようにして背中にベニヤ板を背負い、その板にしっかりとボール紙の羽根を固定するのである。そうしてから白い布を被り、背中には縦長のスリットが二本ばかり平行して切ってあるので、そこから羽根を外へ出す。これは非常に効果的で、まさに絵にあるような天使の姿を舞台に登場させることが出来たのであった。

クリスマス会が終わってから、病棟全員（患者もナースも医師も）で記念写真を撮った。

人の列の両端にそれぞれ天使役が位置し、ただし正面を向いていては背中の翼が見えないので、わざわざ身体は横を向け、顔だけは正面でシャッターが切られた。あとで現像してみると、幾人かの患者は、視線をレンズではなしに頭の遥か上へと向けて写っていた。

四、姿勢と連想

――古井由吉『仁摩』

友人たちと無駄話をしているときに、風変わりな動物をペットにするとしたら何が面白いか、といったくだらない話題になった。絶滅した筈のドードーが好ましいとか、テングザルが一番だとか、アルパカ、リュウグウノツカイ、ミシシッピアカミミガメなどと皆言いたい放題である。

で、わたしとしては、アルマジロが楽しいのではないかと考えた。アルマジロがリビングルームの床で球形に丸まったら、自分も真似をして、両膝を抱えて頭を膝小僧に押しつけ、ついでに背中を丸めて転がってみよう。ペットと飼い主と双方で、床の上で一緒に並んで球形になってみるのは、何だか心が通じ合っていそうで微笑ましい眺めではないか。そんなことを考えたのであった。

するとY君が、アルマジロは鎧の蝶番《ちょうつがい》に当たる部分にびっしりとダニが寄生しているから止したほうが賢明ですよと教えてくれた。寄生している様子を想像してぞっとした。

いかにもありそうな話である。それにしてもどうしてそんなことをY君は知っていたのだろうか、と家に帰ってから不思議に思った。

＊　＊

小説のなかには、いったい作者はいかなる発想からこんな物語を思いついたのだろうかと怪しまずにはいられない作品がある。いっぽう、ああこんなことからこれだけの物語を紡ぎ出したのかと拍手をしたくなる作品がある。古井由吉の『仁摩』は、それら両方の要素を兼ね備えている。自分の部屋にこの作品が存在していること自体が嬉しくなるような短篇小説なのである。

主人公は「男」としか書かれていない。大きな会社（何をしている会社なのかは一切記されていない）の中堅どころで、小さな子どもが二人と妻との四人家族である。愛人と別れたところで（幸いなことに、妻に露見はしていない）、家庭も仕事もそれなりに順調に営まれている。しかし心身の疲労は蓄積されつつあり、ときおり自分自身に対して微妙な違和感や不協和音を感じることがある。作品が発表されたのは昭和五十一年（一九七六）で、まだバブル景気が訪れる前の時期であった。

冒頭で男は、家族揃ってどこかの島の火山の中腹に立っている。周囲には、パノラマさながらの素晴らしい景色が広がっている。このシーンは直接ストーリー展開には関与しないが、妻の印象的な一言が提示される。

——いやあね、パパは、近頃、ひとり笑いする癖がついて。

さて物語は、社員食堂で昼食を食べていた「男」が、いきなり博多までの日帰り出張を命ぜられるところから始まる。博多の出張所で、得意先とトラブルが生じた。事態を丸く収めるためには「東京本社から人が駆けつけた」という体裁をとるのが望ましい。そうすれば、得意先も感情的に納得してくれる。そのために、いわば形式的に博多へ赴いてもらいたい、という業務命令であった。

やれやれ人使いが荒いなあなどと苦笑しつつも、男は二日酔いの名残を頭の芯に感じている。昨夜は終電で帰宅したし、半年前からは酔うと吐きやすくなっていた。「家まで五つある急行停車駅の手洗いの位置を男はすっかり覚えてしまっていた」。しかもひと月半前には駅の手洗いで大量の血を吐いていた。

（……）我身のものとは信じられないほどの量の、赤いものだった。長いこと、しゃがみこんで、茫然と見つめていた。それから腰をそろそろと浮かして、前屈《かが》みの姿勢にまでなったとき、腹がこれ以上どうしても伸びないような気がして、人を呼ぶことになるのだろうかと思った。しかしみぞおちに力を入れてみると、背はすっとまっすぐに起きて、痛みはなかった。外へ出ると、最終急行がちょうどホームに入ってきたところだったから、十五分ほどうずくまっていたことになるだろうか。身体の一部をどこかへ落してきたような虚脱感につつまれて、その電車で帰ってきた。

便器にむかって膝を抱え込んでしゃがんだ体勢の窮屈さ、不安感と安心感(人目を憚らずに嘔吐できるのは、ある意味で安堵感につながるだろう)、自己嫌悪、違和感といったものがこの一節に勢揃いしている。ただの酔っ払いの描写であると同時にテーマの提示となっているところが、この小説を読む楽しさにつながっている。

昔の小説ならば、大量の吐血となれば結核だが、今や時代が違う。医者に行ったらただの急性胃カタルと診断された。生命の心配はなかったのである。

それにしても彼の嘔吐や吐血には、それ相応のストレスが背後に控えていた。月並みな話だけれど愛人との別れ話で彼は長いこと宙ぶらりんの状態を強いられていたのである。煩悶するほどのことではなかったものの、ずっと心の中に異物を感じていたことは事実なのであった。

さて博多目指して羽田から飛行機に乗り込んだ彼は、機内で「雑誌のページをめくる気にもなれなければ、所在なさのあまり、眠ることもできない。自分が今どこにいるのか、どこへ何をしに行くのか、よく思い出せない気持になる」。現実のリアリティーが遠のき、「そして連想の流れが淀むたびに、まるで固い節目のように、駅の手洗いにしゃがみこむ自分自身の姿が見えた」。さらに畳み掛けるように、最近妻に言われた台詞も甦ってくる。「あなたは近頃、なにかわけのわからないことを考えてるみたい。仕事のことでも誰かのことでもない、もっと別なことを」。

この「もっと別なこと」とは何なのか。物語の最後に至っても具体的に明かされることはない。それこそ生きていくこと、人生を営んでいくことそのものに対する〈しっくりしない〉気分、どこか〈ちぐはぐな〉感覚といった漠然とした（しかし決してないがしろにするわけにはいかない）もののことなのだろう。

飛行機の中で男は同僚のAのことを思い出す。

Aは半年前に、朝の便で出張先の札幌から羽田へ向けて飛び立った。出張から戻ってそのまま東京本社で午後の会議のための報告をする予定となっていた。だが夕方になっても彼は戻って来ない。消息がつかめない。飛行機が墜落したとか遅延したといったニュースもない。本来真面目な人間だった筈のAに何か変事が起きたのか？

会社で心配していると、「札幌の取引先から電話があって、おたくのAさんがいまここにおられますが、どうも様子がちょっと、と困惑ぎみに言う」。事情をあらためて整理してみると、どうやら以下のようなことらしかった。

まず、Aは確かに朝の便で札幌から帰京したのである。機内では眠り込み、着陸間際にスチュワーデスに起こされた。窓から覗くと、見慣れた東京の風景がどんどん迫ってくる。するとそれを目にしたAは、「ふいに、降りたくない、どうしても降りたくない、と思った」。現実から微妙に一線を画した機内の時間から〈生々しい日常の時間〉へと戻ることが、たまらなく億劫に感じられてしまったのである。

空港のロビーへ出て来た時には、同じことの繰返しを十何年もただこらえてきたことが、むしょうに情けなくて、涙を流していた。どこへでもいいから、また空へ舞い上がってしまおう、とすでにはっきり決めていた。

ところが空席待ちのカウンターの前に立つと、どこへ行ったものやら、頭の中が真白で、反射的に札幌行の便を申しこんでしまった。

搭乗を待つあいだ、ロビーのベンチで頭を抱えこんでいた。離陸すると気持がようやく落着いて、すぐに眠りこんだ。すやすやと休むわが子の顔などを夢に見ていた。

少々古い言葉になるが、Aの行動はいわゆる〈蒸発〉ということになろうか。蒸発にも確信犯的なものから衝動的なもの、精神的な病に裏打ちされたものなどがあるが、あえて精神科的な判断を下すならばこの場合はフーグ fugue であろう。

フーグとは解離性遁走とも呼ばれ、精神疾患のカタログである『ICD-10 精神および行動の障害／臨床記述と診断ガイドライン』（融道男ら監訳、医学書院、一九九三）から説明を引用すると次のようになる。――「解離性遁走は、解離性健忘（引用者注：いわゆる心因性の記憶喪失のこと）のすべての病像を備え、それに加えて患者は明らかに意図的な、家庭や職場から離れる旅をし、その期間中は自らの身辺管理は保たれている。症例によっては、新たな同一性を獲得することもあり、通常は二、三日のみであることがほとんどだが、時には長期にわたり、かつその程度が驚くほど完璧なこともある。旅は以前に知っていて情緒的に意味をもつ場所を目的地とする場合がある。遁走期間中の健忘があるにもかかわらず、その間の患者の行動は第三者からみると完全に正常に映ることもある」。

つまり自分でもわけの分からないうちにふらふらと遠くへ蒸発してしまい、その振る舞いはあたかも正常だけれども、それは夢遊病のようなもので当人に記憶が刻まれることはない――そのような症状なのである。わたしですら実例をいくつか扱っている位だから、きわめて珍しいケースという程でもない。

結局Aは、降り立った羽田からそのまま札幌へUターンし、再び出張先へ姿を現した。ちょっと舌がもつれるような喋り方で意味のない世間話をして、やがて先方のソファーで眠り込んでしまった。「そのうちにAはふっと目を開き、じつはあれからまっすぐ羽田まで飛んで、空港の外へ一歩も出ずに、また飛行機で引き返してきた、と暗い声で言ったかと思うと、突拍子もない声を立てて笑い出した。まわりはちょっと呆気に取られたが、不器用な冗談かと思って、遅ればせに笑った。するとAはソファーから立ち上がり、肩をふるわせて、嘘を言っているのではないと早口にまくし立てはじめ、目つきが変り、言うこともおかしくなった……」。

こうしてAは精神の変調を気付かれ、家族と課の者に東京まで連れ戻されて自宅療養となったのだった。と、ここまではいわばサラリーマン残酷物語みたいな展開である。〈働き蜂〉だか〈社畜〉だかがストレスを募らせて遂に精神を病んでしまうに至ったという通俗的なストーリーと見えなくもない。だが、それにしては〈膝を抱え込んでしゃがんだ姿勢〉についての言及が妙に引っかかってくるのである。

博多へ向から機内で、男がAのことを想起している部分をもう一箇所引いておこう。

途中駅の手洗いの中にうずくまりこんでいる姿を、男はまた思い浮べた。Aはあの後、入院の必要もなく、三日に一度の通院だけでごく順調に回復しつつあると伝えられたが、半年経った今でも、まだ出社できずにいる。なんでも、目に立つような異常はひと月のうちにすっかり落ちたのだが、あの間の記憶がもどらなくて、思い出そうとすると、何をする気力も失せてしまう。それはまだいいとしても、一日のうち一度か二度、昼と言わず夜と言わず、いきなりその場に尻をついて坐りこんでしまい、両膝を腕の中に小さく小さく抱えこんで、誰かが肩を強く揺すぶるまでは、そのままじっと固くなっている、という奇癖が新しく出てきて、どうしても取れずにいる……。

身体の姿勢において、男が手洗いで嘔吐するときとAが無意識のうちに現実を拒み固まってしまうときとが相似していることが示されている。そして男とAとは（さらに読者もまた）、心の深部においてその〈よるべなさ〉は通底しているのではないかと仄《ほの》めかされるのである。

さて博多に着くと、空港には出張所のN青年が男を迎えに来ていた。彼の案内で用件を手早く片付けた後、男はNと夕食を共にする。N青年はきわめて現代的なところもあるが、意外な趣味を持っていた。

（……）やがてNは、この土地にもいつまで居られるかわからないので、という言い方をして、土曜日曜ごとに九州のあちこちの、観光客の行かないような町や村を、足を伸ばせるかぎりまめに歩きまわっていることを恥かしそうに話し出した。どんなところとたずねられても、およそ見映えのしない土地ばかりなので、あきもせずに出かける自分が酔狂に見えてくるけれど、一年あまり続けているとおのずと勘のようなものが生まれてきて、たいていのところで何かしら印象深いものを見つけて記憶に留めてくる。土地の人に話しかけて、いろいろなことを聞き出すコツというか、こちらの気持のもち方も覚えてしまった。安宿にもずいぶん泊まった。一生暮したくなるような土地もあった。

このあたりから、いよいよ古井由吉らしさというか、長篇『聖』を上梓した時期に呼応するかのようなトーンが漂ってくる。

雑談をしているうちに、ふとN青年はAに関する話題を持ち出す。およそ半年前、Aが羽田から札幌へと唐突に失踪したとき、彼はわざわざNへ電話を寄越したというのである。当然のことながら、男はそれを耳にして身を乗り出さずにはいられない。Aの行動について、今になって新事実が明かされようとしているのだから。

――で、何を言ってた。

――ニマという土地は、どこにありますか、とだしぬけにたずねるんです。

――ニマ……九州かい。

――ええ、僕もここへ問い合わせてくるからには九州の土地と思いまして、それに、たしかに聞き覚えがあったので、その場で九州の地図をぐるっと頭に浮べてみましたが、思いあたらないのです。それで、すぐに調べて折り返しお電話しましょうかとたずねましたら、Aさん、いやそれには及ばない、君なら知っていると思ったのに、とがっかりしたように、電話を切ってしまわれました。

——実在する土地なんだろうか。

——それが、僕、通ったことがあるんです。その旅行のことを、一度、Aさんに話したことがあるんです。

——まさか、電話のことは誰にも話さなかっただろうね。

——Aさんに悪いような気がして、今まで黙っていました。

謎に満ちたAの振る舞いに、「ニマ」なる奇妙な名称の土地が関与しているらしい。それにしてもニマとは、いかにも密教めいているというか呪術めいた響きを伴う名前ではないか。

確かにニマは実在していた。この作品の題名の通り、「仁摩」と表記する。かつては島根県邇摩郡仁摩町として地図に載っていた。平成十七年（二〇〇五）に隣接する大田《おおだ》市、温泉津《ゆのつ》町と合併して大田市となり、自治体としては消滅したものの、現在も「大田市仁摩町」の地名として残っている。日本海に面し、琴ヶ浜は「鳴り砂」で知られるが、この小説では石見《いわみ》銀山とのつながりがポイントとなる。

石見銀山と聞くと四谷怪談に登場する毒薬のほうをわたしは思い浮かべてしまうが、かつては年間十五トンの銀を産出したまぎれもない鉱山であり、同地で採れる砒素性の化学物質が毒薬としての〈石見銀山〉ということらしい。石見銀山から採掘された銀は数キロの山道を運ばれて仁摩に近い港から積み出され、仁摩そのものも賑《にぎわ》っていた。銀山の周囲にやたらと寺が多いのも、多数の鉱夫たちを信仰や葬儀の面で支えていたということなのだろう。

さてそんな仁摩も、小説で扱われている時点ではもはや過疎地となっていた。言い換えるなら、そんな物寂しい土地に、切羽詰まったAはなぜ固執していたのか。その答は、N青年がAを相手に何気なく披露したあるエピソードにあった。

（……）困惑していた青年が、やがて指先で宙に字を書きはじめた。

——間に、歩く、と書いて、マブと呼ぶんです。坑道なんです。馬で入れそうなのもありますけど、道端の草の中や、山の根もとに、ポツンと小さく、人ひとりやっと入れるぐらいに明《あ》いているのがあるんです。入るとすぐに急傾斜になっていて、あれ、サンダラボッチって言いますか、藁の丸いのを尻にあて、仰向けになって一気に地の底まで、滑って行くそうです。で、僕も潜りこんでみたんです。もちろん、すぐのところに、しゃがみこんだだけです。そうしたら、地の底から冷い風が吹き上げてきて、大勢の声が、聞えてくるような、気がするんですよ。

——Aに話したんだな。

——ええ、じっと聞いておられました。

——膝を抱えこんでいたな。

——Aさんがですか、どうだったかな。

——いや、穴の中で、君がさ。

——そりゃあ、狭い穴ですから。で、そうしていたら、女の子たちがやって来て、中をのぞきこむものだから、これはびっくりさせてはいけないと息をひそめていたら、外からは暗闇だけど内からはまる見えなんですよ、女の人が眉をしかめて暗がりをのぞきこむ顔って、凄いもんですね、三人でした。で、向うも中に人のいる気配を感じたらしくて、なかなか向うへ行ってくれないので、どうするつもりだろうと見てたら、考えたもんですね、コンパクトを取り出して、空を見上げ見上げ、鏡をこちらへ向けてひねくっているんですよ。キラッと光が入ったとたんに、キャーッと揃って悲鳴をあげて逃げ出しました。こちらも、駐在なんかに走りこまれては大変だと思って、穴から飛び出して、追いかけたこと追いかけたこと。最後には、道の真中で三人頭を寄せて、すくみこんじまった。僕の顔を見て、穴の中に髭もじゃらの年寄りがいるって、訴えるんです。チョコレートをやったら、すぐ落着きましたけれど。

このエピソードは、いわば旅先で生じた罪のない笑い話として受け取られるべき性質のものだろう。だがAにとっては、わざわざ札幌から仁摩について問い合わせずにはいられなかったほどに強い印象を与えていたのであった。そしてその事実を聞かされた「男」にとっても、腑に落ちるものがあったようだった。

注目するべきは、狭苦しいマブへNが入るときの姿勢である。必然的に、膝を抱え込んで身体を最小限のサイズへと縮める。その体位は、今や日に幾度か、精神を病んだAが無意識のうちに繰り返してしまうポーズに他ならない。しかも「男」が夜に急行を途中下車しては手洗いで反復していたのもまた、同一のフォームなのであった。

これら三つの〈別な場所、別なシチュエーション、別な人間〉における同一のポーズに、読み取るべき意味合いが象嵌《ぞうがん》されているのか。

少なくともNの場合は、考えようによっては思わせぶりな要素を伴っている。マブで息を殺している彼は「外からは暗闇だけど内からはまる見え」といったポジションを獲得している。しかもコンパクトの鏡を利用して内部を覗こうとした女たちは、若いNの姿を「髭もじゃらの年寄り」と誤認して恐怖する。あたかもNは通俗イメージとしての〈神様〉、すなわち髭を生やした老人で、しかも人智を超えて何もかもがお見通し——に近い姿を、知らず知らずのうちに演じていたのではないか。

「男」においては、手洗いで吐血した際に「身体の一部をどこかへ落してきたような虚脱感」が生じる。しかもフラッシュバックのように、ことあるごとに自分が膝を抱えてしゃがんでいる姿が脳裏に甦る。妻への秘密に対する贖罪めいた意識を表しているのだろうか。いずれにせよどうやらこの姿勢は、それを肉体的に演じるたびに、我々を日常から現実感の喪失や逸脱の方向へと少しずつ導いていくスイッチのようなものではないのだろうか。ただしその方向性は必ずしも狂気や神や贖罪といったシリアスなものとは限らず、遊びに通ずる楽しいスリルとでも称すべき側面をも備えている。

もしも膝を抱えて身体を最小限に縮めている姿に何らかの意味づけを与えようとするなら、たとえば子宮内の胎児の姿勢であるとか、屈葬における死者の姿勢、独房内で絶望している囚人の姿、狼をやり過ごすために時計の中に潜んで息を殺しているグリム童話の擬人化された子ヤギの姿などが連想されるかもしれない。

が、肉体労働をサボって木陰でうたた寝をしているときや、子どもが隠れん坊の遊びで狭苦しい場所に身を潜めているとき、遊戯における変身の前触れとしての振る舞いもまた、同じ姿勢なのである。

つまり、まことしやかで多様性に富み、狂気からキッチュな神様、中年男の贖罪から子どもの遊びに至る幅広いスペクトルを孕んだものとしてこの〈膝を抱え込んでしゃがんだ姿勢〉は小説内に描かれる。共通しているのは、その姿勢を演じる毎に我々は微妙にそれまでの日常から〈ずれて〉いくということだろう。それは「身体の一部をどこかへ落してきたような虚脱感」かもしれないし、遊びの興奮とともに成長していく子どもの内面かもしれないし、普段とは異なった視点を獲得することがもたらすほんの少しだけ斬新な〈世界の相貌〉のことかもしれない。

いったい〈ずれることがない〉生活が健全なのか、当たり前であるのか、幸福であるのかは分からない。〈ずれて〉いくことが危険なのか、内面の成長に必要なのかも分からない。ときには病的であり、ときには楽しく、ときには世界の構造を解読する鍵になりそうですらある。そしてそうした曖昧さこそが、古井の小説の味わいどころに違いあるまい。ことに曖昧さの部分に仁摩といった呪術めいた地名が関係して物語が展開していくあたりは、まさに小説のもたらす醍醐味を体現している。

物語の最後で、「男」はどうなってしまうのだろうか。こんな描写が出てくる。「男は顰《しか》め面にならずに笑っている自分を久しぶりに意識した」。羽田行きの飛行機においては「その勢いで男はタクシーに乗りこみ、四十分後にも同じ上機嫌の中で、急勾配を昇って行くジェット機に力を貸すように、ヨイショヨイショとつぶやいていた」。

いやに明るく変化しているのである。かくも彼を肯定的な気分にしたものは何だったのだろう。

おそらく男は、あの姿勢がスイッチの役割を果たしていること、現在この瞬間にも多様な意味を含んだまま世界中で同時にこの姿勢をとっている多数の人々がいるに違いないことに思い当たって、急に視野が広がるような解放感を覚えたということではないのだろうか。となれば、そうした意識の獲得に一役買った「仁摩」は、なるほど呪文のような存在だったということになる。

さて古井自身はこの作品をどう思っているのだろう。少なくとも講談社文芸文庫の自選短篇小説集には収録されていない。書き手としては愛着の湧くタイプの作品に違いあるまいと勝手に推測してしまいたくなるのだけれど、古井としてはこの程度の作品を書くのなら朝飯前だからと軽視したのかもしれない。もったいないことである。

＊　＊

小学校低学年のときに、プールで西瓜になったことがある。水泳教室でのことであった。「はい、膝を抱えてまん丸くなって、西瓜になった気持で浮いてみましょう。どのくらい長く息を我慢できるか、さあ頑張ってみましょう！」

教師の号令で、浅いプールの中で突っ立っていた生徒全員が、一斉に息を深く吸い込み、うつ伏せの体勢から膝を抱え込んだ。本当は目いっぱい身体を縮めなければならないのだが、そうすると重心の関係から尻が水面に顔を出すことになる。鼻から水が入ってきそうで気持ちが悪い。到底、西瓜とは言い難い半端な姿勢でぷかぷか浮くことになった。水中は冷たいのに、背中の仙骨のあたりだけが水面から露出し、夏の陽光にじりじりと照らされ、不思議なコントラストを皮膚感覚にもたらした。

次第に息が苦しくなってくる。ただし、真っ先にギブアップするとみっともない。弱虫の烙印を押されかねない。水中でそっと周囲を窺うと、西瓜もどきと化したクラスメートたちもまた、じっと耐えている。プールは苦悶の西瓜畑と化していた。

そのうち、案の定、わたしの隣で浮いていたSが我慢しきれなくなった。何をやっても駄目な奴で、勉強も運動も出来ない劣等生であった。彼が、ギブアップした！　安堵の気分がプール全体へ、一斉に広がっていった。緊張が緩み、クラスメートたちは次々に西瓜の姿勢を放棄していった。酸素を求めて立ち上がっていた。

膝を抱え込んだ姿勢を崩して立ち上がろうとする彼らの動作を水中から眺めていると、それはきわめて見苦しいものであった。もどかしげに手足を解き、じたばたしながら一刻も早く顔を水面から突き出そうとする。まるで肌色をしたダンゴ虫が、敵が去ったと認識して球状からふたたび身体を伸ばそうと無数の脚をぞわぞわさせているように見えて、わたしは気分が悪くなった。

五、受話器を握る怪物

——H・P・ラヴクラフト『ランドルフ・カーターの陳述』

七〇年代初頭のことである。思潮社が詩のセミナーを開催した。わたしは『現代詩手帖』の熱心な愛読者でもなかったし、詩も小説も書いていなかった。漠然と何かを書きたい気持はあったが、語るべき経験も自己もなかった。助言や刺激を与えてくれそうな文学的知人もいなかった。ただ、講師に入沢康夫の名前があったので興味を惹かれて腰を上げたに過ぎない。彼の『ランゲルハンス氏の島』を読んで、こういう詩もあったのかと視野の広がる体験をしたばかりだったからである。

講師は入沢と、もう一人は三木卓であった。二人とも、はじめて目にする〈本物の詩人〉であった。漠然とイメージしていた詩人の姿とはまるで異なっていた。常識を弁《わきま》えた〈ただの大人〉にしか見えなかった。双方ともごく普通のスーツを着ていたことも関係しているかもしれない。

セミナーのチケットは、思潮社へ直接買いに行った。当時わたしは新宿の砂土原町《さどはらちょう》に住んでいて、思潮社の住所がすぐ近くであることに気づいたからであった。編集長らしきベージュのスーツを着た人が手続きをしてくれた。「君も詩を書くのかね」と尋ねられたので、「いいえ、ときおり読むだけです」と答えたら意外そうな顔をされた。建物の中は、自分なりに思い描いていた出版社の内部と、殊にその雑然さにおいて予想通りであった。余談だが、一年くらいまえに仕事の関係で青土社を訪れたことがあって、そのときは出版社というよりも文芸部の部室みたいだなあというのが第一印象であった。

さて、ある曇った晩に都心のビルでセミナーは開かれた。わたしとあまり年齢の違わぬ詩人予備軍みたいな連中がぞろぞろ集まってきた。ロックを聴きにライブ・ハウスに集まる客と雰囲気にさしたる違いはなかった。出版社からパンフレットを配られ、数枚の原稿用紙もオマケとして添えられていた。思潮社で誂《あつら》えている原稿用紙で、コクヨの四百字詰しか知らなかったわたしには、ルビ罫が入っていないだけで大層珍しいものに思われた。詩人はこの原稿用紙に詩を書いて発表するものなのかと考えると、あたかも自分は今表現者としての第一歩を踏み出しつつあるような錯覚に囚われた。自分なりの考えに基づいて発表のあてもないまま文章を綴るようになるまでには、その後、十年以上の月日を要したのであるが。

セミナーが始まるまで、室内はざわついていた。大概の連中はグループ単位で参加していたようで、徒党を組んで立ったまま喋っていた。私がぽつねんと腰掛けていた場所のわきで雑談を交わしていた連中の一人が、遅刻しかけたらしくあわてて入ってきた。それを目にしたリーダー格らしき男（髪が長くて、東京キッドブラザースの東由多加《ひがしゆたか》に似た男だった気がする）が、明らかに周囲を意識した調子で声を掛けた。どうやら遅刻寸前の仲間は、かなり顔色が悪かったらしい。東由多加もどきの青年の台詞は今でもはっきりと憶えている。

「おー、どうしたんだよ。顔色が悪いぞ、まるで墓場から甦ってきたみたいじゃないか！」

それを耳にして、わたしはたまげた。普通の会話だったら、相手の顔色が優れなかったら「二日酔いか？」「貧血か？」「寝不足か？」とでも問いかけるのではないか。墓場から甦ってきたみたいじゃないか、なんて文学的言い回しをするのは、日常会話において木に竹を接ぐというか松の木に薔薇を接ぐくらいに変である。ふうん、詩人予備軍はこういった会話を交わすものなのかと、珍奇な動物を発見した気分になった。そして彼はきっと思潮社の原稿用紙をもらっても「いや、俺は自分専用のじゃないと書きづらいから」なんて余計なことを言うのだろうなあと思った。

その晩のセミナーの内容は、入沢が宮沢賢治についてひどく瑣末的な話題を述べていたことしか記憶にない。わたしは宮沢賢治を面白いと思った経験が一度もないので、正直なところ、参加料を損した気分になっていた。東由多加もどきの男の自意識過剰の台詞に驚かされたことと、詩人のための原稿用紙を貰えたことだけが、当日の収穫であった。

ところでわたしは小さい頃からある種の迷信があって、それは〈不用意なことを言うと、それが実現しかねないから気をつけろ〉というものであった。たとえば冗談半分に「お前、顔が黄色くない？　肝臓が悪かったりしてさ」などと言うと、実際に当人は肝硬変だったことが分かって呆気なく死んでしまうとか、マッチ箱を手にして「これは放火魔の愛用品だよなあ」などと軽率に言うと、なぜか話しかけた相手の家が本当に火事になってしまうとか、どうもそういった嫌なことが起きがちな気がするのである。ただし、それは必ず悪い方面のことであって、目出度いことや嬉しいことに限っては予言めいたことは起きない。

そのような法則性に鑑みると、遅刻しかけた男は東由多加もどきの〈詩人ふう発言〉によって、本当に墓場に結びつくような目に遭ってしまうかもしれない。死んだら〈あいつ〉のせいだな、とわたしは本気で思っていた。

＊　＊

H・P・ラヴクラフトというニューイングランド出身の怪奇小説作家がいる。一八九〇年に生まれ、四十六歳にて癌で死去している。末端肥大症気味の顔をした痩せて大柄な無神論者で、古書と文通と猫とアイスクリームと天体観測を好み、酒と煙草と魚介類と都会を嫌ったという。ノイローゼ（癲癇という説もあり）でハイスクールを中退、徴兵検査は不合格、結婚をしてニューヨークへ出るも二年もしないうちに別居して故郷へ戻ってしまう。文通魔で、同人誌やパルプ雑誌に作品を発表しつつ膨大な書簡を記し、さらには文通仲間の作品に添削をしながら孤独な日々を送っていた。

彼は太古の邪神たちをモチーフにしたクトゥルー神話（Cthulhu Mythos）というジャンルを作り、そこに仲間や後輩たちが参画して壮大な暗黒神話体系が作り上げられた。そのようなマニア的交流や、参画したメンバー（弟子と呼ぶのが適切か）からそれなりの作家が輩出したこともあり、むしろ死後にラヴクラフトの名は高まっていった。

研究書が出版され、ファン・クラブが組織され、本邦でも全集が出されている。怪奇作家としては、破格の扱いである。

では彼の小説は、どれほどの質であったのか。文豪と呼ぶに値するような作家であったのか。文学碑が建てられたり、生家をツアー客が見学に来たり、作品が国語教科書に載ったりしたのか。文学部の研究室でテキスト分析がなされるような作品群が産み出されていたのか。

あらためてそのように問われれば、ラヴクラフトの評価はなかなか微妙なことになる。愛すべき作家ではあるが、所詮はある種のB級作家と呼ぶのが妥当であろう。

初期の作品に、『ランドルフ・カーターの陳述』という短篇がある。執筆されたのは一九一九年で、年表を調べてみたら雑誌の『改造』が創刊された年で、前年には鈴木三重吉の『赤い鳥』が創刊されていた。ラヴクラフトの母が精神を患って入院した年でもある。

わたしはこの作品を、早川書房の『ミステリマガジン』の一九七二年六月号で読んでいる。医学生のときであった。矢野浩三郎の訳で、タイトルは『ランドルフ・カーターの証言』となっていた。そのときの感想を記す前に、まずは作品の紹介をしておこう。なお、雑誌は実家に仕舞ってあって現在手元にないので、引用は創元推理文庫版のラヴクラフト全集から大瀧啓裕訳で行う。

物語は、語り手であるランドルフ・カーターが査問委員会で陳述を行っている場面から始まる。なぜ彼がそんな立場に立たされているのか。それは友人のハーリイ・ウォーラン失踪事件の重要参考人だからなのである。

ハーリイ・ウォーランは神秘研究家であり、膨大な関連文献の蒐集《しゅうしゅう》家でもあった。カーターを相手に、世界中の超常現象や神秘思想についていつも語り聞かせてくれるウォーランは、友人であると同時に師匠格の人物だったのである。

一カ月前に、インドからウォーランへ一冊の本が届いた。頁を開けても、カーターには解読不能どころか見たこともない文字で記されている。

おそらく当時の素朴な読者たちは、遥々とインドから送られてきた胡乱《うろん》な書物であるとか、見たこともない解読不能の文字で印刷されていたというディティールだけで、はやくも心をときめかせていたのではないだろうか。

この怪しげな書物には、普通の人間には到底信じられないような内容が、しかもひどく具体的に書き記してあったらしい。だからこそ、二人はある深夜、ゲインズヴィル街道をビッグ・サイラス沼へ向かって歩いて行ったのであった。霧のかかった空には、三日月が光っていた。

真夜中過ぎに、二人は古ぼけた墓地に辿り着く。じめじめした窪地にあった。荒れ果て、遠い昔に見捨てられたような墓地である。

（……）未知の地下埋葬所から発散するような不快な蒸気のなかに、色を失いつつある三日月が姿を見せ、その弱よわしい揺らめく光で、古ぶるしい平石、壺形装飾、記念碑、霊廟の正面などが、胸の悪くなるほどおびただしくならんでいるのを、しかと見届けることができましたが、すべてが毀《こわ》れて苔に覆われ、湿気による染みをつくり、有害な植物が猛だけしくはびこって一部が隠されておりました。

いかにも古めかしく過剰な描写によって、おどろおどろしい舞台装置が披露されていく。しかも二人は、電池式の角灯、踏鋤《ふみすき》（ここでは、墓石を動かすための梃子《てこ》として利用される）、有線式の携帯電話（まだ時代は大正八年である）とそれ専用に「大地の中心まで行ってもどってこられるだけのワイヤー」とを用意していた。

この装備を目にすれば、彼らが何をしようとしているのかは容易に見当がつくであろう。古い墓を暴き、納骨堂の奥深くへ入っていく目論見なのである。しかもその納骨堂の奥には深いトンネルがあってどこか恐ろしい場所へ通じているらしい。だからこそ有線式携帯電話のワイヤーは「大地の中心まで行ってもどってこられるだけの長さ」が準備されてきたのだし、ウォーランはちゃんとインドから送られてきた謎の本をポケットに忍ばせていたのであった。

目当ての墓を暴くときの様子は、こんな具合に書かれている——平石を一つとりのぞいたことで黒ぐろとした開口部があらわれ、そこからどっと押し寄せる瘴気《しょうき》めいたガスは鼻持ちならないもので、わたしたちは愕然とあとずさったほどです。

しばらくして瘴気が収まると、ぬらぬらと濡れた石段が地下の暗闇へと降りているのが見て取れた。その石段を前にウォーランは、カーターへ保護者然とした口調で語りかけるのだった。

「カーター、こいつは凶まがしい行為なんだから、およそ感受性のない冷徹な者でないかぎりは、最後まで見とどけて正気のままもどってくることはできないだろうな。きみの気分を害したくはないし、ぼくとしてもよろこんできみを連れていきたい気持は山やまなんだが、ある意味で責任はぼくにあるんだから、きみのように神経質な者を、死か狂気が待ち構えているかもしれないところへ、ひきこむようなことなどできはしない」

これから決死の覚悟で墓の地下へ潜っていき、するとそこで目にする光景は人を発狂させかねないというのである。発狂に値する光景をきちんと読者へ提示し得るとするなら、その作者は大変な才能の持ち主となろう。だいいち、そんな文章があったとしたら、それを読んだだけで発狂する読者すら出現してもおかしくない、といった理屈になろう。

ウォーランの説得で、カーターは地下へは足を踏み入れず、しぶしぶ墓の入り口で待つことになった。ただし、二人は有線式の携帯電話で結ばれている。

以上、ここまでで物語の三分の二は終わっている。残りは、繊細な者をして発狂させかねない光景の描写となる筈だが、語り手はカーターであるがゆえに、ワイヤーを介してウォーランから携帯電話で聞いた事柄のみが情報となる。

ウォーランからの連絡は、古い墓の下へと姿を消してからおよそ十五分を経過して、やっと第一報が入った。震える囁き声（それは次第に絶叫と化してくる）で彼は実況中継をしてくるのだけれど、聞こえてくるのはこんな台詞ばかりなのであった。

「何ということだ。ぼくがいま見ているものが、きみにも見えるなら」

「カーター、恐ろしいよ——途方もない——信じられない」

「きみにいえるものか、カーター。まったく考えもおよばないものなんだからな。とてもきみにはいえない——こんなものを知って生きていける者などいるはずもない——何ということだ。これほどだとは夢にも思わなかった」

なるほど、いかにも凄い光景が展開しているようだが、ちっとも具体的ではないので、読者としては想像の働かせようがない。こんな曖昧模糊《あいまいもこ》とした台詞では、見せ物小屋の看板絵にも劣ろうというものである。

で、とにかく地中の納骨堂の奥では、どうやら大変な状況となっているらしい。相変わらず具体的なイメージを報告してこないウォーランは、やがてカーターに、とにかく墓石をもとに戻して入り口を塞ぎ、全速力で逃げろと言い出す。もはやウォーランは自分が助からないと覚悟を決め、だがこのままでは地下の怪物たちが地上に這い出ることを懸念して、カーターに逃走の指示を与えているようなのであった。

とはいうものの、友人を見捨てておいそれと逃げ去れるものではない。受話器を固く握りしめて慄然としているカーターへ、ウォーランが最後に吐いた台詞は以下の通りであった。

「畜生、地獄めいたやつらめ——地獄の亡者どもめ——お願いだ。行ってくれ。逃げてくれ。ずらかるんだ」

これを最後に電話機は沈黙してしまう。いくら呼びかけても、応答はない。取り返しのつかないことが起きてしまったことは明らかであろう。カーターは、深夜の墓の前に座り込んだまま受話器を手に呆然としている。

以上で物語が終了しても問題はないだろう。出来不出来はともかく、そのような顚末として完結することは可能である。だがそうはならない。

ふと気づくと、沈黙を守っていた筈の受話器から、カチッとスイッチの入った音がした。

あわててカーターは送話口へ叫ぶ、「ウォーラン、そこにいるのか」。

すると、驚くべきことに、返事があったのである。

地下の異形の者たちによって、とっくに殺されるか連れ去られるかしていると思っていたら、返事があった。ただしそれはウォーランの声ではなかった。


その声が低くて太いもの、うつろなもの、ねばねばしたもの、隔絶したもの、この世のものならぬ、非人間的な、肉体から遊離したものだったといえばいいのでしょうか。わたしに何がいえるでしょう。それがわたしの経験した最後のもので、わたしの話の最後でもあります。


有線電話の向こうから、異形の怪物が話しかけてきたというわけなのであった。そいつは友人を破滅させたどころか、なぜか人間の言葉(つまり英語)を知っていて、あまつさえ電話の使い方までも知っていた。

そして墓の地下からの声が告げた言葉とは、

「莫迦め、ウォーランは死んだわ」

という死亡宣告（！）なのであった。

実際、この一言が小説の最終行となって物語は唐突に終わるという仕掛けになっていた。そして翌朝カーターは沼の畔《ほとり》で茫然自失となっているところを発見されて、冒頭の審問に至るのである。

この作品を読んだとき、わたしがまず感じたのは「くだらないなあ」ということであった。しばらくしてからは、「ラヴクラフトは、こうまでして怪奇小説を書きたかったんだなあ」という感慨が湧いてきた。

まず「くだらないなあ」の件である。そもそも怪物だの悪霊、邪神の類を馬鹿正直に描写しても、不快感やグロテスクな印象こそ与えられても、恐怖を喚起することはきわめて困難だろう。陳腐であるとか子供騙しと思われては元も子もない。

そうなると、真っ正面からは描かずに、影とか気配とか予兆とか、とにかく間接的な手段で表現をしようということになる。そのほうが想像力に訴えかけてくる。そこでラヴクラフトも、間接描写の一環として、有線式の携帯電話からの実況中継といった手段を考えたのだろう。真夜中の墓場で、ノイズ混じりに聞こえてくる地中からの声は、それはそれで趣がある。

だが、「とてもきみにはいえない——こんなものを知って生きていける者などいるはずもない——何ということだ」などという陳腐な言い回しでは、せっかくのアイディアも台無しだろう。早い話が、下手なのだ。「ほのめかし」と描写力不足とは、決して同じことではあるまい。

それに受話器から流れてきた異形の怪物からの声が果たしてどんな感触のものであったのかは、もっとも重要な点に違いない。声とはきわめて生々しいものである。「肉声」という言葉があるように、ダイレクトに身体性を伝達してくる。そして声を発しているのが人間ではないとしたら、それを「この世のものならぬ」などと形容しては読者に苦笑されかねない。まったくのところ、「莫迦め、ウォーランは死んだわ」という最終行は、ギャグとホラーとの境界線上に位置している。

比較すること自体おかしなことなのだが、吉行淳之介の短篇に『家屋について』という作品がある。その中に、こんなエピソードがひょいと紛れ込んでいる。

その家の前の地面に、ある日突然、空から人間が降ってきて、人間の声とはおもわれぬ、機械で合成したような呻き声を発しながら、転がりまわった。電信柱に登っていた工事人夫が、感電して墜落してきたのである。

エピソードはこのたった三行で終わっている。それ以上は言及されない。そしてこの素っ気ない描写が、わたしにはひどく恐ろしい。まことしやかな形容など一切されていないが、苦しみ転げ回っている電線工夫はこの瞬間において人間以外の何者かに変貌してしまっている。死んでしまったのならまだ理解は可能だろう。そもそも断末魔の苦しみはどんな者をも尋常ならざる存在にさせる筈だが、感電という異常な体験によって、彼は二重に変身している。そして「それ」が目の前の、自分も立っている地面の上で転がり回っている。だからひたすら恐ろしく、「それ」が発した声は異様な迫力を醸し出す。

いずれにせよ、ラヴクラフトの『ランドルフ・カーターの陳述』はちっとも怖くなかった。稚拙な作品と思えた。だが作者本人は、「最善をつくした作品」「最高作」などと言っていたらしい（大瀧啓裕の解説による）。少なくとも、大いに気に入っていたようなのである。

実はそのような自己評価の背景には、作品の生まれた経緯が絡んでいる。実際にラヴクラフトが見た夢をそっくりそのまま文字に起こしたのが本篇であり、ただし夢の中ではカーターがラヴクラフト自身、ウォーランは友人の愛書家サムエル・ラヴマンだった。したがって、夢の最後に「莫迦め、ラヴマンは死んだわ」という声を耳にして作者は目を覚ましたのだという。

そういった裏話があると、ひときわ自作に愛着が湧くということなのだろうか。

わたしは滅多に夢など見ないせいで、夢をそのまま作品に書いたなどといった話を聞くと「本当かね？」と訝しく思ってしまう。まあやたらと夢を覚えているタイプの人はいるようであり、また創作におけるインスピレーションと夢との関係もどう違うのかはっきりしない。しかし個人的には、夢がどうしたといったエピソードは、いまひとつ信用する気になれないのである。

精神科の外来では、夢のことを喋りたがる人がときおりいる。喋らずにはいられない人、精神科医にとってきっと参考になるだろうと考えて喋ってくれる人、関心を惹こうと半分は創作して喋る人などいろいろである。で、そうした夢の内容は無意識とか心の闇を反映しているだろうからと診察の参考にするかといえば、少なくともわたしはまったく参考にしない。そんな取り留めもない話なんかに付き合う気はない。むしろ夢をわざわざ話題にしたがる精神特性といったものについて、考えを巡らせる。一方的に語られる夢は、いくぶん歪んだ形のコミュニケーション・ツールでしかないとわたしは思っているのである。

そんな自分であっても、たまには夢を見る。下世話で後味の悪い断片がせいぜいで、面白いものはまずない。ただ、繰りかえし見る夢がひとつあって、それをわたしは秘かに「フォークソングの夢」と命名している。

その夢はモノクロで、しかも画像が静止している。一種のスライドショーみたいな具合に光景が数秒毎に変わっていくのである。そうしてバックにはフォークソングが聞こえてくる。生ギターで簡単なコードをじゃかじゃか鳴らしながら、下手くそな歌が流れている。同じフレーズが単調に繰り返され、ノスタルジックな画面が次々に映し出されていく。

それらは小学校に入学した頃に住んでいた家の門であるとか、水死した友人が被っていた野球帽であるとか、近所の金持ちが所有していた旧式のトヨペット・クラウンであるとか、いつも横断していた踏み切りであるとか、一杯が三十円であった時代のラーメン屋であるとか、そういった懐かしい映像なのであった。画面が切り替わるのとシンクロして、「♪あの野球帽を、思い出せますか〜」とか「♪あのラーメンの味を、忘れていませんか〜」などと間抜けなフォークソングが被さる。

やがて、一匹の犬が映し出される。雑種で、それは隣家が飼っていたメリーという名の犬である。幼いわたしとは妙に仲が良く、しょっちゅうその犬はわたしのお伴をしてくれた。自宅で畳に寝ころがって雑誌を読んでいたら、いつの間にかメリーが座敷に上がり込んで、わたしの肩ごしに頁を覗き込んでいたこともある。

そんなメリーの姿が脳の中へ寂しげに映し出される。するとまたしてもフォークソングの歌詞が流れるのである、「♪あの犬のことを、まだ覚えていますか〜」と。途端に感極まったわたしは夢の中で泣き出してしまう。「どうしてそんなことを言うんだ⁉　もうあの犬は、とっくに死んじゃったに決まっているじゃないか！」と、取り返しのつかない気持ちに嗚咽《おえつ》しながら。

といったわけで、フォークソングの夢を文字に起こしても小説にはならない。にもかかわらず、ちゃんと一篇の物語の体裁を取った夢を見ることが出来る便利な人物がいるとは、とても信じられない。そのような人が、幸せなのか否かは分からないが。

すっかり話は迂回してしまったけれど、夢から着想した怪奇小説を「我が最高作」と称して憚らないラヴクラフトの態度を、彼の孤独で不遇な生活ぶりと重ね合わせて、珍しくもわたしは肯定的な気持ちになる。技術的には「くだらないなあ」と思いつつも、これはやはり愛すべき作品なのだといった心持ちに至るのである。

この心情が、「ラヴクラフトは、こうまでして怪奇小説を書きたかったんだなあ」という感慨につながってくるのであるが、いったい怪奇小説は読者を怖がらせることこそが結果的には求められるジャンルであろう。ただし怖がらせるといった言い回しが微妙で、それは恐ろしくて夜に独りでトイレにも行けなくなってしまうといったケースを意味することもあれば、読者の人生観を根底から揺さぶってしまうようなヴィジョンの提供を意味するかもしれない。あるいは、むしろ恐怖とか奇怪さを巡る様式美が求められているのかもしれない。

で、ラヴクラフトの場合、彼はかなり純朴に読者を「ぞっとさせる」ことを目指していたような気がするのである。そのぞっとさせる働きかけは、つまり多少屈折した親愛の情の表現に近いのではないか。彼は若い作家たちの作品（もちろん怪奇小説である）に丁寧に添削を施していたそうだが、ここをこうするともっと恐ろしさが倍加しますよといった類の、まことに微に入り細に入ったものであったという。「この世のものならぬ」なんて平然と書くような作家に添削をする資格があるのか疑わしくはあるものの、原稿用紙を介してのスキンシップというか親密さは彷彿としてくる。

こうして書き進めながら、わたしは自分もラヴクラフトの添削を受けてみたかったなあと本気で思うのである。決して揶揄して言っているのではない。孤独な者同士のつつましやかな交流手段として怪奇小説の創作というものがあったなら、これはこれで心が慰められるものであったろうと思う。作家もまた読者である以上、恐怖を与えるための具体的な技術論を語り合うことは、まことに心温まる営みに違いないのである。

以前、アメリカの新聞漫画をコレクションしていたことがあった。御存知のように、向こうの新聞漫画は何本もの作品がいっぺんに載っている。しかもチャーリー・ブラウンとか探偵ケリー・ドレイクみたいに数多くの地方紙や全国紙へ一斉に掲載される人気作もあれば、ごく一部の地方紙だけに細々と連載される作品もある。連載された漫画が必ずしも単行本化されるとは限らない。

マイナーな作品を蒐集したり、リアルタイムといった意味で有名な作品をも熱心に集めるファンがいる。わたしはそうした人たちと手紙を交わしたり、同人誌を購読したり、コレクションを譲ってもらっていたりしたことがあるのだ。

コミックブックを集めるファンは多くても、新聞漫画となると圧倒的な少数派である。そんな彼らと連絡を取り合っていると、北米大陸の退屈な田舎町で、毎日毎日ひっそりと鋏を片手に新聞から漫画を切り抜いている人物の姿が脳裏に浮かんでくる。何と寂寥《せきりょう》感に包まれていることか。エドワード・ホッパーが描くところの、よるべないアメリカのくたびれ果てた風景のようではないか。

黄色く変色した新聞漫画の切り抜きの束を目にするたびに、わたしは寂寥たる人々といったイメージに捕えられる。そしてそんな人々とラヴクラフトとは、心に抱えている空虚感において、それほど大きな隔たりはなさそうに思えてならない。

＊

＊

世の中には、いろいろな小説がある。教訓めいているとか、伝えたい主義主張が明確に記されているといった点で、まことに分かりやすい小説がある。その多くは、あまりにも分かりやすいがために、どこか奥行きを欠いてつまらない。計算外の陰影が刻まれておらず、作者自身すら扱いあぐねている感情が一掃され、小説に登場するあらゆる事物が「作者が言いたかったこと」へ奉仕するだけの存在に成り果てている。

いっぽう、別な種類の「分かりやすさ」を持った小説もある。それはここで紹介した『ランドルフ・カーターの陳述』のように、むしろ共感とか親近感を抱かせるといった点での分かりやすさである（したがって、実はまったくこちらが勝手に誤解しているだけの可能性はある）。おそらく世の「B級的なるもの」の多くは、その範疇にあることだろう。

わたしの好む小説は、一方の極に『ランドルフ・カーターの陳述』が位置する。ではその対極とは何か。

作品としての形は整っているし、読了して感銘を受けたりもする。にもかかわらず、たとえば象徴めいたものが登場してきたのにそれが意味するものが結局は判然としなかったり、物語の展開の必然性（不条理といった展開をも想定してのことである）が腑に落ちなかったり、あまりにも呆気ない結末に困惑させられたり、あらためて読み返してみたら記憶していた内容とまったく違う話だったがためにその落差に何か重要なことが潜んでいるように直感されたり、下手に書いてあるのかきわめて狡猾な書き方なのであるのか迷わされたり——そういったところで不可解（あるいは無意味であったり不気味）な印象を与える小説なのである。

自分が好む小説は、これら二つの極を結ぶ直線上に位置しているものが多い。そして〈不用意なことを言うと、それが実現しかねないから気をつけろ〉といった迷信めいた感覚が重なることによって、小説という存在はわたしにとってある種の強迫観念となっているような気がするのである。

ところでもしも〈不用意なことを言うと、それが実現しかねないから気をつけろ〉という御幣担ぎをラヴクラフトに語ったとしたら、きっと彼は、「それはなかなか興味深いね。ぜひともそれをテーマに作品を書いてみたまえ。私もひとつ挑戦してみようじゃないか」

などと口にしそうな気がする。そんなときの光景を想像すると、思わず「楽しそうだなあ」と微笑《ほほえ》まずにはいられない。

六、孤独な日々

――日影丈吉『旅は道づれ』

大学受験を失敗して浪人していた頃、しばしば変則的な散歩をしていた。なぜ変則的かというと、電車やバスである程度離れた場所（といっても、せいぜい北千住とか日暮里とか泉岳寺とか中野など）へ気まぐれに赴き、そこから散歩を開始するからである。自宅の玄関から徒歩に終始するわけではないので変則的な散歩という理屈であったが、気持としてはむしろ日帰りの小旅行に近かった。

次の年に大学へ合格する保証など何もないので鬱々とした気分で、実生活と芸術とはどのように折り合いをつけるべきなのか、などという青臭いことに煩悶したりもしていた。暗い表情で、あてどもなくひたすら商店街や路地を歩き回った。うらぶれた商店や、いかがわしげな「しもた屋」、だれも寄りつきそうにない廃墟のようなマーケットだとか、素人の手作りとしか思えない珍妙な店舗、惨めで投げやりな看板や貼り紙などを眺めるのだけが、心の慰めとなった。

わざわざ不味《まず》そうで汚い食堂に入ってみたり、傾きかけた喫茶店で酸っぱいコーヒーを飲みながら文庫本を読んだりするのが、屈折した楽しみであった。安レストランのサンプルケースの中にオムライスやフライや生姜焼きの蠟細工と一緒になぜか零戦のプラモデルが飾ってあるのに不思議な共感を覚えたり、漢方薬の店に並べられた怪しげな瓶詰め標本に見入ったり、工具店のショーウインドウにぴかぴか光る歯車だとか回転刃ばかりがびっしりと展示してあるのに胸を高鳴らせたり、果物屋の壁に世界地図が貼ってあるのが妙に心に沁みたりするのであった。

陽が傾き、夕方になって帰宅するときには、必ず何か買って帰った。ことさら珍しいものとか、入用なものを買うわけではない。鉛筆一本のこともあれば、栓抜きだとか何の変哲もない灰皿、キャラメル一箱、そんなものを自分自身への土産にしていた。家に帰ってそういったガラクタを机に置き、余計に惨めな気分になるのが自虐的な満足感につながっていたのである。

ある日、練馬のほうを歩いていたら、古道具屋があった。骨董品といったものではなく、埃を被った不用品が並べてあるといった風情で、そんなほうが却って当方の好奇心は刺激されるので、しげしげと眺めていた。ふと、棚の上に福助人形が売り物として置かれているのに気がついた。まるで素人がこしらえたような不細工な福助で、塗られている色もやに「どぎつい」。値段は、安い。

本日はこれを買って帰ろうと心に決めた。受験も迫りつつあるし、福助を買って運気を高めておくのもいいじゃないか、と思ったのである。それにこれだけ不細工な福助だと、かえって面白みがある。

そんなふうに判断して店番の老人に声を掛けようとして、もういちど福助を眺めた。すると、その福助の顔がなんだか「狡そう」に見えたのである。下手ゆえの愛嬌とも取れるが、どうも顔つきに狡さが感じられる。とたんに嫌な気分になった。もしかすると、福助のふりをしていても、実は疫病神の類ではないかと直感した。薄ら笑いを浮かべているような表情が気に食わない。

しばらく躊躇した後、結局その福助は断念した。ただし手ぶらで帰宅するのは寂しかったので、向かいの小さな本屋で推理小説を買って帰った。確か陳舜臣《ちんしゅんしん》の『三色の家』だったと覚えている。

こうして今になって思い返すと、やはりあの福助は買わないで良かった。あの狡そうな顔はまさに本性であり、福助という目出たい姿はカモフラージュであった気がする。危ないところであった。もしあれを家に持ち帰っていたら、自分の運命はどうなっていたのだろうか、などとつい暗いほうに考えて息が苦しくなる。もちろんそんなことを考えるいっぽう、あれはただの置物に過ぎず、あんなもので人生が左右される筈もないと信じてはいるのだが。

あの頃のわたしは、閉塞感と孤独感とに追い詰められた気分なのであった。そういったときには、ついおかしなことが閃いてしまう。馬鹿げた決断をしてしまいかねない。今だったら、福助なんて欲しくない。ましてや狡そうな顔をした福助なんかに心を動かされたりは絶対にしないだろう、たぶん。

＊　　＊

日影丈吉は、幻想作家と推理作家との中間的存在だったということになろうか。概してパズラーとしての推理小説はあまり精彩がなく、幻想味が深まるほど秀作が多い。没後に出た全集の版元が国書刊行会であったことが、彼の作家としての立ち位置を象徴しているだろう。つまり異色作家ということである。

作家としての出発が遅かった日影であるが（処女作は昭和二十四年〔一九四九〕、四十一歳のときに発表されている）、結構精力的に玉石混淆の作品群を書き続けた。そんな彼が昭和五十四年（一九七九）に書いた『旅は道づれ』という短篇がある。完成度については、あまり感心出来ない。雑誌で読んだときの感想は「たんなるアイディア・ストーリー」といったものであった。だが、玉ではなく石の筈なのに、なぜか忘れがたい。二十七年経っても頭に引っかかっているので、あらためて読み返してみたのであった。

物語は、ゆったりとエッセイふうに始まる。なにしろ「外国の人にいわせると、日本人は狭苦しい兎小屋に住んでいるハタラキ虫だそうな。なるほど、うまいことといわれた、という気もする」といった文章が冒頭なのだから。

語り手は老境に差しかかった推理小説作家である。ある式典に参加するために彼は妻を伴って秋の京都へ赴いた。用はすぐに済み、あとは妻の京都見物へ二日ばかり充てることにした。妻は嬉々として観光スポットを回ったり土産物を買い込み、語り手は苦笑しながらそれに付き合っている。いかにも熟年夫婦の観光旅行といった趣である。

夜になってホテルへチェックインした。このあたりから、作者のペースというか独特の現実離れした雰囲気が漂っていく。たとえばホテルに関する描写で、

（……）これを過ぎると、ホテルはまた静かになり、あとは次第に、特にルームのある部分では、深いしじまに入ってゆく。夜中に廊下を歩くのは、外人客の少女に意外と多い夢遊病者ぐらいなものだが、それも静かにうろつくだけ。

といった文章が出てきたり、次のような会話があったりする。

「あなた、さっきフロントでカードに記入してたとき、うしろに大きな人がいたの、

知ってた……」
「大きな人……いや」
「ふつうの人の倍ぐらいある人よ」
「そんな人間がいるのかい」

この会話は、語り手の後ろに背が高いので有名なプロレスラーが立っていたのに妻が驚き、しかし彼はその存在にまったく気がつかなかったことに首をひねる場面である。いずれの描写もストーリーに直接関係はないが、どんな突飛なことが起きても不自然ではない気分に読者は導かれていく。

さて語り手夫婦の隣室には、一人の老人が宿泊している。背が低くて逞《たくま》しく、歳の割には髪がふさふさしていて、押しつぶされたような角顔だが人懐こく親切そうな目の人物で、名前は福嘉春満《ふくかすま》。徳之島出身でブラジルへ移住して成功した貿易商らしい。その福氏について、語り手の妻はホテルの売店へ行ったついでに怪しい噂を聞きつけてくる。噂の出所は、廊下を挟んで向かい側に宿泊している二組の夫婦（の妻たちのほう）であった。

彼女たちによれば、どうも福氏には疑惑があるという。まず、チェックインのときに、馬鹿でかいトランクを手押し車でボーイに部屋へ運び込ませた。そのトランクの巨大さそのものが、とにもかくにも疑念を抱かせるに十分なしろものであったらしい。

しかも福氏は独りで泊まっている筈なのに、誰かに話しかける声が室内から聞こえてきたり、嬌声ともとれるおかしな声が上がったりするという。さらに、シーツを取り替えたりバスタブを洗おうとスタッフが訪ねて行っても、福氏は「わしは若いころから苦労して来たので、贅沢はきらいだ、人手を借りないでも何でも独りでやれる」と入室を頑《かたくな》に拒む。語り手である推理作家は腹話術の練習でもしているのではないかなどと呑気に構えているが、妻たちは不審を募らせていく。

そのうち、ボーイが福氏の部屋で奇怪なものを目にする。件《くだん》の老人が血のついたシーツに何かをくるんでいるところであった。ボーイは（次のように）語る。

「大きなゴムのシーツなんです。それをひろげて、その上で何かやっていたらしいです。わたしが首を突っこんだときは、シーツはもう丸めてありましたが、血痕がついてましたし、料理用のナイフが一丁、上に乗ってました……」

ここまでくると、福嘉春満氏はひょっとしたら巨大なトランクの中に人を潜ませてチェックインし、室内にその人物を監禁していたがやがて殺害に及んだのではないか、といった想像が働いてくる。ボーイも似たようなことを考えておろおろし、けれども上司はそんな荒唐無稽な話を信じてくれない。そこで彼は語り手に一緒に様子を探ってくれないかとそっと依頼してくる。そして福氏が外出中なのを確かめてから、合鍵で室内へ踏み込んでみる。

絨毯がぐっしょりと濡れていた。バスルームには生臭さが充満している。ふと振り返ると、寝室のベッドの向こうから「まっくろな丸い頭が、にゅっと突き出していたのだ。それが急に引込んで、ばたりと鈍い音がした」。

ドアが開いて、ちょうど福氏が戻ってきた。

「すまん、ボーイさん、すまん。勝手なことをして申し訳ない」

福さんは背が低いので、ベッドに浅く腰かけて、眼に涙を浮かべた。

「何が悲しいんですか」と、私は恐る恐るきいてみた。

「悲しいのと違います。こいつの面倒みるのに、ほとほと疲れはてたんですわ」

福さんが悲しい眼で見たベッドのそばに、白に灰色のきれいな斑点のある海豹《あざらし》が、あおのけに寝ころんで、拍手するように鰭《ひれ》を打ち合わせていた……

監禁されたうえに殺されたのかもしれない謎の人物の正体は、海豹であった。血まみれのシーツは、餌に与える魚を捌《さば》いていたときのものなのであった。

福氏は、数年前にサン・パウロで妻を亡くした。長年連れ添ってくれた妻である。今回の日本旅行で、独りぼっちの彼は亡妻の郷里である和歌山に立ち寄った。その折りに和歌山市郊外で、旅回りの小さな動物サーカスに出会った。「そこへ行ってみると、三頭いた海豹の中の一頭が、彼の方をむいてアウアウとないた。そばに行くと、なつかしそうにアウアウと鼻面を寄せて来る。福さんは急にかわいくなって、相当に高い金を払って、譲りうける契約をした」。

彼はおかしな情に流されて、実に唐突な「衝動買い」をしてしまったのである。輸送会社に頼んでブラジルへ海豹を送ってもらうつもりでいたが、再び魔が射したというか、発送する前に別れを惜しみたくなり、巨大なトランクに入れて京都のホテルへ運び込み、バスタブを水槽代わりにして飼育をしていたというのである。もちろんホテル側には秘密にしていたけれども、鳴き声や血まみれのシーツなどで疑惑を招き寄せてしまった次第なのであった。

これはミステリとかサスペンスというよりも、一種の綺談に近いのかもしれない。「正体はなんと海豹でした！」というのがオチの物語としてみると、あまりにも馬鹿げたストーリーでしかない。だが最後の部分を読んでも分かる通り、この作品はおそらくオチを狙った物語ではない。末尾を引用してみよう。

今度の小旅行では、やはりこの事件が家内には、いちばん印象が深かったと見える。帰りの汽車の中でも、チェホフ劇のせりふみたいなことを、つぶやいていた。

「人間って、さびしいものね……」

当初わたしは、非常にもの足らなさを覚えた。まったく感心出来なかった。それなのに、この作品はずっと心の隅に引っかかり続けてきた。

今になって読み返すと、この作品のテーマが「孤独感」であったことが良く分かる。まさに末尾に記されている通りである。そうして孤独感を主題であると見做すなら、ホテルでひそかに海豹を飼うといった綺想が、むしろバランスが悪いがためにある種の切実さとして迫ってくることに気がつくのである。

往々にして正常と狂気との境目は曖昧であると言われる。だが精神科医の実感としては、少なくとも医療的には画然としていることのほうが多い。特定の病気への求心力といったものが明らかに感じられるとき、現象的には境界線上にあるように見えてもそれは病気と判断されるだろう。

だが、確かに正常と狂気とがグラデーションとなりやすいチャンネルといったものがある。それは自尊心が関係している場合、固執が関係している場合、被害者意識が関係している場合であり、さらには孤独感が関係している場合である。

孤独感は精神の均衡を崩す。

わたしの周囲には、ペット屋で犬や猫と目が合ったせいで運命的なものを感じて即座に購入してしまったという人たちが何名かいる。さもありなん、と思う。だが海豹を動物サーカスから発作的に購入してしまうには、たとえ経済的には豊かであっても、やはり孤独感が狂気に近い作用を発揮する必要があっただろう。孤独感や寂寥感について必要十分な描写がなされていれば（もちろん文体とか雰囲気づくりも必須だが）、おそらく相当に現実離れした行動を登場人物にとらせても、読者を納得させることは可能なのではないか。

かつて外来で受け持っていたQ氏のことを思い出す。

彼は小太りの四十台後半、独身であった。高校を卒業していくつかの会社を転々とした。喫茶店に勤めて、毎日コーヒーを淹れていたこともあるが、あまりに酷使されるので辞めたそうだ。タクシーの運転手をしていたこともあるという。わたしのように常識知らずでしかも運転免許すら持っていない者からすると、タクシー・ドライバーは「世馴《よな》れた人」の一典型であるような気がする。いくらでも社会の荒波を乗り切っていけそうな経歴に思われる。

だがQ氏はタクシー会社を辞めた。仲間からイジメに遇《あ》ったからだというが、具体的なことは口を濁してしまう。辞める前後から彼は精神科のクリニックへ通院するようになった。不眠や倦怠感といったものが症状であったが、カウンセリングを受けても薬を飲んでも軽快しなかった。無職になってから、Q氏はクリニックで診断書を貰い、生活保護を申請した。福祉の世話になるのを機会に引っ越しをして、安アパートに住まいながら、わたしが勤める病院の外来へ転医してきたのだった。

彼は荒涼とした生活を営んでいた。立ち食い蕎麦《そば》が主要な外食であった。あとはコンビニの弁当。本自炊はほとんどせず、新聞も購読していない。テレビはなぜかNHKのニュースしか見ないという。ラジオもたまに聞くだけで、一日の大部分は室内でじっとしている。将来への展望とか夢といったものは一切ない。寒い日は布団の中で身動きもしない。趣味といえば、無料パスがあるのでたまに都営バスで終点まで行って引き返してくること。他人との付き合いはない。仕事をする気はなく、対人関係が苦痛なのだという（タクシーの運転手をしていた頃までは、何とか自分をなだめすかせて他人と接することが出来たが、今はもうメーターが振り切れてしまったと語る）。

Q氏は二週間毎にわたしの外来へやって来る。だが話題がない。生活に変化がないのだから仕方がない。それなのに、会話が途切れてもなかなか帰りたがらない。いったいわたしに何を期待しているのか。

あまりに面接が不毛なので、外来通院の必要性について考え直してみましょうと提案したことがあった。すると彼は、ひどく傷ついた表情を浮かべたのである。こちらのほうが罪悪感に駆られ、提案は有耶無耶になってしまった。

奇妙なことに、正月には初詣に出掛ける。どんな願を掛けてくるのだろうか。どうもQ氏の内面は測りかねる。病名はとりあえず回避性人格障害となっているが、まあ変人の類としか言いようがない。

そういえば、福祉の担当者（女性）が彼に就労を勧めたことがあって、そのときに面接試験について留意点を伝授したそうである。すなわち、面接は面接官の前だけで終始するわけではない、控室での態度もそっと観察されているかもしれないから気をつけるように、と。その助言に対してQ氏は「××さん（福祉の担当者）は恐ろしい人だと思いました」とわたしに語ったのである。

当方は困惑した。控室での様子を観察するのが××さんだったとしたら、彼女は油断のならない恐ろしい人ということになるかもしれない。しかし彼女はそんなことがあるかもしれないから気をつけろと親切に注意を促してくれているのである。それなのに彼女を恐ろしい人と思うのは理屈に合わないではないか。その旨を指摘しても、Q氏は頑な様子で「いえ、だけどやはり彼女は恐ろしいと思いました」と主張する。どうもそのあたりに彼の精神の病んだ部分が露呈している気がするが、それ以上に話は発展しない。わたしは彼のことを理解しかねて、居たたまれない気分になる。

いったいQ氏は孤独感に苦しんでいるのだろうか。他人と接するよりは孤独のほうがまだ良いけれども、独りぼっちが楽しいわけでもないらしい。荒涼とした生活ぶりと孤独感とが悪循環を成したまま彼は年老いていく。

で、わたしの脳裏にQ氏のことが浮かんだのは、もしも彼のアパートを覗き見たときに、万年床の敷かれた薄暗い室内に海豹が居ようとガラパゴスゾウガメが居ようとコビトカバが居ようと、きっとそれなりにわたしは納得してしまうかもしれないと感じたからなのであった。彼の孤独感を想像するに、どんな奇天烈な生き物が密やかに同居していてもおかしくない気がしたわけなのである。

日影丈吉の小説に登場する福氏とQ氏とではまるで違った人物であるけれど、孤独感がもたらす非現実的な発想といった点においては、どちらの人生に海豹が迷い込んでもおかしくないように思われてならない。いや、そういった意味では、大学浪人をしていた時分のわたしの生活の中へぽっかりと海豹が頭を浮き上がらせても不思議はなかったようにすら思えるのである。

だからこそ短篇小説『旅は道づれ』は、二十七年間もわたしの心に引っ掛かりつづけてきたのであろう。

＊　＊

少なくとも昭和三十年代くらいまでは、人間の脳は不老不死に近く、身体だけが歳をとるにしたがって衰えていくといったイメージがあったのではないだろうか。当時はまだ痴呆（認知症）といった概念がはっきりしていなかったように思えるし、老化によって脳が縮むといった発想はなかったような気がする。

その証拠としては、たとえば脳髄を取り出してタンクで培養すれば、肉体の衰弱や老化などとは無縁に脳は生き続けられるといった考えを前提にしたSFがしばしば見られたからである。マッドサイエンティストが自らの肉体を捨て去り、脳に接続したロボットによって悪事を尽くすとか、事故死した筈が脳だけを取り出されて青年の頭に移植され新たな人生を開始するとか、そういった漫画や映画や小説をいろいろと見た記憶がある。

小学生のときに、『週刊少年マガジン』か何かで宇宙開発のイラストを見た。見開き二色刷りで描かれたそれは、いわばサイボーグの鉱山技師であった。生物もいないし空気もない惑星の上で、等身大の不細工なロボットに脳が移植されたサイボーグが鉱物資源を求めて探索をしている。脳だけならば、過酷な環境下でも小さな装置で維持が可能といったアイディアなのだろう。ブリキ人形みたいなロボットの下半身には、折り畳み式の自転車が取り付けられている。長距離を移動する際には、この自転車を漕いでいく。

頭上には剝き出しの真っ黒な宇宙空間が広がっている。せこせこと自転車で移動しながら、たった一人でサイボーグは長期にわたって鉱物資源を捜し続ける。どこか間抜けな姿のサイボーグなのだが、頭部には人間の脳が培養液に浸かって精神活動を行っている。そんな光景を描いた絵を見たとき、わたしはサイボーグの孤独感を思って絶句した。なんて寂しい眺めなのだろう！　まさに黙々と仕事を遂行するだけの「脳髄」の日々は、独房に幽閉されることとどれほど異なるのか。

あんなに孤独感にあふれた絵は、わたしにとって空前絶後なのであった。

七、南洋の郵便配達夫

——J・M・スコット『人魚とビスケット』

かつてわたしの患者だった青年から葉書が届いた。彼は浪人して予備校に通うため都内でアパート暮らしをしていたが、統合失調症を発病して姉に連れられ大学病院を受診したのだった。さんざん時間をかけて説得し、入院させて治療を行った。実家は寒い地方にあり、家具屋を営んでいた。

三ヵ月ばかり入院生活を送り、あとは地元の医療機関に紹介状を書いて帰郷してもらった。そんな彼から、おそろしく下手な文字（しかも鉛筆書き）で葉書が送られてきた。「ちかごろの僕は、毎日トラックの助手席に乗って配達の手伝いをしています」と書かれてあった。箪笥《たんす》や机を積んだ小型トラックの助手席に座り、いくぶん虚ろな目をしたまま、寒々とした景色を眺めながら田舎道を走っている彼のことを思うと、胸がいっぱいになった。荷台に積まれた合板製の机や、うんざりするほど安っぽい箪笥を勝手に想像して、わたしは痛々しい気持に駆られてしまったのである。

そんな彼と出会う前の年に、わたしは富士山が望めるS県の片田舎に建つ精神科病院に勤めていた。大学の派遣病院だったのである。週末になると、まだ結婚する前だった妻がレンタカーを借りて訪ねてきた。当方は運転免許なんか持っていないので、彼女にドライブへ連れ出してもらうのが楽しみであった。

国道から脇道へ入ってみたら、森を背景にして小さな広場がある。といってもゴミが散らばっていたり石ころが転がっていたりして、汚らしい。しかもじめじめして薄暗い。広場には看板が立っていて、それは家具センターの看板なのであった。どうやら大分離れた場所に家具センターはあるらしく、看板とは別に立て札が立っている。そこには「ここでしばらくお待ち下さい。ピストン輸送ですぐにお連れします」と書かれている。ピストン輸送（！）というのが、いかにも活気がありそうで商売繁盛と思わせる。だが看板も立て札もすっかり風雨に曝されて色褪せた状態なのである。ペンキが皮膚病みたいに剝げかけている。もちろん広場には人影がないし、最近誰かがここでシャトルバスを待っていたであろう形跡など微塵もない。

とっくの過去に、「ピストン輸送」は終わってしまったのだろう。看板の様子からすると、家具センターも、もはや廃業しているかもしれない。だいたい、どうしてこんな場所に家具センター行きのシャトルバス乗り場があるのか。

田舎では大概の人は車を持っている。そうでなければ暮らしが成り立たない。家具を買う人がこういった地域でシャトルバスを利用したりはしないのではないか。しかもこの広場そのものが、なるほど少々離れた地点に路線バスの停留所があるが、まことに不便な場所なのである。鉄道の駅前からシャトルバスが発着するのならともかく、いったい家具センターの人間は何を考えているのか。

それにしても、当初からこの広場で送迎を待つ客などいなかったのではないだろうか。張り切って家具センターまでピストン輸送をするつもりが、担当者は初日から当てが外れて肩を落としてしまったのではないのか。そんな様子が目に見えるようで、わたしはげんなりした気分になった。

無残な広場でしばらくうろうろしているうちに、陽が傾いてきた。もう家具センターそのものも潰れただろうと独り決めしていたものの、実はまだ店は続いており、ピストン輸送こそなくなったけれども何日かに一回、思い出したようにぼろぼろの送迎バスがひっそりと稼働していたらこりゃホラーだな、などと余計なことを考えた。いきなりそんなバスが広場に乗り入れてきたら、どこへ連れて行かれるものか分かったもんじゃない。そんな想像を働かせるのに十分なほど陰惨な看板および立て札なのであった。

＊　＊

英国の作家J・M・スコットが一九五五年に発表した長篇小説『人魚とビスケット』は、そのロマンティックな題名からして好奇心をそそる（原題も *Sea-Wyf and Biscuit*）。内容はファンタジーではない。推理小説的色彩の濃い海洋綺談（グロテスク風味あり）といったところであろうか。学生時代に東京創元社の世界大ロマン全集版を、ＬＰレコード三枚分の値段でやっと入手して読みふけった思い出がある。二〇〇一年には、創元推理文庫で新訳版が刊行されている（清水ふみ訳）。三百頁にも満たない薄い文庫本である。

一九五一年三月七日から同年五月二十一日まで、ロンドンの「デイリー・テレグラフ」紙に一連の奇妙な個人広告が掲載された（驚くべきことに、これは事実であるという。小説はその事実をベースに想像力を膨らませて執筆されたのであった）。広告主はビスケットと名乗っていた。

人魚へ。とうとう帰り着いた。連絡を待つ。ビスケットより。

これが最初の文面であった。どうやら「ビスケット」氏は、「人魚」氏に対して必死に連絡を求めているらしい。同様の広告が繰り返されるも、反応はなかった。すると、広告の内容がただの呼びかけではなくなってきた。

人魚へ。あなたを探し出すために、あの十四週間とナンバー4の物語を出版することにした。ビスケットより。

何だか過去に込み入った事情があるらしい。新聞の読者たちは、次第にこれらの広告に関心を寄せるようになった。いつ人魚は応答してくるだろうかと固唾を呑んで見守っていた。それに十四週間の物語とは？　すると人魚ではなくて第三の人物から応答があった。

ビスケットへ。九年たった今も、三人の盟約は断じて生きている。ブルドッグより。

さらにやりとりが続き、ついに人魚も広告へ登場する。どうやら女性らしい。彼女は、過去を蒸し返したりビスケットやブルドッグと会うことには躊躇しているらしい。いったいどのような事情があってこうしたやりとりが交わされることになったのだろうか。だが広告は十一週間で呆気なく終りを告げてしまう。好奇に飢えたデイリー・テレグラフの読者たちは、雲を摑む気分のまま尻切れとんぼの状態にさせられてしまった。長篇小説の出だしとしては、まことに読者の心を摑んで離さないスタートである。

ここで語り手の「私」が登場する。「私」は退屈な会社勤めをしながら、いつか作家として独立したいと夢見ている人物であった。彼もまたデイリー・テレグラフの広告に関心を寄せ、「あの十四週間とナンバー4の物語」を自分がノンフィクションとして著すことを思いつく。その数奇でスリリングであろう物語のことを想像するだけで、彼は作家としての野心を、事件に対する好奇心と重ね合わせていることを自覚するのだった。

何はともあれビスケットかブルドッグか人魚かナンバー4のいずれかと連絡をつけなければ物語の全容は見えてこない。だがこれが容易でない。新聞社に問い合わせても、プライバシー保護から広告の依頼者の名前や住所は明かしてもらえない。捜索は座礁したまま、虚しく三年が過ぎ去ってしまう。「私」の文学的野心もまた満たされぬままであった。

えてして思いがけぬ偶然が人生に活路を開くものである。そうした偶然を御都合主義と読者に思わせせないようストーリーを進めていくところにこそ、物語作家の面目躍如たるところがあろう。J・M・スコットもまた、「私」とビスケットそしてブルドッグとの邂逅《かいこう》をいともスムーズに演出していく。

一九五四年九月一日、なんと「私」のもとへブルドッグから直接電話が入った。彼の所有する古城へ――スコットランドの本土からフェリーに乗り継いでスカイ島まで至急来て欲しい、と。

スカイ島にはジェイムズ一世時代に建てられた古城があり、内部が近代的に改装されてエレベーターも備えられていた。二日がかりでそこへ辿り着くと、「私」を待っていたのはブルドッグとビスケットであった。ついに謎の広告をめぐる四人の登場人物のうちの二名が揃ったのである。

「私」が呼ばれるに至った理由とは、「あの十四週間とナンバー4の物語」を原稿に仕上げることであった。まさに望み通りの依頼である。なぜそんなことを今になって依頼してきたのか？　実はナンバー4からブルドッグのもとへ手紙が届いたからなのであった。届く筈のない手紙が届き（なぜならそれは死者からの手紙だったから）、その内容に震撼したゆえに、彼は急遽ビスケットを招き寄せ、さらには人魚にも連絡を入れて到着を待ちつつ「物語」を仕上げ、それを彼らの弁明としたいと考えたからなのであった。

といった次第で、「あの十四週間とナンバー4の物語」またの名を「海の真ん中の殺人」についての一部始終が、ブルドッグから語られることになる。

発端は一九四二年に遡る。パナマ船籍の商船サン・フェリックス号は、日本軍の侵攻を逃れようとする民間人たちを満載して、一月三十一日にシンガポール港を出港した。船室はおろか甲板も倉庫も避難民たちがひしめき合う状態で、サン・フェリックス号はモンバサへ向けて大洋に乗り出していった。灯火管制を敷き、敵の戦艦や潜水艦に見つからぬよう、息をひそめての出港であった。

まず最初に登場したのは、ナンバー4である。彼はその船のパーサーであった。いささかエキゾチックで異様な印象を与える人物なのは、以下の描写で分かろう。

（……）彼は混血で、肌が浅黒く、縮れた頭髪と非常に広い胸を持った偉丈夫だったが、片足が不自由で、松葉杖のような杖を二本使っていた。杖の握りの部分からは、前腕をはめこむための支えが伸びていた。杖の先端にはゴムがついており、杖の立てる音は静かなものだったが、彼が近づくと暗闇でもそれとわかった。まるでだれかが非常にゆっくりと、重々しく歩を進めているかのような足音だった。

スンダ海峡を抜け、インド洋を航行していた二月十五日の深夜、サン・フェリックス号は日本軍の潜水艦に撃沈される。タイタニック号の沈没さながらに、船は多くの船客を引きずり込みつつ海中に没した。海水は生暖かかったが、鮫が泳ぎ回っていた。

翌朝になると、残骸の浮遊する海には救命ボートと小ボートと、ゴム製の小さなラフト（救命筏）が頼りなげに漂っていた。

二艘のボートには、脱出した船客があふれんばかりに乗り込んでいた。太陽が昇り、すると遮《さえぎ》るもののないインド洋上で、途方もない暑さが彼らを苦しめることになる。

最も耐え難かったのは過密と酷暑だった。前に書いたように、ボートには身じろぎする余地もなかった。男も女も裸同然の格好で、文字どおりぴったりと体を押しつけ合っている。おそらく暗闇の中で五時間はこうしていたことだろうし、これからさらに十時間から十二時間は日射に耐えなければならない。そうして、その先にどんな希望があるというのか？　ボートを漕いだり、帆をかけたりする余地ができるまで、誰もが敵だった。しかも、熱暑のせいでお互いの肉体は不快極まりないものになっている。おまけに、そよとも風がない。ボートも動かない。ただじっと同じところにとどまっていることが閉塞感を強めていく。しかも、壁の中に閉じ込められているわけではない。周囲には何一つ遮るもののない茫洋とした広がりがあるのだ。心が焦がれ求めるのは、ただひたすら逃げ出すこと、どんな犠牲を払ってでもこのべっとりと粘りつく息苦しい人間の塊から逃れることだった。

こんな具合に描き込めば、ドラマはどんどん心理劇の色彩を強めていくことになるだろう。ところでラフトにはたった二人の男が乗っていただけであったが、やがて二人は（たった二人でいるのにもかかわらず）一緒に乗っていることに耐えられなくなり、立ち上がって取っ組み合ったまま海へ転がり落ち、そのまま沈んでしまった。やがて無人になったラフトを目指して女がボートから飛び込んで泳いで行った。鮫の危険を顧みず、力強く泳ぎきってラフトへ乗り移った。これが「人魚」である。するとそれを追うように二人の男が飛び込み、ラフトへ乗り移った。「ブルドッグ」および「ビスケット」であった。他の遭難者たちは、もはや海を泳ぎ渡る気力など失せていた。

夜になると黒い海面には燐光《りんこう》が妖しげな光を放った。その光を押し分けるようにして、まるで鮫のように一直線に非常なスピードで泳いでくるものがあった。人魚の手助けで、ひらりとラフトへ乗り込む。それが「ナンバー4」であった。松葉杖は失い、一本足で泳いできたのにその優雅で力強い動作に、男たち二人は威圧感を覚えさせられた。

こうしてインド洋上に浮かぶちっぽけなゴム製救命艇に四名が揃った。そして過酷な漂流生活が始まる。

（……）みじめな状況にあっても、人魚の顔は美しかった——若々しく、毅然として、ほとんど静謐とも言える表情をたたえている。顔にかかる髪は黒く、少年のように短く切られ、もつれて波打っている。肌は蜜の色だ。鼻は小さく、鼻筋が通っている。口は大きいほうで、今は微笑むどころではないが、その口元が微笑みをよく知っているのは見て取れた。しかし、最も魅力的なのは目だった。瞳はごく暗い色で、そのために、とても黒目がちな印象を与える。その暗色の瞳は、ほかの目が見られないものを目にし、見通すことができるかのようだ……。今、人魚は破れたリンネルのシミーズ姿で体を丸めて座り、その際立った目を伏せている。

男たち三人は、たちまち人魚の崇拝者となった。彼女には威厳と慈しみがあって、いわば彼女こそがラフトにおける良心であり超自我であった。そして崇拝者の中でも、ブルドッグとビスケットは二人とも英国人のインテリ階級に属し（ブルドッグは血の気の多そうな法律家であり、ビスケットは意志薄弱で気まぐれなデラシネであった）、労働階級に属す有色人種のナンバー４に敵意を抱いていた。その敵意とは、階級差による蔑《さげす》みだけではなかった。大自然を相手に生き抜いていくときの体力や智恵といったものについてはナンバー４はあきらかに優れ、また片足で泳ぐ姿からは何か超自然的で不気味な印象が漂っていたからである。おまけにそんな彼が、露骨に人魚へ甘えたがる姿を見て、二人ははらわたが煮えくり返る思いだったのである。

ちっぽけな救命艇の上で残虐なリンチが生じなかったのは、ひとえに人魚のおかげであった。彼女が男たちをなだめ、また水や食料を管理し、捨て鉢な気持を抑えてくれることによって、ラフト上の小世界はかろうじて秩序を保っていた。

数週間にわたる絶望的な漂流のあと、ついに彼らは無人島に辿り着く。

島は一切れの羊肉のような形をしていた。最も幅の広いところで半マイル、長さは全体で二マイルあったが、突端の方は細く突き出た砂嘴《さし》にすぎない。島をぐるりと囲む珊瑚礁は、風上側で凸状に広がり、白く泡立つ砕け波に休みなく洗われている。珊瑚の環礁は四箇所で途切れ、それが濠のような礁湖《ラグーン》への通路となっている。礁湖は波静かな緑色の浅瀬である。島そのものを縁取るのは目を射るばかりの白い砂浜で、砂は細かく、乾いている。踏めば足先の沈みこむ砂頭は、たいていは肌に熱く触れた。浜から奥へ入った一帯には、月桂樹を思わせる風情の灌木が茂っている。さらにその奥では、ごく緩やかな勾配を、羽毛のような葉を茂らせた木々が埋めている。海面から約三十フィートほどの最も高くなった中央部にはココヤシの林があり、空高くそびえる木々は絶えず風に揺らめいて、長い剣のような葉をきしらせてはカラカラと金属的な音をたてている。

まるでマンガに出てくる「南洋の孤島」そのままである。この島で、甘い液体を満たしたココナツの実や数多くの果実、貝や海亀の卵を手に入れることが出来た。やっと彼らは水と食料の心配から解放された。しかも島を探検してみると、古い木造帆船《はんせん》が座礁したまま朽ちていた。

ここには、そのほかにも人間のいた形跡があった。島の風下側にはトタンの波板を張った小屋があった。その外には、ココナツの果肉を乾燥させコプラを作るのに使われたらしい木製の台があった。そのすぐかたわらには、一本だけ離れて生えている背の高いヤシがあり、その幹に、元は赤ペンキで塗ってあったに違いない鉄の箱が釘で止めてあった。

つまり、かつては人が住んでいた時期もあったようだが、今はすっかり人影のない無人島となってしまっているらしかった。

インド洋上を漂っていた絶望的な日々に比べれば、島は天国である（そして世界は太平洋戦争の真っ最中なのであった）。すると、ブルドッグとビスケットにとってナンバー4はますます疎ましい存在となっていった。前述したように彼はもともと身分が低いし、人種も違う。教養もない。それなのに図々しくも人魚に思いを寄せている節がある（ことにビスケットとナンバー4とは、事実上の恋のライバルといった趣を呈していた）。洋上のラフトでは、ナンバー4の腕力やある種の神秘性（漂流中には、むしろ超自然に感応できそうな人間や原始的な本能の強い人間のほうに、主導権は傾く）が抑止力となっていた。だが上陸すれば片足であることは大きなハンディだし、いまさら頼らなくともイギリス中産階級出身の二人は何とかやっていける。

助けを待ちながら、四人の生活は続いていった。ナンバー4は仲間外れの状態となり(そのことに人魚は心を痛めていたが)、島は白人の天下となっていた。

ある日、ヤシの木に登ったビスケットは、水平線の向こうに別な島が存在しているのを発見する。救助の兆しがないことに苛立ち始めていた彼らは、そちらの島へ移ることを考えた。運が良ければそちらの島には人が住んでいるかもしれないし、少なくともこうしてじっとしているよりも何らかの展開が期待出来るのではないか、と。

難破した帆船の廃材を使って、彼らは筏《いかだ》を組んだ。当初はナンバー4を置き去りにしたまま出発するつもりでいたが、彼は首尾よく立ち回って一緒に乗り込んだ。そうして、隣の島を目指して再び航海が始まった。今度は帆を張っているが、容易な旅ではない。またしても雷雨や大波に弄《もてあそ》ばれつつ、彼らは海を漂って行く。

やがてちょっとした諍《いさか》いからナンバー4は海に転落する。再び筏に上がろうとする彼を、男たちは拒む。見殺しにしようとする。ことにブルドッグが、もっとも無情であった。どれほど泳ぎの達人でも、筏から見放されれば溺死するしかない。まさに「海の真ん中の殺人」である。

死を宣告されたナンバー4は、怒りと絶望とに打ち震えながら夜の海に浮かんでいる。海面は燐光によって炎のようにきらめいている。

「おまえを呪ってやる」と彼は言った。それから、ほんの数分前いかだの上で使ったのと同じものらしい耳慣れない言葉で何か言っている。

三人とも押し黙っていた。もうナンバー4には危害を加える力がなくなったにも関わらず、みな怖かった。

ナンバー4が泳ぎだした。背後の水に炎の尾を引いて。

一瞬、彼は泳ぐのをやめて叫んだ。「人魚」

人魚はひざまずいてすすり泣いていた。唇が動いたが、声は出てこなかった。それから、よろよろと立ちあがった。二人の男が捕まえなければ水に身を投げていたことだろう。

ナンバー4が泳いでいく。頭が見えなくなっても、炎のような波跡が揺らめいて見える。「人魚」と呼ぶ声が、何度も何度も聞こえてきた。叫びはそのたびごとに、絶望の響きを増していく。

その叫びが消えたのは、いつだったろうか。彼らの耳の中では、いつまでも叫びがこだましていたから、それがいつ聞こえなくなったのかわからなかった。朝になり、水面の燐光が消えるまで、水の揺らめきの一つ一つがナンバー4の立てる波紋のように思われた。

得体の知れない恐怖と罪悪感とによって、三人は呆然としていた。すっかり現実感は遠のいている。彼らは話し合った。この出来事は永遠の秘密として封じておこう。そして、生還したならばお互いに二度と顔を合わせるまい。ナンバー4はそもそも存在しなかったことにしておこう、と。

やがて彼らは、通りかかった船に救出された。もちろんナンバー4が発見された気配はなかった。そうして十二年が経過し、今、「私」へブルドッグとビスケットが一部始終を語っているのだった（ただしそれに先立つ数年前、放浪の果てにロンドンへ帰り着いたビスケットが人魚へ向けて新聞広告を出したのは前に記した通りである）。その理由は、既に述べたように、ブルドッグのもとへナンバー4から手紙が届いたからであった。

ブルドッグ！

おれをやっつけたと思ってるだろう。だが、おれは、ほんとにすぐに、あんたのところへ行く。あんたは、前に、おれを溺れさせようとした。だめだね。仕返しはする。あんたの国までついていって、あんたが高いところから人を裁こうとしたときに、おれはこう言ってやる。「あいつこそ非難されるべき人間だ。あいつはわたしを殺そうとしたんだ」そうやってあんたを高いところから引きずり降ろしてやる。証拠もある。

サン・フェリックス号から持ってきたんだ。何もかも証明できる。ビスケットにも悪い言葉と行いのつぐないをさせてやる。人魚だけは別だ。あの人はおれの味方で、美しいことをたくさん話してくれたから。

あんたがたがつけた名前でここに署名しておく。

ナンバー4

この鉛筆書きの手紙は、先月にモンバサで投函されているという。ならば、時期的にナンバー4がいつ姿を現してもおかしくない頃合いなのである。

これは強烈な謎である。十年以上も昔に南洋の海で溺死した筈の男が、今になって手紙を寄こした。秘密を知っている者が、あのときの四人以外にいる筈がない。目撃者などあり得ない。したがって、代理人がナンバー4を騙《かた》って手紙を出した可能性もない。いったい何が進行しつつあるのだろうか？

やがて人魚が到着する。そしてついに彼女の正体が判明する。彼女は修道女であった。サン・フェリックス号には医療使節団のメンバーとして乗っており、あの毅然としながらも慈悲に富んだ姿は、まさに修道女兼看護婦ゆえだったのである。

彼女は聡明であった。ナンバー4からの手紙を目にしても、うろたえなかった。そのトリックをたちまち見抜いてみせた。

さてそのトリックなのであるが、わたしは種明かしの部分を読んで、一瞬、困惑した。頭の中で事情を反芻《はんすう》するうちに、わけの分からぬ不安感に囚われた。この本を読んだ何人かの知人に感想を尋ねてみると、多くはトリックに対して他愛がないとか詐欺同然とか、否定的であった。どうも不安感や気味の悪さを覚えたのは自分だけのようなのであった。では手紙のトリックとはどのようなものだったのか。


人魚はごくわずかに肩をすくめた。

「鮫のうようよいる海の中を、アフリカまで泳いでいけるとお思いですか？」

「しかし、その手紙が――それが投函されてから一カ月もたっていないんだ」

「そうは思えません。これはわたしたちがあの島にいる間に投函されたのでしょう」

「どういうことだ？」

それに答える代わりに、人魚はビスケットの方に向き直って尋ねた。「あの島に鉄の箱がありましたね――あれは郵便受けじゃなかったのかしら？」

「ああ、うん」と彼は言った。「そうだろうね」

「それなら、ナンバー4は、そこにこの手紙を投函したんです」

あの島にあった廃屋についての描写で、「そのすぐかたわらには、一本だけ離れて生えている背の高いヤシがあり、その幹に、元は赤ペンキで塗ってあったに違いない鉄の箱が釘で止めてあった」とあった。その赤い鉄の箱がつまり郵便受けポストだったというのである。いったい南洋の孤島に郵便配達夫が来るのか？　しかも、大戦とその後の混乱を経たといっても、延々と十二年をかけて手紙が届いたというのか。メッセージを封入した漂流瓶でもあるまいし。

「それで説明がつくな」ビスケットがゆっくりと言った。「海亀や干したココナッツといっしょに手紙を集めてまわる船があるんだろうな。ああいう人気《ひとけ》のない、時間の止まったような島々では、郵便はそんなふうにして集められるんだろうから」

つまり、人口数名といった南の島に、せいぜい数年に一回といった頻度で郵便の集配が行われるということなのである。封筒には切手が貼られていなかったので、受取人払いということになった。紙や鉛筆の入手については伏線が張られているし、ナンバー4はサン・フェリックス号のパーサーだったゆえにブルドッグの職業も住所も知っていた。黒い肌の彼は、学歴はなかったかもしれないが愚か者ではなかったのである。

それにしても当時の郵便事情として、相応の裏付けがあったからこそこのような物語が成立したのであろう。「でっちあげ」では、むしろこれほど荒唐無稽な理由を記したりはしない筈である。

わたしの感じた不安感や気味の悪さとは、つまりこういったたとえ話をすれば良いだろうか。あてどもなくわたしは一人旅をしている。あるとき、山の奥に廃村を見つける。家々は朽ち果て、犬や猫の姿すら見えない。もちろん人影など一切ないし、電柱も傾き、もはや電気も供給されている気配がない。村は生い茂る蔦や草や苔によって呑み込まれ、自然に還りつつある。

ふと、昔懐かしい円筒形の郵便ポストが、赤いペンキが剝げかけたまま据えられているのが目に入った。投函口には蜘蛛が巣を張っている。わたしは悪戯心を起こし、文庫本に挟んであった絵葉書に自分の住所を記し、自分あてに投函してみる。通信欄には何も書かずに。そうしてそのまま旅を終え、日常生活に戻って十年が過ぎ去る。

ある日、切手の貼られていない絵葉書が届く。わたしは切手の料金を払って受け取る。するとそれは、あの一人旅をしたときに廃村で投函した絵葉書であったことに気付く。するとあのポストは機能していたということなのか！　誰一人として住んでいない、見捨てられた村にも郵便配達夫が律儀に姿を現すということなのか。そして十年の歳月を要して我が家まで辿り着いたということなのか。それに気付いたとき、わたしは驚きよりもむしろ恐怖を感じるのではないか。

廃屋なのかと思っていたら、実はちゃんと人が住んでいたことを知って驚くことがある。

その驚きの中には、住人の精神が広い意味で健全ではなさそうな予感がして不気味に思う気持ちが含まれているだろう。わざわざ廃村へ足を運ぶ郵便配達夫は、その無意味さと馬鹿げた律儀さにおいて、やはり不健全な印象を与える。郵便局としてはもはや不要と判断しているのに、勝手に足を運んでいるおかしな郵便配達夫といったイメージが浮かんでくる。

地球をすっぽりと包囲した郵便制度は、南洋の孤島にまで及んでいるのだろう。だがそこでは制度がきわめて不完全にしか機能していない。孤独な島民たちは、我々とはまったく異なった感覚で郵便を理解しているのだろう。だから数年に一回の集配にも、「そんなもの」と思っていることだろう。けれども性急な現代文明に浸りきったわたしには、そのようなありようが理解出来ない。何もかもが取り返しのつかないことになってしまいそうな、あらゆることが手遅れになってしまいそうな、己の営みの矮小さをありありと見せつけられてしまいそうな恐怖に駆られるのである。十年遅れで届く郵便物の無意味さとかけがえのなさとの狭間で、わたしは得体の知れない不安感を覚えずにはいられない。

結局、ナンバー4は南の海で溺れ死んだのであった。あるいは鮫に喰い殺されたのか。いずれにせよ、「海の真ん中の殺人」は告発されずに済んだ。が、ブルドッグの精神はもはや緊張に耐えきれなくなっていた。ついに彼は「私」の目の前で発狂し、残った三人が互いに顔を見合わせるところで物語は終わる。

いとも呆気ない種明かしに物足りなさを覚える読者もいれば、そこにかえって激しい不安を感じる読者もいる——そんな奇妙な物語なのであった。

＊　＊

それにしても、「数年に一度だけ集配される郵便」というものをわたしはリアルに想像出来ない。いったいどのような手紙がやりとりされるのだろう。まったく見当がつかない。数年というサイクルで自分にあてはまるものを考えてみると、それは運勢の浮き沈みといったものである。南洋の郵便配達夫は、運勢や運命を配達して回るだけだと言われても、わたしは簡単に信じてしまいそうである。そこが薄気味悪い。

八、描きかけの風景画

——藤枝静男『風景小説』

銀色の自動車に乗せてもらって三浦半島へ行ったことがある。中学生の頃であった。海をしばらく眺めてから、そのまま真っ直ぐに帰って来た。どこへも寄らなかった。ハンドルを握っていた親戚の大学生は、たんに新車の慣らし運転をしたかったただけなのかもしれない。

潮風は気持が良かったけれど、太平洋を前にしてもあまりロマンティックな気分にはならなかった。そのときスケッチブックや絵具などを持参してはいなかったが、わたしはひどく冷静な目で、「この眺めを絵にしても、どうせ退屈な作品にしかならないだろうなあ」と醒めたことを思った。当時、絵を描くことに興味が向いていたがための感想であった。

崖から足元を見下ろすと、三十メートルくらい下で波が砕け散っている。腹の底へ響くような音とともに岩場へ波がかぶさり、白く泡立っている。転落したら助かるまい。まことに恐ろしげな光景である。

この崖から眺め下ろした光景をそのまま絵に描いたらどうだろうかと思った。画用紙はほぼ全て海面の青で塗りつぶされ、わずかに下縁ぎりぎりのところへ岩が顔を出し白い飛沫《しぶき》が散っている。その絵を前にした鑑賞者は、一瞬、何が描かれているのかと戸惑うかもしれない。無理もあるまい。よりにもよって垂直に眺め下ろした視線で描かれた風景画なんて、滅多にないだろうから。

自然の眺めをそっくり写実的に描いたのだから、多少は風変わりでも、「わたしの足元から三十メートル下方で渦巻く海」の絵は風景画に違いあるまい。だが——。それを風景画と称することには、どこか躊躇してしまう。なぜなのか？

理由が分かりそうで分からない。当時は海景を描くために通常よりも少々横長のキャンバスが規格として存在していることを知り、妙に感ずるものがあったせいでジャンルとしての風景画のことが気になっていたのであったが、だからといって分からないものは分からない。

とにかく疑問をそのまま頭の隅に留めておいたら、秋になって文化祭が近づいた。演劇をやる連中がリハーサルをしているところを見物していた。劇はつまらなかったが舞台装置が力作である。感心して書き割りを見ているうちに、風景画の疑問について自分なりの解答が見つかった。

風景画は、自然の眺めをただ描き写しても駄目なのである、たぶん。おそらく絵を通じて場所が特定出来なければ風景画としての必要条件を満たしていない。しかも近景、中景、遠景とあってさらに無限遠の空が描かれていなければ、風景画とは呼ばないのではないか。早い話が、野の花をクローズアップで画面一杯に描いたらそれは風景画でない。ただの植物画である。同じように、三浦半島の崖から真下を見た光景を描いても、そこには三十メートル以上遠いものは描かれない。無限遠の空は描き込まれない。するとそれは、どう名づけるのかは知らないが、たぶん通俗的な意味での風景画ではないだろう。

では逆に空だけを描いた絵があったらどうか。あの空の遠さを表現することは技術的に難しそうだし（比較するものがあってこそはじめて、奥行きは表現される）、ブルーの壁紙を眺めているのと同じですぐに飽きてしまいそうである。むしろ奇をてらっただけと言われかねないのではないか。

高校に進んでから、ヌーヴォー・ロマンとかアバンギャルドな小説といろいろ出会うことになった。どれも読みにくくつまらない。文章を読む喜びが微塵もない。そんなときわたしは、崖から垂直に真下を眺めて描いた海景や、青空だけ（雲すら漂っていない）を描いた絵のことを思い浮かべていた。

＊　＊

藤枝静男が昭和四十八年（一九七三）に、『風景小説』という奇妙な題の短篇（四百字詰め原稿用紙で二十六枚）を発表している。題名の由来が冒頭にちゃんと書いてあって、瀧井孝作が昭和三十三年（一九五八）に発表したこれまた『風景小説』と題された随筆があり、それに触発されて「師に倣って私の風景小説を書いてみる」と宣言しているのである。

では随筆版の『風景小説』にはどのようなことが述べられていたのだろうか。

戦後になつて、大方の小説は、みだれた風俗や情痴のものばかりが多く出て、また余りに小説らしい小説ばかりが流行して、僕はさういふものに隔《へだた》りたい心持もあつて、山水風景の清新なものが好きな所から、何か新しい風変りの、小説らしくない小説といふものを書きたい念願で、風景ばかりの小説は書けないものかしらと考へた。絵の方では、〝風景画〟といふものがあるから、風景ばかりの小説も成立つのではないかと考へた。

きちんと本人なりの意志があって、いわば実験小説的な意味合いをも含めて風景小説は生み出されたらしい。手慰みの紀行文とはわけが違う。

瀧井が自ら風景小説と認めているのは、昭和二十五年（一九五〇）発表の『伐り禿山』、その翌年発表の『山の姿』、翌々年発表の『松島秋色』の計三作で、ことに二作目の『山の姿』については、「これはその前年の夏、飛騨高山に帰省の途次、汽車の窓やバスの窓から見た、甲斐、信濃、飛騨の山山の姿を写生して、風景にひたむきな心持を出したが、これは純粋の〝風景小説〟といふ試みで書いたものだつた」と自ら解説している。

そこで手始めに純粋風景小説と称する『山の姿』を読んでみた。短篇であるが、癖のある瀧井の文章はなかなか馴染むのが難しく、すらすらとは読み進められない。ただし構成は驚くほど単純なのである。

つまり小学生の作文と変わらない。朝の四時五十五分発の長野行き列車に乗り込むところから作品は書き起こされ、バスに乗ったり宿に泊まったり昔懐かしい人と再会したり、そんな様子を時系列に沿って、風景と絡めながらそれこそ馬鹿正直に描写している。ストーリーもなければ、捻りもない。率直なところ、「文は人なりという言葉は、こういった文章でこそ生きてくるもんだなあ」と思われた。おそらく、簡単そうで難しい文とはこういったもののことなのだろう。

たとえば、

（……）ジグザグの急坂は、車内でも息苦しい位。が、段段、上に出ると、息づまりが解けた。ほつとした。光線が明るく射して来て、山山が看《み》え出した。這松《はい》のまるい頂が美しいから、名を、バスガールに聞くと「あれは猫岳」と云はれた。

といった調子である。味わい深いものの、こういった描写だけで終始する作文が果たして小説といえるのか、正直なところ途方に暮れる。随筆とどこが違うのか。

自分なりの理解としては、小説を読むことはまぎれもなくひとつの体験をくぐり抜けることである。だから体験を与えるだけの密度や展開への意志を小説は備えているものだと思っている。いっぽう随筆を読むことは、書き手の語り口や人柄や癖を味わいつつエピソードや思索について耳を傾けるといった趣がある。そのように雑駁な区別をしてきた。したがって、小説と随筆との境界線など考えたこともなかった。同一平面上で両者を塗り分けるのではなく、別な次元のものとして理解していた。だから実際のところは双方の特性を兼ね備えた作品があって当然だし、どちらにも属さない作品もあるということになる。そして瀧井の作品は、わたしにとっては両者の特質を二つとも（小説的要素は薄味ながら）持ち合わせているように思われた。

もっとも、あえてそう思っただけで、自由律の俳句を読んだような戸惑いは拭いきれなかった。

他の風景小説――『伐り禿山』『松島秋色』も印象は似たようなものである。わたしはこういった作品を躊躇せずに発表した瀧井の度胸のほうに驚嘆する。夏休みの宿題の作文みたいだなどと揶揄されても平気な自信が彼にはおそらくあったのだろう。そのあたりの精神の強さと潔さに、むしろ興味が惹かれる。

ここで藤枝静男版の『風景小説』に話を戻そう。

こちらのほうが、多少なりとも小説的工夫や見せ場が仕掛けられているぶん、読みやすい。別な言い方をすれば、風景小説としての純粋度は低いのかもしれない。

文体はどうか。わたしは日本の作家でもっとも好きなのが藤枝で、その理由のひとつは文体にある。名文だからではない。実は彼の文章のトーンには妙な親近感がある。藤枝静男は浜松の眼科医であったが、日本医事新報とか医師会雑誌といった業界誌の類に載っている随筆や紀行文にはおしなべてどこか共通した印象があって、それが藤枝の文章からも窺えるのである。手早く言うなら、地方の開業医にありがちな人柄を反映した文章であり、断定癖とか妙な凝り性加減とか郷土史家に似た側面とか田舎紳士然とした自尊心および自己嫌悪といったものであろうか。俗物さ加減とストイックさとが入り混じった文章と言ってもよいかもしれない。

だから医師会の雑誌などを読むと、それこそ風景小説一歩手前のような文章にはいくらでも遭遇する。反発を覚えていた時期もあったが、今ではむしろそうした文章には親しみとか居心地のよさを覚えてしまうのである。

肝心の小説のほうは、題名の由来だとかちょっとした芸術論がイントロふうに述べられたあとで、「さて」と切り出される。内容を要約してしまえば、三重と奈良の県境にある宮川《みやがわ》ダムを自動車で見に行き、その途中で神仏混淆の大陽寺《たいようじ》という奇怪な寺を訪れ、帰路には鱒料理を食べようとして右往左往させられ、最後に三重県の多気町《たきちょう》の道端で伊勢芋を買って帰って自宅で食べた——それだけの内容である。ストーリーに相当するものはない。

だが、退屈ではない。山奥の大陽寺を訪ねる箇所を引用してみよう。

（……）寺は古いと云ってもせいぜい徳川初期くらいの、しかし桃山風の小さな拝殿がくっついているという奇妙な形式の建物で、それが急な山に腰をかけるような具合に蹲《うずく》まっていた。拝殿の土間から低い天井を見上げると、中央に算木の卦でとり囲まれたグロテスクな大亀が蟠踞《ばんきょ》して描かれていて、そのまた周囲を十二支がとりまいていた。鴨居の正面には胡粉を塗った木製の白い鳥居が掲げられ、それに竝《なら》んで献納の小型鉄鳥居が数個赤く錆びてはさみこまれていた。そして左手の庫裡《くり》の軒には注連が端から端までわたされている。

いかにもキッチュな寺である。しかもそこには、人の業《ごう》と通底するような暗い濃密さが漂っている。

拝殿のわきの蓮座《れんざ》型の青銅の手洗い鉢に注ぐ湧水を飲んで、「感応殿」と大書された本堂正面の扁額を見あげたり身のまわりを眺めたりしていると、何となく異様な無気味な感覚に襲われた。曹洞の禅寺ということになっているのだが、禅寺らしい雰囲気はおろか、神仏混淆という半ば神秘的に溶け合ったような密教の静寂もなく、禅宗と道教と喇嘛《ラマ》教とがでたらめに集まって、しかも背中のあたりでは貼りつき通じあっているような、猥雑な感じがあった。こういう寺が明治初年の廃仏棄釈の整理の号令にとりのこされて山奥に残存し、今はまた住民の信仰をも失って滅びつつあるのだろうと思った。

この寺はある種のアナクロニズムを体現しており、またその猥雑さにおいて我々の心の故郷でもある。こういったものをつい丹念に描写してしまうあたりが、同じ風景小説でも瀧井孝作のストイックで質朴な肌合いと大きく違うところで、またわたしが強く共感するところでもある。総じて藤枝は人間の内臓のぐちゃぐちゃな感触と民間信仰の俗悪さと人の心の「いかがわしさ」と下等生物の得体の知れなさとを同一視しているような気配があって、それが医師という職業に伴いがちなミもフタもない合理的発想と相まって、きわめて奇怪な世界観を呈しているように思われる。だからわたしにとって藤枝が描く風景小説は、どれもこれも「怖いもの見たさ」的な面白さに溢れ、またげんなりするような不快感も体験させられることになる。
大陽寺に関する描写をもう少し引用したい（こうして書き写す行為そのものが、わたしには気持悪くもまた快い）。

私は再びあたりを見まわした。そこには何も中身のあるものはないようであったが、あしかし何もかも、無智な人間の罪深い慾望にこたえてくれる猥雑なものすべてが、あるようにも思われた。同時に無間地獄、阿鼻地獄、針の山、血の池、幼いころ私の頭に埋めこまれた恐しい罰の世界への入口がここにあり、同じものが日本中の山の奥の無数の寺に口をあけているようにも思われた。

この力強くも苦々しさに満ちた文章を読む喜びは、治療の手だてがまったくない疾患についての詳細な症例報告でも読んでいるようなものである。喜びなんか生まれる余地はない筈なのに、とにかく的確かつ過不足なく描き尽くされているというその事実だけで何らかの満足感を与えてくるようなところがある。
現在わたしは目黒に住んでいるのだが、この近辺はやたらと土地がうねっていて、坂が多い。細くて薄暗い坂を昇ると、駅のすぐそばなのに山奥然とした寺があったり、しかしそのすぐ近くにはアイドルを擁した芸能プロダクションがあったり、あるいは目黒不動は拝殿や本殿などの散らばり具合がちょっとしたパノラマを思わせるのだが、何年か前には中国マフィアの抗争でバラバラ死体のパーツが境内のあちこちに撒かれていた。飲み屋とラーメン屋が多く、しかし目黒寄生虫館があったり、なかなか雑多な土地柄で気に入っている。そしてこういった土地に暮らしていると、大陽寺みたいな存在も案外身近な気がしてきたりもするのである。

そういえば平成十七年（二〇〇五）六月三十日付の『日刊スポーツ』に、こんな記事が載っていた。

富山県黒部市内で、自分の先祖が眠る墓の中に立てこもった男性（55）が29日、黒部消防署の救急隊員に救助された。黒部署の調べでは、男性はタクシー運転手で、82歳の母親と2人暮らし。28日夜、遺書めいたメモを机の上に残して外出し、そのまま家に戻らなかったという。メモには「一足先にお墓で眠っています」と書かれていた。墓の入り口は縦40㌢、横28㌢で、中は1㍍四方の狭いスペース。自分でふたを開けて入りこの日、母親に発見されたという。救急隊員によると、男性はシャツと短パン姿で、目を閉じたまま、横になり、呼びかけに一言も応じなかった。脈や呼吸は正常だったが、そのまま市内の病院に搬送された。

母親は「何を思って入ったのか分からない。情けない」とこぼしている。

まあ馬鹿げた話である。この男性はおそらく解離状態にあったのだろう。ある種のヒステリーに近いと考えられる。それにしても中年男が先祖代々の墓の中へ胎児のように身体を丸めて収まっていたわけで、一メートル四方の暗く小さなスペースは安息の世界であると同時に、「無間地獄、阿鼻地獄、針の山、血の池、幼いころ私の頭に埋めこまれた恐しい罰の世界への入口がここにあり、同じものが日本中の山の奥の無数の寺に口をあけているようにも思われた」というその口のひとつでもあったのだろう。

目黒にも黒部にも、恐ろしい入り口はちゃんと開かれている。

作品の末尾は、伊勢芋のエピソードである。山芋に近いが、三重県松阪に近い一ヵ所でのみ生産されている。「培養法は村外秘密で、道から見えるところには作らない。宮川役場を出るとき村会議員から聞いたのだから本当であろうが、今どき不可能のようにも思われる。この芋を畑に埋めれば芽が出て同じ芋がつきそうなものであるが、実際には駄目だとのことであった」。

わたしの妻は松阪出身なので、実家からしばしば伊勢芋を段ボール箱に詰めて送ってきてくれる。外見はジャガイモに似て、村外秘密の製法で作られたかのような神秘感はまるでない（味は山芋や大和芋よりも遥かに美味い）。藤枝はこれを多気町の道端で一袋二百五十円で買って土産にした。

（……）家に持ち帰ってビニール袋に入れて土に埋めて保存し、五日目の夕がた磨《す》りおろしてトロロにして食ったところが確かに美味かった。山芋よりは少し口当りが上品のように感ぜられた。

この一文で『風景小説』は終わる。ああそうですかとしか言いようのない文章に思われるが、実はこれに照応する文章が、大陽寺を訪ねたときのシーンに書かれているのである。

（……）人間は、死ねば空に帰するけれど、一方では、土中に埋められれば腐敗し分解してそこに網のように触手をのばしている鬚根《ひげね》に吸いこまれ、結局は森となって存在するのだから、汚れた肉体は永久に消え失せることはないのである。

ビニール袋に包まれて地中に埋められた伊勢芋と、地中で腐っていく人間の遺体との対比。どろどろにすり下ろされて食べられてしまう伊勢芋と、腐敗分解して鬚根から樹木へと吸い上げられてしまう肉体との対比。そして伊勢芋を食べた人間もまた、地中に埋められれば自然の一部となって回帰していく。そういったイメージを彷彿とさせて、その意味ではなかなか巧みな短篇小説でもある。しみじみとする。

それにしても瀧井孝作は、存命中に藤枝静男版『風景小説』をおそらく読んでいる筈である。ならばエッセイか書簡で感想を述べていてもよいのではないかと考えて全集を調べてみたが、何も見つからなかった。まさか貶《けな》したりはしなかったろうが、「まだまだ脂っ気が抜けないねえ、藤枝君」くらいのことは言ったかもしれない。

＊　＊

高校生のとき、友人と二人で夏の白馬岳《しろうまだけ》へ行った。夜行列車で出発して、窮屈な姿勢のまま座席で一夜を明かした。

明け方に目を覚ました。窓の外は、まだ黒っぽい青に染まっている。宇宙みたいな色だと思った。

列車は山間の田園を通過していた。山裾には木々が茂り、狭苦しげな水田が不規則な形に広がっている。ちらほらと農家も見えるが明かりは灯っていない。高圧線の鉄塔がそびえている。水田には横長の看板が立てられ、「ヨット印学生服」と書いた文字が、薄暗いにもかかわらずいやにはっきりと読める。もちろん人影はまったくない。

山裾と水田とを区切るようにして、うねうねと道が延びていた。広い道ではないが、この地区としては幹線道路なのだろう。手前から簡易舗装がなされていた。そのために、暗い眺めの中でこの道は白っぽく浮き上がって見える。ただし道路の舗装はまだ中途であった。舗装された道はいきなり途切れ、そこに軽自動車くらいの大きさのロードローラーが置かれている。そこよりも向こうは従来の泥道で、だが暗さのせいで周囲の黒っぽい色に溶け込み、見えないのである。

したがって、車窓の眺めは以下のようであった。山間の田園地帯があり、快いカーヴを描いて左手前から簡易舗装の道路が延びていく。だがその道は視界の真ん中あたりでぷっつり途切れてしまう。そこから先にも本当は道が未舗装のまま続いているのだけれど、色が暗いのでその道は見えない。

ただそれだけの眺めであった。変哲もない。せいぜい道が途中で切れてしまっているような錯覚を起こさせるところだけが面白いのだが、その眺めはわたしにとって何故か忘れ難いものとなった。啓示的ですらあった。劇的でもなければ奇妙でもない。にもかかわらず、どうしてあんな眺めが今でも記憶にはっきりと焼きついているのか。

この原稿を書きながら気が付いた。道が途切れてしまっているあの光景を、わたしは「まるで描きかけの風景画のようだ」と感じていたのであり、その非現実さがまさに当時の自分の心情に似つかわしかったからなのである。

九、墜落する人

——レイ・ブラッドベリ『目かくし運転』

金属バットを使ってスイカ割りをしたことがある、と年若い友人が語っていた。棒切れでなくて金属バットだと、何となく暴力的な印象が伴う。穏やかでない。そんな荒んだ遊び方が横行するなんて嫌な世の中だなあと、つくづく思った。

小学生の頃にスイカ割りをした体験は、意外なほど鮮明に覚えている。まず、目隠しの布を顔に当てられたときの気分である。まさか透けて見えるとは思っていなかったけれど、明るさぐらいは布地を透して感知されて、そのためにスイカの方角も薄々分かるのではないかと予想していた。ところが目隠しには紙を挟み込んであって、視界は完璧に真っ暗になってしまう。たんに目をつぶっただけなら瞼の向こうに明るさが感じられるものだが、快晴の浜辺でいきなり闇に包まれてしまうのは、まことに頼りない感覚であった。周囲の歓声や物音は聞き取れるし、肌には夏の日差しが感じ取れる。それなのにこの真っ暗さ加減は、ある種の孤独感に近いものであった。

手に持たされた棒切れは角材で、表面がざらざらしてしかも予想外に軽かった。目隠しをしたらその場で二回くらいぐるぐる回転させられる。そのために方向感覚がまったく狂ってしまう。どちらへ向かえばスイカがあるのか見当がつかない。しかし心眼で見えるのではないか。そう思って念じてみると、どことなくスイカの映像が網膜に浮かんでくるような気がしてくる。そちらへ数歩進み、それから息を吸い込んで角材を頭上へ振りかぶった。

見物している級友たちが、嬉しげに「あ〜」とか「おっ!」とか嬌声を挙げる。その声が、このまま振り下ろせばスイカを直撃出来るゆえの期待の声なのか、あるいはまったく見当外れゆえに面白がっているのか、そのあたりのニュアンスが読み切れない。したがって、彼らの声が耳に届いても参考にならない。

仕方がない、と覚悟を決めて力まかせに角材を振り降ろした。砂浜を虚しく叩く手応えが伝わり、皆がわっと笑った。手が軽く痺れる。すぐに目隠しを外してみると、スイカから二メートル近くも横に「ずれた」場所に立っていることが分かった。いかに自分の勘が悪いのかを実感した。

スイカ割りは難しい。どうせ誰も成功しないだろうと思っていたら、背の低い女の子が見事に叩き割った。腰を落とした妙な姿勢で角材を振り降ろし、するとコルク栓でも抜くような間抜けな音とともにスイカは割れた。いや、割れるというよりも砕けたという表現のほうが正しいだろう。素直に感心すると同時に、嫉妬の気持がむくむくと湧いた。独りでスイカを買ってきて庭に置き、目隠しなんかせずに、じっと見定めて力まかせにスイカを割ったらさぞかし爽快だろうと考えた。が、そんなことを親がさせてくれる筈もないし、自分でスイカを購入するだけの余裕もなかったので、いまひとつ不全感が残った。

＊　＊

レイ・ブラッドベリはSF作家というよりはファンタジー作家と呼ぶべきなのだろう。小笠原豊樹訳のブラッドベリは、中学生以来何度もわたしの心を揺さぶってきた。彼のサインが入った詩集（編集者の西田薫君にもらったもの）は、ささやかな家宝である。

そのブラッドベリが七十七歳で出した短篇集があって（『バビロン行きの夜行列車』）、その中の一篇について語ってみたい。

題名は『目かくし運転』である。タイトル通り、一人の男が目隠しをしたまま町中を自在にドライブしてみせ、それを眺めていた少年が成人してから「あの目隠しをした男は、いったい何者だったのだろう」と不思議な気持で思い返すといったノスタルジックな短篇であるとわたしは記憶していた。

そこで今回本を引っ張りだして読み返してみたら（およそ七年ぶりである）、記憶とは相当に違った話なのに驚かされた。いかに自分の読解力がいい加減なのか、記憶が勝手に内容を作り替えてしまうのかを実感した次第なのである。

舞台設定は一九二九年米国の田舎町。物語は、いきなり町のメインストリートを最新型の青いスチュードベーカー・エイトが走り抜ける場面から始まる。

「運転してたやつ、覆面をかぶってたんだ。ほら、絞首刑の執行人がしてるような黒いやつ、あれをすっぽりかぶって、目がみえないまま運転してたんだ！」

「ぼくもみた、みた！」男のそばに立っていた少年が同じように興奮していった。その少年こそぼく、トマス・クィンシー・ライリーだった。みんなからはトムとかクィントとか呼ばれていて、好奇心がめっぽう強かった。ぼくは駆けだした。「おーい、待ってくれ！　すごいぞ！　覆面ドライバーだ！」

覆面の男は、突然町に登場した。住民たちは腰を抜かし、警官は不審がって停車を命じる。職務質問によって、男はスチュードベーカーのセールスマンであることが分かる。そして彼は警官に質問を受けている間に追いついたクィント少年と仲良くなる。

少年は、目隠し運転の助手席に乗せてもらう。ドライブは完璧で、到底盲目の状態とは信じられなかった。クィントはすっかり男を崇拝し、覆面男をミスター・ミステリアス

（ミスター・M）と呼ぶことに決める。

あまり幸福な境遇に少年は置かれていなかったようであった。祖父母の家で暮らしており、その貧しい家は下宿屋を営んでいた。ミスター・Mは、彼の下宿屋へしばらくのあいだ逗留することとなった。

決して覆面を外さない男といったキャラクターを設定したら、日常生活でのディティールを細かに書き込まないと絵空事の度合いが高まってしまう。なぜ彼が晴眼者と同じ行動を取れるのかはさておき、たとえば他人と一緒の食事はどうするか。口の部分まで覆面を捲くり上げれば良いわけだが、この小説の場合には口許すら隠されていなければならない。そこで彼は以下のように振る舞う。

まず、柔らかな食べ物だけを一枚の深皿に盛り合わせ、グレイビーも加え、すりつぶして混ぜる。流動食に近い状態に加工するのである。それから持参の特製ストロー（ソーダ・ファウンテンのストローよりも太さも長さも二〜三倍ある）を取り出し、覆面の中で片方を銜《くわ》えてするすると食べ物を吸い込むのである。しかもまったく音を出さずに。その様子は、おそらく巨大な蚊が血を吸う様子に似ていたのではないだろうか。ただし彼は礼儀正しい人物で、そのようなグロテスクな行動を取りつつも決して周囲を不快にはさせなかった。食前の祈りまで、きちんと捧げたのである。

食後には玄関ポーチで煙草を吸った。覆面に煙草を当てて布地越しに吸い込む。「ミスター・Mが話すと、音節ごとに覆面からタバコの煙が漂い出てきた」。

その後、ミスター・Mはクィント少年を同乗させて再びスチュードベーカーで町中を走り回る。覆面運転によるデモンストレーションである。その派手なパフォーマンスぶりに多くの人々が集まる。ぴかぴかの新車にも強い関心を寄せる。そこでミスター・Mは弁舌巧みに自動車の宣伝をして、はやくも一台を売りさばく。


その晩、少年はミスター・Mと語り合う。話題は、当然のことながら覆面に向かっていく。だが男は、なぜいつから覆面をしているのか、そのことについて曖昧なことしか喋ろうとしない。小説の冒頭には彼が警官に免許証を見せる場面が描かれ、免許証に顔写真が貼られていたことが明記されているが、そのとき警官はことさら反応を示していない。つまりミスター・Mの素顔はごく普通の顔にすぎない筈なのだけれど、彼はそのあたりの経緯をはっきりさせようとしないのである。


「なんだね、クィント？」

「髭を剃ったりするの？」

「いや、髭はない。わたしの顔を想像するとしたら、たぶんふたとおり考えられるんじゃないかな。ひとつは悪夢そのものの、身の毛がよだつような顔。恐ろしい歯に、むき出しの頭蓋骨、決して癒えない傷痕、といった具合だ。もうひとつは――」

「もうひとつは？」

「のっぺらぼうさ。まったくなにもない。剃らなきゃいけない髭もない。眉毛もない。鼻もほとんどない。瞼もほとんどなくて、目玉だけ。口もほとんどなくて、傷のように切れているだけ。あとは空っぽの広がり、雪野原、空白。だれかがわたしの顔を描き直そうと消してしまったみたいに。さあ。これがふたとおりの解釈だ。きみならどちらを選ぶ？」

「そんなの、選べないよ」

少年の想像力は刺激されるばかりである。そしてこの話題が、基本的には触れてはならない領域のものであることも少年は感じている。が、ミスター・Mのほうも、はぐらかしつつも顔の問題に固執している。

しばらくして、男は孤独感について語りだす。どうやら彼は素顔のままでは他人と普通に接することが叶わないらしい。だが覆面をかぶってトリックスター的な存在となれば、安心してセールスまでこなしてしまえる。そんな歪んだ自己に対する思いが、悪夢そのものの顔だとか空白同然の顔といった「あざとい」物言いとして表れているのだろう。彼は覆面の下で、どうしようもない寂寥感に苛《さいな》まれている。だからこそ、純真な少年との触れ合いをこの上なく大切なことと感じている。

それから五日のあいだにミスター・Mは五台のスチュードベーカーを売り上げる。まさに覆面運転がもたらした宣伝効果のおかげである。クィント少年ともすっかり打ち解けるようになっていた。しかも男は覆面の秘密についても語るのである。

ぼくは少したためらってからいった。「覆面のなかは、ほんとうに暗闇しかないの？つまり、無線を使った仕掛けとか、後ろのみえる潜望鏡みたいなやつとか、秘密の穴とか？」

「トマス・クィンシー・ライリー、きみはジョンソン・スミス・アンド・カンパニーの『手品・玩具・ゲーム・ハロウィーングッズ・カタログ』を読んでるな。ウィスコンシン州のラシーンで発行されているやつだ」

「うん、愛読書」

「だろうな。ところで、わたしが死んだらきみにこの覆面を遺すことにしよう。じっさいにかぶってみれば、どんな暗闇が広がっているかもわかる」

おそらくミスター・Mの黒覆面はインチキで、ちゃんと外を見る仕掛けが備わっている。

そのことを仄めかすと同時に、「わたしが死んだら」と言っていることが多少気になる。まあそんなことはさて置き、物語がここで終わっていれば、いわゆるウェルメイドな短篇小説として成立することになるだろう。この作品に対するわたしの記憶も、あれこれと変形加工はされていても、とりあえずここで完結したストーリーとして認識していた。

ところがあらためて読み返すと、まだ先があったのである。

少年のおかげで心の整理をつけた筈のミスター・Mは、こんなことを言い出す。

「さてと」

彼はむこうを向き、覆面をしたままホテルを一階から十二階まで見上げた。

「わたしがなにを考えているか、わかるか?」

「ううん」

「もう、自分のことをミスター・ミステリアスと呼ぶのはやめようと思う」

「えーっ、そんな!」

「まあ待て! わたしは目的を果たした。車の売れ行きは上々だ。いうことない。だが、どうだろう、クィント。ちょっと考えてみてくれないか。もしわたしが『蝿男』になったとしたらどうだ?」

ぼくは息をのんだ。「蝿男ってまさか――」

「そのとおり！　わたしが六階、八階、てっぺんの十二階という具合に登っていくところを思い浮かべてみてくれ。覆面をしたまま、群衆に手を振るところをな」

この箇所を読んで、わたしもクィント少年同様に目を剝いた。男は自分自身と和解をした筈である。ならば、通常は覆面を脱いで新しい生活に踏み出すといった展開となることだろう。だが彼は覆面を取らない。おまけに、今度は蠅男となってまたしてもトリックスターを演じようというのである。

ちなみに蠅男と称するのには二種類あって、ひとつはジョルジュ・ランジュランの短篇小説を映画化して有名になった「蠅と人間とが合体したモンスター」。物質電送機の実験をしていた博士が、電波となって空中に送信されているときに、機械に紛れ込んだ一匹の蠅と混ざり合ってしまう。結果として、頭と片手が蠅、身体は人間というキマイラとなり果ててしまう。この不快で不気味な姿がやたらと有名だが、原作者が強調したかったのは、頭が蠅の人間が出現するということは同時に頭が人間で身体が蠅の生き物が出現することであり、ラストシーンは蜘蛛の巣に捕えられた一匹の蠅を拡大してみると恐怖におののく人間の顔がくっついていたという、デザイン的には人面蠅のオチが肝なのであった。

もうひとつの蠅男は、どんな高いところでも素手でするすると（ぺたぺたと、か？）登ってしまう人物を指す。壁にとまっている蠅からの連想なのだろうか。スパイダーマンなら蜘蛛の糸を使って昇るところを、蠅男はまったくの徒手空拳で登っていくわけである。そしてミスター・Mが目指しているのは、もちろん後者の蠅男である。それにしても、どうして彼はトリックスターの呪縛から逃れられないのか。これでは心の平和なんか訪れないではないか。もうそろそろ静かで平凡な生活に甘んじても良いのではないのか。

この不可解な小説は、少年にミスター・ミステリアスに代わる新しい名前をつけてもらうところで終わる。その名はハイ・タワーであり、改名したのは生まれ変わった証拠でもあるわけだが、覆面はそのままなのである。しかもハイ・タワー氏は独りぼっちでビルの壁を登っていくわけで、ますます孤独な存在と化していってしまうではないか。

ところで短篇集『バビロン行きの夜行列車』には作者のあとがきが付いていて、そこで本作について少しだけ触れられている。

最後に「目かくし運転」だが、これはわたしが十二歳のときに出会った、ビルの正面を登っていく蠅男の思い出をもとに書いた。あれほどのヒーローには、めったにお目にかかれるものではない。

蠅男の部分が余計だなあと思っていたら、そんな考えは間違っていた。ブラッドベリは、ミスター・ミステリアスよりも蠅男のほうに力点を置いていたのだった。蠅男の前日譚として、ブラッドベリはミスター・Mの物語を綴ったということなのである。

それにしても、もし自分が蠅男の人生を書くとしたら、おそらく凡庸で冴えない男を設定しそうな気がする。そんな男が、辛くつまらぬ人生に決着をつけるべく、偶然に見出した奇妙な才能を発揮して蠅男になる、と。だからビルの下から彼を見上げる見物人たちの中には、以前の彼を袖にした美女だとか、彼をさんざん馬鹿にしていた知人たちも混ざっていることだろう。そのような物語のほうが、自然（あるいはステレオタイプ）な気がしてしまう。

意表を突いた物語としても、ミスター・Mの話と蠅男との接続は、まるで木に竹を接いだ感を免れない。他に書きようがあったのではないか。それとも、ブラッドベリも老いたということなのだろうか。もっとバランスのとれた「蠅男の物語」は書けなかったのだろうか。

ここで、あえて深読みをしてみたい。

なるほど目隠し運転はトリックの産物であった。インチキによって注目を集めていた。本当は、ちゃんと仕掛けを使って外を見ながら運転をしていたのである。だが蠅男だけは、掛け値なしに素手で壁に挑まなければならない。実際にミスター・Mが少年の前で少しだけ素手でビルを登ってみせる場面がちゃんと描かれている。

そうなると、危険が伴う。生命を懸けることになる。死と隣り合わせのパフォーマンスだからこそ、人々の喝采を浴びるのである。

もしかすると彼は、失敗を予定に入れてハイ・タワー氏となるつもりだったのではないだろうか。彼は結局のところ覆面への固執から逃れられなかった。少年の純真さに触れても乗り越えることが出来なかった。絶望した彼は、英雄としての死を考える。そのために、覆面をしたままビルの壁を登ることにしたのではないのか。

てっぺんまで達して群衆に手を振るハイ・タワー氏は、次の瞬間、いきなり墜落してしまう。事故か自殺か分からない形で、彼は謎の死を遂げてしまう。そして頭から墜落した彼の遺体は、顔面が潰れてもはや生前を偲ぶことが出来なくなっている。彼はあれほど憎んでいた自分自身の顔を潰してしまうことで、しかもヒーローとして死ぬことで自己に決着をつけようとする。そんな痛々しい心の軌跡を婉曲に書いたのが、この一見したところはきわめてバランスを崩した物語ではないのか。

と、そんなことをわたしは思いついたのだったが、たぶんこれはわたしの想像力の暴走に過ぎないだろう。

＊　＊

精神科医として生活していると、ときおり患者の自殺に遭遇する。それは自分の力足らずゆえなのであるが、相当に注意を払っていても、不意打ちをくらわすようにして自ら命を絶ってしまう人がいる。普段からリストカットを繰り返したり、睡眠薬を大量に服用したり、知人にいちいちメールで自殺予告をするような半端で騒がしいタイプではなく、静かにしかし確実な死を選ぶ人たちがいるのである。

死の知らせを受けてから後知恵で、「ああ、あのとき妙に丁寧に挨拶をしていったなあ」などと思い至ることはない。一冊の本を読んでいたら、ある頁以降がすべて真っ白になっていて困惑するような手応えなのだ。整然と綴られていた文章が唐突に途切れてしまうなんて、予測がつかないではないか。

正直なところ、死んだことを知って「やはり……」と、どこか心の奥底で納得する場合と、まさに寝耳に水の場合とがある。どちらも自分の鈍感さを呪うばかりとなるが、では自分にどれだけのことが出来たのだろうかと考えると、責任逃れに聞こえるかもしれないが当人の運命といったものも想起される。もっと別な医者のところに行っていれば命を落とすことはなかったのかもしれないが、それはたまさか今回に限っての話であって、やはり死を選ぶ運命を本人は担っていたのかもしれないなどと無責任なことを考え、なおさら自己嫌悪に陥ってしまったりもする。

かつて、入院中のある患者が病院の近くのビルから飛び下りて亡くなってしまったことがあった。散歩に出ると言って外出したその足で、ビルの屋上まで昇ったのである。このケースは寝耳に水に近かった。当直医から知らせを受けて、あわてて病院へ赴くとすでに霊安室に本人は横たえてあった。頭から墜落して、そのため顔が著しく損傷されて身元確認には手間取ったとのことであった。

遺体には、すっぽりと白い布が被せてあった。布に隠されていても、足先、胴体、頭とが三つの峰のようになって、布越しに身体を想像力でなぞれるものである。だが、そのときは違った。頭に相当する筈の部分が欠落し、がくんと布が落ちこんでいる。すなわち、頭部が大きく損傷され失われていたのである。

頭部を欠いた遺体は、白い布で隠されているぶん、余計に不自然な印象をもたらした。取り乱しはしなかったけれども、「あれれ、どうしたの？　頭の部分はどうしちゃったのさ？」と、つい馴れ馴れしく声を掛けてしまいたくなる気持を抑え込むことが必要であった。無力感よりもその不自然さに、屈折したユーモアさえ感じてしまいそうな気分だった。

そんな記憶があるせいで、わたしはブラッドベリの物語の結末に関しておかしな想像を膨らませてみたのかもしれない。亡くなった患者も、深い孤独感に沈んでいた人であった。

十、救われたい気持ち

——高井有一『夜の音』

高校から大学にかけて、在学中に自殺したクラスメートは計三名である。これは多いのか少ないのか。いずれにしても、わたしの内面に深刻なダメージをもたらしたケースはなかった。人生について思索する契機にもならなかった。どの事件においても、当方はかなり冷淡で無関心な調子を保っていた。今になって振り返ってみると、その冷淡さや無関心さは自分なりのいじましい防衛機制を表現していただけのような気もする。

十七歳のときに自殺した級友の名前は、もはや記憶に残っていない。顔はかすかに思い出せるが、それよりも墓石のほうが鮮明に思い起こせる。

彼は定期試験の最中に自らの命を絶った。自殺の理由は分からなかったし、誰も気配や兆候に気付かなかった。試験が不出来でそのために発作的に死を選んだとも思えなかった。とにかく彼はこの世界から唐突に姿を消してしまった。わたしは、「ふうん、そうしたかったんだ……」といった具合に淡々とした気分で、ことさら感慨を抱くことはなかった。

試験が終わってしばらくしてからのこと。ある晴れた平日に友人のMと連れ立って墓参りへ行くことにした。学校をさぼっての遠征であった。もちろん殊勝な気分で冥福を祈りに行くつもりではなかった。たんなる気まぐれに過ぎず、結局はさぼる口実にしただけである。その時点で、もはやわたしは不謹慎だったことになる。

墓は海の近くにあった。やたらと空が広く感じられ（しかも、魚眼レンズで覗いたように湾曲して見えた）、透明な陽光にあふれ、ピクニック気分の我々は妙に気分を高揚させていた。上機嫌というよりも、軽躁状態に近い不自然さを伴っていた。

道中でわたしは雑貨屋に立ち寄り、なぜかグリコを買った。ポケットには不良ぶって煙草も燐寸《マッチ》も忍ばせていたのに、どうしてグリコなんかが欲しかったのだろう。オマケは何かと封を切ってみると、出てきたのは「ちゃち」な指輪であった。宝石の代わりに赤いプラスチック片を頂いた指輪である。

さきほど調べてみると、当時グリコは既にオマケが男の子用・女の子用に分かれていた。ということは、よりにもよって自分は女の子用を買ったことになる。おどけた所業ということだったのだろうか。我ながら、理解し難い振る舞いである。

オマケの指輪を大げさに見せびらかすと、Mは一瞥して顔をしかめたので、わたしはそれをすごすごとズボンのポケットへ収めた。高校生の指にその「ゴージャス」なリングは小さ過ぎたし、さすがにそれを身につけるほど剽軽《ひょうきん》な心持ちには達していなかったのだろう。

墓地に着くと、すぐに級友の墓は見つかった。卒塔婆《そとば》が新しかったし、みずみずしい花が溢れるばかりに供えられていたからである。

もちろん我々は手を合わせたり頭を下げたりはしなかった。腕組みをしてしばらくのあいだ墓石を珍しげに観察し、戒名について感想を述べ合い、それから「せっかく来たのだから、線香でも供えようか」ということになった。ただしわざわざ線香なんかを用意しているわけもない。あちこちの墓から立ち消えになっている線香を失敬してきた。それからふと思いついてさきほどの指輪をポケットから取り出し、その指輪できっちりと線香を束ねた。束ねられた線香は深緑色の指となり、宝石を模した赤いプラスチックを誇らしげに輝かせている。

燐寸を擦って火を点けた。風のせいで、燐寸を三本ばかり無駄にした。真昼の光の中で炎はほとんど見えない。やがて線香が薄く煙を立ち昇らせた。オマケの指輪で束ねられた線香は、チャンピオンベルトを巻いたプロレスラーのようにキッチュに映った。それを級友の墓へうやうやしく供え、そして我々は、だらけた足取りで街へ帰った。まだ陽は傾いていなかった。

あの軽躁的な墓参り以来、わたしの気持ちは次第に鬱へと傾いていた。罪悪感のせいである。罰当たりな振る舞いをしたことに対して、悔やむ気持ちが生じてきた。ただしそれは死を選んだ級友に対してではない。彼はもうこの世にいないのだから、何をされても超然としていることだろうと勝手に考えていた。問題は、残された家族、ことに母親であった(ちなみに、彼の母親とは面識がない。わたしは葬儀にすら行かなかったのだから、顔なんか知らないのである)。

いつものように新しい花束を抱えて級友の母は海辺の墓地へ赴くだろう。親族の間でこんなことがあったよ、などと亡き息子に報告してあげたいニュースを用意していたかもしれないし、旬の果物でも持参していたかもしれない。まずは墓のまわりを掃除しようとして、母は線香の束に気づく。線香は、ピカピカ光る玩具の指輪で束ねられている。墓地や墓石の物静かな佇まいとは、およそかけ離れた存在である「指輪」は、まぎれもなく悪ふざけの象徴である。死者への冒瀆であり、他人の悲しみをネタにするという下劣な精神の発露である。

級友の母親が立腹してくれれば、まだそのほうが気が楽である。それよりは、息子が「ないがしろにされた」「小馬鹿にされた」といった具合に解釈して、彼女の心が深く傷ついたり悲しい気持ちになったとしたら、これは自分としても罪が深いなあ、しかし今さらどうしようもないしなあ、とくよくよ悩まずにはいられなかった。自業自得なのは分かっているが、どうしたらいいのか分からない。もどかしい。Mにこの悩みを相談してみようかとも思ったが、そういったテーマについて彼はきわめてクールな態度を示す傾向がある。わたしの動揺を鎮める役割は期待し難い。

数日後。

台所で母親が妙に手間をかけたビーフシチューをこしらえていた。耐え難い気分になっていたわたしは、思い余り、深鍋の中を覗き込みながら、海の近くの墓地へ行ったことを話した。順序だてて丁寧に話した。彼女は息子が学校をさぼるなんてことは取るに足らぬことと考えるタイプの人なので、余計なことを咎めたりはせずに、こちらが伝えたいニュアンスをすんなりと理解してくれたようであった。焦点はわたしの罪悪感についてである。母はシチューをゆっくりかき混ぜながら、こんなことを言った。

「わたしがその子の母親だったら、むしろ嬉しく感じるでしょうね」

「だって、グリコの指輪だよ」

「高校生なんだから、そんな馬鹿げたことをする同級生だっているだろうって、分かるわよ。だから失礼とか冒瀆とかそんな面倒くさいことを考える前に、ああとにかく来てくれたんだ、わざわざ来てくれて有難うね、って嬉しさのほうが先に立つものよ」

ふうん。言われてみればそんなものなのかもしれない。

わたしは冷蔵庫にもたれかかって、オマケの指輪で束ねられた線香のことをもう一度思い返してみた。彼女の文脈に沿ってみれば、なるほどそれが必ずしも悪意や邪心の表れと映るとは限らないような気がしてきた。

ほっとした。

罪悪感によって黒っぽく縁取りされていた日常がたちまち本来の眺めに復し、気が軽くなり、それこそ「ああ、救われた!」と感じた。級友の母は、むしろ喜んでいるのかもしれないなんて。俺は善人なんだよ、やっぱり。……しかし、なんと身勝手なことか。救われる権利なんかわたしにはないのに。

当時の自分にとって、母親なんて退屈で鬱陶しいだけの存在の筈であった。だがシチューを混ぜながらの彼女のコメントは、妙にわたしの心を打った。あの平静な物腰がこの上ない安堵感をもたらしてくれた。あのとき、まぎれもなくわたしは母に魂を救ってもらったのであった。

にもかかわらず今現在に至るまで、救ってもらった魂を自分はろくなことに役立てていない。シチューの味は忘れてしまったし、あの墓地にも、二度と行っていない。

＊
＊

小説を読みながら、我々は登場人物の心に生じる感情に対して共感したり反発したり意外に感じたり、さまざまな反応を示す。が、たとえ登場人物へ向けて反感や困惑を覚えたとしても、それがただちに作者に向けての懐疑とか異議申し立てにまで発展してしまったとしたら、メタフィクション仕立てでない限りその小説は「失敗作」と考えざるを得ないだろう。なぜならそのような事態は、作品世界だけでは支えきれないほどの興醒めな気分を読者に与えてしまっている証左なのだから。

高井有一の『夜の音』は、まことに達者な小説である。言葉も言い回しも、考え抜かれている。精巧な細工物を見るような思いすらしてくる。

語り手である「私」は、慢性肝炎らしき病を得て全身の倦怠感に悩まされている。静養を必要としている。そこで、上越国境の山あいにある染木という温泉地へ赴くことにする。なぜ染木が選ばれたのか。幼い頃に両親に連れられて行った事実があり、疎開の荷物に入れられたおかげで戦災を免れた古い写真には当地でのスナップも残っていたからである。湯煙で顔が曖昧となったモノクロ写真の描写など、つくづく上手いなあと思わせる。

染木へ着いた日は雨であった。四時を廻ったばかりなのに、緑に囲まれた山あいは薄暗く、一軒しかない宿の、玄関に近い杉皮葺きの屋根の煙出しから、青い煙が緩やかに立昇って、小熄《こや》みのない雨に融けていた。軒下に吊した「御入浴客御定宿」と隷書まがいで書いた看板は雨を吸って黒ずみ、字が見難《にく》かった。私を連れた両親も恐らく同じ看板を見たのであろう。

薄暗く湿った部屋に通された「私」は、独りでぐったりと横たわったまま、何もすることなく染木での初日を終える。遠い温泉地を訪れたことで起こりそうな身や心の華やぎは、まるで生ずることがなかった。

翌朝になっても雨は降り続いていた。「私」は旅館の長い廊下を歩いて湯殿を目指した。雨降りの朝の風呂は、人がまばらである。切れ切れの会話や雨音を耳にしながら湯に浸かっていると、一人の女が入ってきた（つまり混浴なのである）。

（……）女が滑るように足早に入って来た。着ていた茶羽織を脱ぎ、帯を解いて、まるで肌を剝くように裸になると、タオルで胸許を覆って、私のいる隣の湯船へ滑り入った。その殆どめざましい身体の動きを、私は、視線で追っていたのかも知れない。首まで深く湯に漬かった女は、一と息吐くと、ふと私の方を向き、小さく笑って頷いてみせた。私も少しうろたえて頷き返しながら、初めて女が若いのに気が付いた。私よりは年上だが、恐らく三十の半ばにはなっていないであろう。髪を短く切落して、やや釣り気味の眉の濃いのが目立っていた。

独りで温泉に養生に来ていてこういった女と出会ったら、男として多かれ少なかれ好奇心が刺激されるだろう。ただし「私」は内臓を患っているのである、積極的にアプローチを図るような気力などない。

次に彼女と出会ったのは、戸外であった。
「私」は町までバスに乗って電球を買いに出掛けた。部屋で本を読もうとしても電灯が暗くてやり切れない。雨も止まないし、ますます気持が沈んでしまう。そこで、自腹を切って百ワットの電球を買いに行ったのである（こういったディティールが、時代性をも含めて小説を読む楽しさのひとつだなあ、とつくづく思わされる）。

電球を買って旅館へ帰ろうとしたが適当なバスがない。仕方なくタクシーで戻ったが、宿の一粁《キロメートル》手前のあたりの崖裾で丹前を着た人を車中から見かけた。雨の中、番傘を差している。「朝、湯殿で会った女であった。汗でもかいたように、前髪が額に貼付いていた。女は多分、私に気が付かなかっただろう。擦れ違って振返ると、女はまた一心に急いで、崖の角を曲ろうとしていた」。まさか散歩とも思えないし、早足で歩いても三十分以内に人家はない。「私」は違和感に捉えられる。

そんな違和感は、夜更けになってさらに高められた。深夜に風呂へ入ったらまた彼女と出会った。風呂から上がるところで、向うは「私」がいることなど知らない。身体を拭いていたが、「……女がやや身体の向きを変えた弾みに、胸を隠したタオルを取落した。直ぐ手を伸ばして拾い上げるまで、ほんの僅かの間でしかなかったが、私は、女の左の乳房が、さっくりと削ぎ取られているのを見てしまった」。

つまり「私」は彼女の秘密を盗み見てしまったわけである。そしてますます彼女に惹かれることになる。

（……）後に遺って、私は何となく落着かない気分になった。暗がりで一瞬眼にしただけではあるが、女の胸は醜くはなかったと思う。抉《えぐ》った痕もなく、ただ扁平に削られていただけである。乳癌、或いは乳腺炎のために切り落したのか。まさか生れつきの奇形ではないだろう。手術後の静養のためにこの温泉へ来ているのだろうか。しかし、それにしては病人らしくなさ過ぎる。若《も》しかすると私の落着かなさは、女の、跡形もなく削られた胸と、殆ど俊敏と言える程の身のこなしの、ちぐはぐな印象のせいかも知れなかった。湯を出ての帰り、私は少し遠廻りをして廊下を歩いてみたが、むろん、女の部屋がどこか、判りようはなかった。

かりそめにも奇形の可能性を疑ったあたりに、彼女に対する「私」のどこか不健全な関心と生理とがあらわれている。そもそもの出会いは互いに裸のときであり、以来彼女にはある種の不審さがつきまとう。

彼女の正体は案外簡単に判明した。名は野々宮廣子《ひろこ》という。三年前まで高校の教諭をしており、今では自宅に子どもたちを集めて塾のようなことをしているという。大学時代には西洋史を専攻し、卒業してからは気に入った職がなくて仕方なしに教諭となった。本当は子どもなんて嫌いで、「子供の性格の厭な面を、少しでも見逃さずに突つき出してしまう自分がうとましく、たまに友人へ出す手紙には、わざと『子供が可愛くて仕方がない』などと書いてみたりする」。父を早くに亡くし、今では母と妹と三人暮らしである等々。こうした事実は語っても、乳房にまつわる病については終始口を閉ざしていた。

野々宮と話をする機会を与えてくれたのは、宿の主人であった。彼女が常連客であったことから、たまたま玄関脇の炉端で紹介され、その後、彼女の部屋へ招かれたのである。部屋を「私」が訪れたとき、彼女はココアを飲ませてくれた。じっくりと時間をかけてココアを練る様子が思わせぶりに描写される。「何もする事がないと、いらいらして、つい猫みたいに畳を引掻いたりしてしまう」などと語る野々宮の台詞にも、作者の巧さが窺われる。

ところで彼女は、独りぼっちでスキーをするためにここの宿をしばしば訪れるという。峠の向うには国際大会が開かれるような大きなスキー場があるのに、そちらへは行かずに、宿の近くのちっぽけな場所で滑るらしい。部屋で会話を交わしたあとで「私」は散歩に出て、そのついでに、くだんの小さなスキー場へ行ってみる。雨は上がっていて、今の季節、スキー場は草地となっている。

（……）スキー場と呼ぶにはあまりに小さい。滑降出来る斜面の長さは、五十米に満たないだろう。そして降り切った所は、道を隔てて一段低い河原になっているから、スキーの操作を誤れば、転落の危険も大きい筈であった。子供の雪遊びに等しいにしても、こんな貧弱な場所で彼女は本当に楽しめたのかと、私は疑った。濡れた草は陽を吸って緑が映え、暖かみに誘われ出たらしい虫が、輪を描いてしきりに舞っていた。

やはり彼女にはどこか理解の及ばない部分がある。そんなことを感じながらスキー場を眺めると、斜面の右端に一定間隔で上のほうにまで杭が打たれてロープが張り渡してある。まことに簡素な仕掛けだが、スキーを楽しもうとする者はこのロープを手繰り寄せながら斜面を登るということなのだろう。「私」はロープをつかんで登ろうと試みるが、草は予想外に深く、そう簡単には身体を引き上げられない。

すると、野々宮がいつの間にか道に佇んでおり、声を掛けてきた。「私」の仕草をどこか揶揄するような調子であった。

「それじゃあ、とてもスキーの時の役には立たないわ。このロープ、使うのには、こつがあるのよ」

そう言うなり、彼女は下駄を脱ぎ棄て、手を伸ばしてロープを手繰りながら、真直ぐに斜面を昇り出した。長雨で地面が弛んでいるのか、杭は揺れて、鈍い軋みを立てる。跣《はだし》の足先が草の間に白く映って、彼女の後姿が、みるみる小さくなって行ったような気がする。斜面の上端まで辿り着いて、初めて彼女は振返り、何か叫んで手を振った。私も手を振ったが、その動作には奇妙に感情がこもらず、白じらとした夢の中にいるのに似ていた。

一途な野々宮の姿が変な具合に心に焼きつく。こんなエピソードがあった翌日、彼女は挨拶もすることなく宿を引き払っていった。「声もかけずに帰ったのかと、私は物足りなく思ったが、ほっとした気分にもなった。一つのこだわりから解放されたように感じたのである」。

こうして野々宮との出会いは呆気なく終わり、しばらくして「私」も宿を引き上げて東京での日常へと戻った。健康は回復したのである。

翌年の二月、すなわちスキーシーズンに、「私」は再び染木行きを思い立つ。野々宮への未練という程ではないが淡い関心がもたらした行動であった。

彼女はいたのか？

期待通りに野々宮は宿にいた。だが彼女は「私」に対してどこかよそよそしかった。それればかりではない。孤独な女だとばかり思っていたのに、彼女は女友達と連れ立って、これから峠を越えた坂巻のスキー場へ繰り出すところなのだった。自分の独りよがりな思い込みに「私」は鼻白んでしまう。そんな様子を察知したのか野々宮は一緒に写真を撮ろうと申し出る。丹前姿の「私」と派手なスキーウェアの彼女とで並んで写真を撮り、そのまま別れ別れになってしまう。

こうして「私」は取り残された気分をわだかまらせたまま染木と疎遠になってしまうのだが、二年後の初夏に、旅好きの友人に誘われてあの旅館へ三度めの訪問を果たす。このときには、野々宮は滞在していなかった。その代わりに、宿の主人から一枚のスナップ写真を渡される。それは彼女と最後に会ったときに撮った写真であった。だがその写真を主人に託したのは野々宮廣子ではなかった。彼女の母親が託していたのである。

なぜそうなったのか。経緯は以下のようなことであった。

まず、彼女は「私」が染木へ行かなくなった二年の間に癌が再発して亡くなっていた。大変な苦しみようだったらしい。死後、母は四枚の写真を見つける。いずれも男と一緒に写っており、しかも背景から察するにこの宿の近辺で撮影したものらしい。そこで廣子の母親は宿の主人へ写真と手紙を送った。手紙の文面を、少々長くなるが途中から引用する。

（……）そこで私のお願いは、この四枚の写真を、それぞれ娘と一緒に写っていらっしゃる方々にお渡し頂き度いということで御座います。

もとより私どもは、それがどのような方々か全く存じ上げませんが、いずれ娘が旅先でお知り合いとなり、お親しく願ったので御座いましょう。その方々に向って、娘は、親によりも打解けて、悩み事を打明けていたのではないかなどと、愚かな想像も致します。そうした方々に、記念として写真を持っていて頂ければ、娘もどれほど嬉しいことかと考えるので御座います。

六年前、大きな手術を致しましてのち、娘は好んで旅に出るようになりました。行先を告げず出掛けては、四五日か一週間で戻って参ります。旅の様子を、妹にはたまに話していたようで御座いますが、私にはとうとう一と言も申しませんでした。娘は私を恨んでいたかと存じます。手術のために生れもつかぬ身体となり、しかも再発に怯える境遇となっても、誰も恨むわけには参りません。その遣り場のない気持のはけ口が、親に向けられたとしても、致し方のないことで御座いましょう。

娘は話したがりませんでしたけれども、私は、旅先で少しでも優しくして下さった方々に、縋《すが》るように付き纏《まと》った娘の姿を繰返して思い泛《うか》べておりました。ここに書くのは憚られますような、恥しいことまで考えて、顔を赤くした覚えも御座います。でも、今は一切空しくなりました。

愚痴めいた申しようは御迷惑で御座いましょう。もうこれきりに致します。写真の方々に、死んだ娘の母がかように申していたとお伝え下さいませ。もちろんなお、写真に写っておられても、二度とおたくへお泊りにならない方が、御座いましょう。その場合は、写真を一年だけお手許にお留めおかれたあと、御焼却下さいますよう御願い申上げます。

勝手な申し分ばかりを綴りましたが、老いた母親の意の存しますところをお察し頂ければ仕合せで御座います。

この手紙に目を通した「私」はどんな感情を抱いたであろうか。たんに〈しんみりしました〉といった話ではない。文面には切実さとともに、遜《へりくだ》りつつもどこか馴れ馴れしく鬱陶しいトーンも漂ってくる。ことに「ここに書くのは憚られますような、恥しいことまで考えて、顔を赤くした覚えも御座います」という箇所は、どんなつもりでそんなことまで書いたのかと困惑させられる。だがわたしとしては、そのような妙な生臭さをも含めて、案外現実に有り得そうな手紙だろうと思った。

で、「私」の感情であるが、そのことを記す前に作品の末尾を読んでみよう。

「私」は手紙を読んで動揺していた。写真を持ったまま、宿から夜の戸外へと歩み出る。時刻は九時を過ぎている。火の用心の拍子木が聞こえる。その音がやがて遠ざかり、山あいの闇が一層深まる。以下がラストの三行である。

私は、何かに曳かれるように、裏手の小さな草地の方へ歩いた。ロープはもうなかった。下駄を脱いで、私は走った。そして中腹で息を切らせて立止り、谷を顧みたとき、宿の帳場と玄関の灯が切り落すように消された。

見事なものである。野々宮廣子との思い出と上手く照応しているし、宙ぶらりんとなってしまった「私」の気分がドラマティックに描かれている。なぜか通俗といった形容が頭を掠《かす》めないでもないが、短篇小説のお手本みたいな幕切れである。

ここで話を戻して、「私」が廣子の母親からの手紙に対してどんな感情を持ったと書かれていたかに注目したい。

（……）野々宮廣子の母は、写真を受取った人間からの返信を期待しているのかも知れなかったが、それに応じる気にはなれなかった。手紙の押しつけがましさが不快であった。娘の遺品のなかに男と撮った写真を見出した母親が何を考えたか、〈書くのは憚られるような恥しいこと〉の内容は、ほぼ察しがつく。だが母親は、自分の勝手な感情で染め上げた娘の姿が、傍目にはどれだけ哀れに映るかを知らないだろう。

わたしはこの書きっぷりに、戸惑ってしまったのである。どうやら「私」は母親の精神に卑しさに近いものを感じているようだけれども、そう言う「私」のほうがよほど卑しいのではないか。そもそも女としての廣子に対して勝手に都合のよいことを想像して、それでいて思惑が外れて気落ちしたりしていたくせに、痛いところを突かれてうろたえているだけではないのか。

まあ作者が書いた手紙へ、作者が創造した登場人物がどう反応しようと勝手なのかもしれないが、たとえば「不快であった」などとどぎつい言葉を用いるのは、いかがなものか。せっかく言葉を丹念に選んで書いてきた作品が、ここの部分で急に乱れている。言葉に鈍感になっているように思えてしまうのである。少なくとも、読者として不協和音めいたものを感じさせられてしまう。これは明らかに作者として不用意だったのではあるまいか。

もちろん「私」の心の泡立ちが、そのまま「不快であった」とか「傍目にはどれだけ哀れに映るか」などといった無神経な言葉に反映しているのだと反論は出来よう。ラストの描写からも、そのような反論には頷ける。が、それでもなお、手紙に対する「私」の感想は釈然としない。読者であるわたしは、「何だよこいつ、保身ばかり考えて人の心の機微が分からない奴だなあ！」と思ってしまうのである。その理由は何か。

なるほど、この母親の手紙は押しつけがましい部分もあるし、デリカシーに欠ける部分もある。だけれども、この手紙がしたためられた本来の目的は、母親が救いを求めていたからだということを忘れてはいけないと思うのである。母としては、過酷な運命に翻弄されたまま逆恨みのような形で世を去った娘に、いまさらながらどのように折り合いをつけたら良いのか途方に暮れている。そんなときに遺品から見つけ出した写真を材料に、出過ぎた解釈をしつつ押し付けがましい手紙をつい書いてしまったとしても、誰がそれを責められよう。

そういった廣子の母を受け止め切れなかった「私」に、人間としてだか男としてだかの弱さを読み取るべきだとしたら、これは計算違いとしか言いようがない。「私」という人物には、まるで共感もわかないし理解も及ばない。ただの嫌な奴としか思えない。換言すれば、この小説を読んでいて「不快」になる。

作者は、母親からの手紙を書いているうちに自らこの作品のトーンを読み誤り、そのために「私」の感情は音程の外れたものになってしまったような気がしてならない。そしてわたしは、編集者の役割といったことをも考えずにはいられなかった。まっとうな編集者だったら、この箇所について相応の指摘をしたり再考を求めるのではないのか。そのような機能を果たさなかったら、いったい何のための編集者なのか。

と、そこまで思って気が付いたことがある。この作品が発表されたのは、『文体』という雑誌であった（第二号、昭和五十二年［一九七七］十二月）。この雑誌は、発行こそ平凡社であったが編集は高井有一や古井由吉たち同人が持ち回りで行っていた筈である。実際にどんな具合に編集が行われていたのかは知らないが、そうした体制が仇となって、しかるべき指摘がなされなかった可能性はないのか（合評会のようなことが行われて、よほどシビアに吟味された可能性もあるのかもしれないが）。わたしごときには事情を知る由もないけれど、ちょっとした言葉がせっかくの作品を台無しにしかねない怖さや、編集者の役割を思うといった意味においても、『夜の音』はなかなか印象深い作品なのであった。

＊　＊

まだわたしが産婦人科医だった頃に、地方で開業をしている先輩ドクターで不思議な特技を持っている人物がいた。この人は、過去に自分がお産で取り挙げた新生児の体重をすべて記憶していたのである。

なにぶん地方で開業していると、かつて患者であった人と外で出くわすことが珍しくない。そんなときに、間髪を入れずに、

「やあ、田口さん。二九四〇グラムで産まれた女のお子さん、元気ですか」

といった調子で声を掛けると、相手は体重まで覚えていてくれたのかと、驚くと同時に感激してくれるという。営業面でも効果的だし、誠意に近いものが相手に伝わるらしかった。もちろんそれはドクターの人柄、いくぶん浮世離れした感のある風貌などと合わさっ

ての結果であったのだろうが。

どうして生下時《せいかじ》体重なんて抽象的な数字を覚えていられたのだろう。円周率を何千桁まで暗記出来る人がいるように、一種の特異な能力の持ち主だったのか。

このドクターは、ある日、過労から心筋梗塞で急逝してしまった。わたしがすぐに代診へ赴いたのだったが、話を聞きつけて訪れてきた「もと」患者さんが実に沢山であったのが印象的であった。

さて彼がまだ元気だった時分、スーパーの駐車場で、かつて分娩に来たヤンキーふうの女性とたまたま出会った。いつもの癖ですらすらと体重を口にしながら子どもの成長具合について尋ねた。すると彼女は妙にあっけらかんとした調子で答えた。「××グラム、なくなっちゃいました。先月、交通事故で死んだんです」

いったい「なくなっちゃいました」とは「無くなっちゃいました」なのか「亡くなっちゃいました」──そのどちらなのか判然としなかったが、おそらく前者であり、子どもは雲散霧消してしまったというニュアンスが含まれていたのではないか。

あっけらかんとした口調の割に彼女の表情は寂しげだったし、なによりもスーパーの駐車場の頭上に広がる青空のだだっ広さが、じわじわとドクターを救われない気分に陥らせたという。

聴きながら、どうにもコメントのしかねた話なのであった。

十一、果てしない日々

――クレイ・レイノルズ『消えた娘』

我が国でテレビが一気に台数を増やしたのは、皇太子（後の上皇陛下）成婚パレードが行われた昭和三十四年（一九五九）のことであった。このとき、わたしの家でも白黒テレビを購入した。当時は終日にわたってテレビは映るわけではなく、放映時間がかなり短いせいもあって、まだまだよそよそしい存在としてテレビは茶の間に置かれていた。テレビが普及するまでは、ラジオこそが手軽な娯楽であった。畳に座って背中を簞笥へ寄りかからせ、その姿勢で簞笥の上に置かれたラジオの番組を聞くのが楽しみであった。夕刻には子ども向けのラジオドラマがあれこれと放送される。ヒーローものやファミリーものもあるし、ときには単発のドラマもある。

赤い西日がやけにどぎつく差し込む夕方のことであった。いつもの姿勢でラジオに耳を傾けていると、冒険ドラマが放送されていた。どこかの広大な砂漠を探検隊が横断しようとしている。しかし砂嵐や事故で、駱駝《らくだ》や荷物が失われた。もはや方角も分からないまま、探検隊はよろよろと砂の世界を彷徨《さまよ》っている。頭上には灼熱の太陽が容赦なく照りつけ、雲ひとつない。草も木も生物の姿もない。焼けた砂がただひたすら広がって気力を萎縮させようとしている。誰もが無精髭を生やし、服はぼろぼろとなり、憔悴しきった顔をしていた。

やがて隊員のひとりが掠れた声を上げた。

「隊長、も、もはや水は一滴もありません。これでは死んでしまいます！」

すると威厳のこもった声の探検隊長は言い放った。

「がんばるんだ！　飲む水が尽きたなら、自分の唾を飲んで凌げ。進むのを止めることは、白骨になることを意味しているんだぞ！」

幼かったわたしは、このやりとりを聞いて感心した。そうか、水がなくなったら自分の唾を飲めば良いのか。脱水状態ではもはや唾液なんか出ないことも、全身の毛穴からどんどん水分が失われてしまうことが生命に深刻な影響をもたらすことも、子どものわたしには思い至らなかった。たんに「水がない」→「ならば唾液を飲めばよい」といった現実離れしたロジックが、呑気な子どもを納得させたのであった。

あの砂漠で遭難した探検隊のラジオドラマは、ずいぶん面白かった。効果音は砂を踏む足音程度のものなのに、やたらとイマジネーションを広げさせてくれた。耳を傾けている だけで、自分の喉も渇いてくるような迫力があった（コカ・コーラでも飲みたくなりそうなものだが、当時のわたしはまだそんな飲料を口にしたことすらなかった)。

結局、あの隊長の「自分の唾を飲んで凌げ」という言葉のインパクトばかりが残り、探検隊は死の砂漠から生還出来たのか全滅したのか、そのあたりの顛末がすっぽりと記憶から抜け落ちている。

以来五十年近く、わたしの頭の中では、やつれ果てた白人の探検隊が自分の唾を飲みながら、憔悴しつつも不死身のように砂漠を這い回りつつある。彼らは唾液を飲むという「永久機関」に駆動されたまま、決して終わることのない砂漠での徘徊を、現在でもわたしの頭蓋内で続けているのである。

＊　＊

終りが訪れない状態は恐ろしい。だから、来る筈のない相手を待ち続けるドラマも恐ろしい。だが『ゴドーを待ちながら』のように抽象化されてしまうと、寓意ばかりが前景に立ってしまって恐怖の味は薄まる。もっと生々しいドラマはないものか。

テキサス出身の作家クレイ・レイノルズの長篇『消えた娘』は、そのB級なリアリティーがまさに恐ろしさを与えてくる。それは薄暗さや曖昧さや気配のみで形作られた幽霊のような恐ろしさではなく、陽光に照らされ鮮明な輪郭で構成された世界で生ずる恐怖である。ストーリーは驚くばかりに単純だけれど、そこにはきわめて異様な人生が綴られている。

舞台はテキサス州アガタイト。米国南部のちっぽけな田舎町で、ホテルとモーテルがひとつずつあり、治安は保安官が司っている。うんざりするほど退屈で閉鎖的で、「ダウンタウンとはいうものの、大通り一つと、それと交差する横道が二つ。それだけが、商店の立ち並ぶ繁華街だった」。周囲は広大な荒野で、居住者の大部分は郡から外へ出掛けることもないまま一生を終えるような町であった。

一九五二年四月、緑色の高級車ハドソンがアガタイトの町の二マイル手前で故障した。ハンドルを握っていたのはイモジン・マクブライド、同乗者は一人娘のコーラだった。美しい金髪娘のコーラを連れて、イモジンはジョージア州アトランタからオレゴンにある姉の家へ向かう途中だった。大金持ちだが不誠実で女たらしの夫（赤毛のスコットランド系実業家）に愛想をつかし、二度とアトランタには戻らぬ心づもりなのだった。

イモジンは上品でしっかりとした女性だった。魅力的でもある。ただし自分の考えに固執し、他人に対して旧弊な倫理観を押しつける傾向があった。娘のコーラは人が振り返るほどの美少女だったが、性格は父に似ていた。奔放で向こう見ず、ときには道徳や品性など無視して情熱に走るところがあった。だがそのような欠点を、母は直視しようとしなかった。

アトランタを離れるとき、父親の悪影響を恐れてコーラを連れ出したイモジンだったが、娘にとって母親と暮らすのは窮屈かつ気詰まりでしかない。コーラには、誘惑に満ちた大都会へ一人で旅立つことのほうが嬉しかったに違いない。だがいずれにせよ、緑色の自動車は故障し、今は立ち往生の状態である。

ハドソンの修理を待つべく、母娘は見知らぬ町の広場に置かれたベンチに座り、明るい春の日差しを浴びていた。まだ午前中で、周囲は静まり返っている。やがて娘はアイスクリームが食べたいと言い出し、母に五セントを貰って芝生を突っ切り、ドラッグストアへ入っていった。イモジンは美しく塗られた木製のベンチに座ったまま、コーラが暗い店内へ姿を消すのを眺めていた。

それが全てであった。

娘はドラッグストア《ピートの店――雑貨と薬品》へ入ったまま、二度と出てこなかったのである。

アメリカの田舎町ならどこにでもあるような、日用雑貨やパルプマガジン、紙巻き煙草や嚙み煙草や安葉巻、いかがわしげな薬品、電球、銃弾、殺虫剤や殺鼠剤、袋入りの種や農薬、缶詰や食料品、ガムやキャンディー、それにソーダ・ファウンテンとアイスクリーム販売機の置かれたドラッグストア。そこへ足を踏み入れ、そのまま白昼のアガタイトから煙のごとく消失してしまったのであった。

母は忍耐強く待ち続けた。正午を過ぎ、建物の影が伸びていく。ハドソンの修理が済み、出発が可能となったのに依然としてコーラは戻ってこない。所持金は五セント玉が一枚だけなのに、いったい何をしているのか。しかもイモジンが事実上店の出入り口を見張っていたにもかかわらず、どのようにして行方をくらましてしまったのか（あるいは誘拐されたのか）。しかも何故？

この状況設定は、シャーロック・ホームズ譚の有名な「語られざる物語」を思い出させる。すなわち、「これら終りのない物語のなかには、自宅へ傘をとりにもどったきり、杳《よう》として消息を絶ってしまったジェームズ・フィリモア氏の事件がある」（『ソア橋』）。建物の外へ出て行方不明になってしまうのではなく、わざわざ建物という閉鎖空間から消失してしまうところに面白さがあるわけだが、『消えた娘』も構造的には同じ謎である。

母はひたすら待ち続けた。陽が沈み、再び地平線から昇ってもなおベンチで待ち続けた。アガタイトから一人だけで旅立とうとはしなかった。そしてイモジン・マクブライドは娘を待つことだけに人生を費やした。緑色の自動車は朽ち果てた。彼女は三十年にわたってベンチで待ち続け、だがいまだにコーラは姿を現すことがなかった。

相手が戻ってくるのをベンチで待つ——言葉にすればまことに単純なことがらである。

だがいったいどれ程の時間を待っていられるものなのか。換言すれば、人はどれだけの時間で待つことを諦めるのか。相手との親密さや状況次第でいろいろなケースはあるだろうが、三十分でも三時間でも三日でもなく、三十年ベンチで待っていたというところが読者をうろたえさせる。

それなりに以前の日常を継続しながら、心の片隅に留意しておく形で待つということなら分かる。だがイモジンは、人生における三十年間を「ベンチに座って待つ」ことだけに費やしてしまった。彼女の人生の三十年分は「南部の見知らぬ田舎町のベンチに座って、娘を待っていた」というシンプルきわまりない文章に要約されてしまう。ただそれだけ。

もちろん、最初のうちはイモジンとてドラッグストアへ赴いて店主のピートを問い質したり、町を探し回ったり、ヒステリーを起こしたり、保安官に捜索願いを出した。直感として、ドラッグストアで性的な要素の絡んだ事件が起きてそのまま隠蔽されてしまったのではないかと疑っていた。だが何ら確証もないし証人も出てこなかった。娘は自らの意志で失踪したのか、誘拐されたのか。それすら判然としなかった。

その時点で、選択し得る身の振り方にはいろいろあっただろう。そしてイモジンはもっとも愚直な選択肢を採った。そのままじっとベンチに座って待つ、という選択肢である。夜になっても、石像のように身じろぎもせずベンチへ腰掛けたまま彼女は待ち続けた。正常な神経ならば、一昼夜すら馬鹿正直にベンチへ座っていることはあるまい。だが彼女は、翌日になっても、さらにその翌日になっても、いや季節が変わり何度も同じ季節が巡ってきても待ち続けた。顔には皺が増え、髪が白くなり、身体が衰え、老境に近づいてもなお待ち続けた。その姿には、パラノイアめいた異様さがまとわりついていたに違いない。

とりあえずオレゴンへと旅立ち、また出直すとか探偵に依頼をするといった柔軟な発想は一切しようとしなかった。

おしなべて狂気に駆られた人々は、待つことの出来ない人たちである。待つとか耐えるとか問題を棚上げにしておくとかいったことには、精神的なタフさと希望を持つ能力が必要とされる。不安とか疑心暗鬼に打ち勝つだけの精神力と能天気さが要求されるのである。待つことに耐えきれず、妄想といった突飛な「物語」に飛びついて安直に自分の気持を収めようとするとき、そこに狂気が立ち現れる。

となればベンチでひたすら待ち続けるイモジンは、狂気とは正反対のベクトルを持っていることにならないか。

とはいうものの、あまりにも自分の生き方を単純化してしまってそのことに懐疑を抱かなかったり、人生を平然と棒に振ってしまうような心性もまた、狂気と同じトーンを帯びてくる。

わたしが精神科病院に勤めていて息苦しい感情に囚われるのは、患者の幻覚妄想だとか興奮といったものによってではない。気力も現実感も失い、振り子運動のように単調な毎日を、疑問すら覚えることなく繰り返している長期入院の患者にこそ、息苦しさを感じる。形骸化した人生、ちっぽけな行動範囲、想像力を欠いた依怙地な生活態度、荒涼としたベッド周辺の眺め、そのようなものが平然と目の前に存在していることに動揺させられるのである。

つまり彼らには時間というものが欠落している（ユートピアとか天国といった所もまた時間が欠落しているがために、わたしには恐ろしい場所と映る）。彼らにとっては、一分間と十年間との質的な違いが存在しない。そうした身も蓋もないところが、わたしを激しい不安に突き落とす。人生にことさら意味とか目的があるとは考えていないけれど、ここまで無意味さをあからさまに示されると、自分自身に対する虚しさに目眩がしてしまう。

イモジンが三十年間にわたってただただベンチで待ち続け、やがて年老い、しかし三時間と三十年との違いを認めないかのような態度を保っていることは、痛々しいというよりも妙にリアルな不安感を与えてくるのである。

このリアルな不安感には二つの根拠がある。

ひとつは、三時間待つことと三十年間待つこととの差異についてである。なるほど両者は明らかに異なる。だが、三十年間待ち続けることがまぎれもなく異様であるとしても、いったいどれだけ待ち続けたときに人はグロテスクの領域に踏み込んでしまうのか。そうした曖昧さは、たとえば愛情と束縛との境界線であるとか、憧憬と妄執との境界線、誠実さと自己満足との境界線、執着と憎悪との境界線、さらには正常と狂気との境界線といった具合に、決して見届けることのできない「境界線」に準じている。そしてそのような不確かさは、常に我々を混乱へと導こうとする罠そのものを示唆している。それがゆえに、不安感が想起される。

さらにもうひとつはひどく個人的な理由である。わたしの母親は、もしもコーラのようにわたしが失踪してしまったら、ベンチで三十年間待ちかねない人なのである。それはおそらくたんなる愛情とは異なるものを含んでいるだろう。もちろん彼女は精神を患っているわけではない。わたしがひとりっ子であるにしても、それだけのことで、家庭的にことさら異状があるわけでもない。だが、彼女はおそらく待つのである、三十年間であろうと。しかも三十年後にわたしが戻ってきたら、間違いなく手を広げて迎え入れてくれるだろう。それが容易に想像出来るからこそ、わたしはぞっとするのである。

なぜなら、この空想上のエピソードの失踪者にわたしがなったとしたら、途方もない罪悪感を抱え込むことが手にとるように分かるからである。母の顔に刻まれた皺、衰えた物腰、ぎごちない表情、そうしたものがどれだけわたしに罪悪感をわき上がらせるか。それを考えただけで、気持ちが悪くなってくる。取り返しのつかない気分に陥らされるのは目に見えている。しかも母はそのことに対して、ちっとも責めないだろうし怒りもしないだろう。

母親に対して、わたしは常に罪悪感を抱き続けてきた。それは決して努力で埋めようがない。たとえば、わたしは母親に釣り合うだけの「美しい子ども」であるべきだったし、ハンサムでエレガントな大人になるべきだったという（馬鹿げた）思いを払拭出来ない。醜い外見の自分には、それはどうしようもない事柄である。そもそも（たかが）努力で補えるようなことなどは、わたしの母親の期待に応え得る事象ではないのだ。美しくあることとか、優雅であることとか、天才であることとか、そういったことに無縁であるがためにわたしはいまだに引け目を感じている。そのようなどうにもならない罪悪感が、ベンチに座ったイモジンの姿から想起されてくるところに、激しい不安の源泉がある。

この小説は、ボディーブローのようにじわじわと効いてくる。

おそらく我々にとってもっとも恐ろしいことのひとつは、延々と待ったり我慢していたことが、実はまったく無駄なことでしかなかったと知る瞬間であろう。そこには現在に対する絶望と未来に対する不信感のみならず、自分の過去を否定されてしまう無惨さがある。そのような恐怖を押さえつけるには、狂信的な情熱か規格外の鈍感さが必要だろう。いったい、通りすがりの南部の田舎町のベンチで娘を三十年間も待ち続けられるような人物は実在し得るのかという素朴な疑問がある。そのような疑問は、切羽詰まれば死んだ家族の人肉を食べて生命をつなぐといった振る舞いをする人はいるのかとか、亡くなった妻と別れたくないからと遺骸をミイラにして毎晩添い寝をするといった行為はあり得るのかとか、間男が屋根裏に隠れ潜んだまま主人に気付かれることなく十年以上を過ごすといった事件は信じられるのかといった猟奇的な疑問に通底している気がする。物理的には可能だろうし、狂気という註釈を与えてしまえばいくらでも成立はするだろうが、本当に我々自身の問題として検討したときに「あり得ない！」と否定しきれるものなのか。そのあたりの微妙なもどかしさが、このB級小説の忘れがたい部分なのである。

イモジンとて生身の人間なのだから、体力には限界がある。所持金にも限度がある。だからさすがに雨の日や夜はホテルに泊まったり下宿屋に厄介になりながらも、ベンチで待つことは日課いや人生そのものとなっていた。金が底を尽きかけ、次第に食事は粗末になり、着るものも惨めになっていく。朽ちたハドソンは売り払った。陽に曝され風に吹かれた肉体は、精神の形骸化とも相まって、若さを急激に失っていく。生きるために、待つために、皿洗いの仕事もしなければならない（かつては多数の使用人が働く屋敷に住んでいたというのに）。人生は落ちぶれていくばかりだが、イモジンにとって生きることとは娘を待つことに他ならないのだから、淡々としている。町の住人に「ベンチの気違い女」と囁かれようとも、意に介しない。

わたしはこの小説をとてもグロテスクだと思う。なぜなら常識の範囲内の素材を組み合わせつつも、結局は「究極」の問題を平穏な日常の中へと持ち込んでいるからである。ベンチで娘が戻ってくるのを辛抱強く待つという営みは、ごく自然なものである。どれだけ待ち続けるかについては、個人差はかなりあるだろう。また、娘のためにあえて自分の命を投げ出す母親とて、稀ではあるまい。自分の人生を家族の犠牲にして悔やむことのない母親などいくらでもいる。

だが、それらを一括して「究極の待ちぼうけ」を想定してみる。潑剌として魅力的でソフィスティケートされた母親が、南部の田舎町のベンチで老婆となってもまだ娘（当然、娘も中年となっているだろう）を待ち続けるという構図は、俄《にわか》には信じ難い。だが否定はしきれない。人間にとって待つことの可能な限界が予め決まっているわけではないのだから。

だから究極に準ずるものとして、三十年間待ち続ける母親がいてもおかしくはないのかもしれない。とはいうものの、それは盲目かつ聾啞の人間の精神生活を想像するようなもので、我々は瞼を閉じたり耳を塞ぐことである程度は想像力に寄与することは出来ても、やはり盲目かつ聾啞で生きることを十全にイメージし得ないのと同じであろう。そんなふうに想像力が到達不可能なものの存在する気味の悪さが、わたしにはグロテスクそのものと感じられるのである。

想像力が到達不可能なのだから、イモジンが常識的発想に照らして不幸であると言い切れるかどうかは怪しい。実際、小説の末尾で彼女はこんな台詞を口にする。

「ありがとうよ、コーラ」不意に、彼女は静かな声でいった。そして、慌ててあたりを見回し、誰かに聞かれただろうかと思った。だが、正午近くの太陽が照りつける歩道に、人影はなかった。

これは娘の振る舞いや自分に生じた運命に対して、イモジンなりに和解をしたという意味なのだろうか。生きるということに対して娘が具体的な目標を与えてくれた事実に、感謝をしたくなったのか。三十年という歳月はすべてを肯定させるように人へ働きかける、ということなのだろうか。

感謝の言葉を口にした以上、彼女の精神は平和で静穏《せいおん》ということになろうか。心が平和で静穏であることと幸福とは同義ではないけれど、決して無縁のものではあるまい。が、「ありがとうよ、コーラ」という台詞によって、この小説のグロテスクさが解消されたわけではない。彼女は、おそらく寿命が尽きてもまだまだ待ち続けることだろう、果てしなく。この小説には、常識という「けじめ」が欠落しているのである。

ところで、小説としての技術的な問題がひとつ残っている。既に述べたように、この作品はホームズ譚の「ジェームズ・フィリモア氏の事件」にも似た謎を発端として語られている。ということは、この不可能状況（母親が見ていたにもかかわらず、ドラッグストアへ入っていった娘が白昼に失踪してしまった）をきちんと回収して小説を終える義務が作者には与えられているのではないかということである。

ただしそんな謎は解かずに放り出しておいたほうが、より不条理さや不安を強調することになり、文学作品としては深みが増すのではないか、といった考えもあるだろう。なまじ合理的解決がなされてしまっては、極端に言えば、文学からただの推理小説へと格落ちしてしまいかねないといった話である。だが解決をつけないでおくことが、作者の力量の不足や安易さの顕れと読者に思われかねない危険もある。読者にフラストレーションを招いてしまっては、作者としても不本意かもしれない。

で、本書のクレイ・レイノルズはどのように決断をしたか。

結局彼は、失踪の経緯と顚末を書き記した。すなわち、ふしだらなコーラはドラッグストアを営んでいるピートへ色仕掛けで迫り、自分の計画を手伝わせた。ヴィクトリア時代的な道徳観の持ち主である母にうんざりしたコーラは、ピートの助けを借りて裏口から脱出しただけなのである。ただしその後のコーラの運命は悲惨であった。自由を手に入れた筈の金髪娘は、ニューオーリンズに流れ着いて売春婦に転落し、粗末なアパートの一室で父親の分からぬ子どもを産んだ後に、あっさりと拳銃自殺をしてしまった。ただしその事実をイモジンは知らないし、これからも知らされることは一切ないだろう、といった種明かしがなされているのである。

わたしの感想としては、この箇所は不要である。この箇所のせいで、ストーリー全体の異様さが萎《しぼ》んでしまった。せいぜいそんなところが真相ということなのか、と読者を失望させる類の月並みな結末に堕してしまった。これならば真相は明かさずに読者を割り切れない気持のまま取り残しておいたほうが、作戦としては成功であっただろう。

だがそうすると作者レイノルズとしては居心地が悪かったのではないか。おそらく作者はかなり悩み、編集者とも相談を重ねたのではないか。そして純文学として売り出すわけではないのだからといった判断に基づいて、ショボいなりに顚末をきちんと記したのではないだろうか。これがDVDだったらおそらくディレクターズ・カット版として謎解きのないほうの結末も併録されていることだろう。ぜひそちらも見てみたいものである。

＊　＊

陶器で出来た枕がある。陶枕《とうちん》と呼ばれ、俳句では夏の季語らしい。若い女が昼寝をしようと陶枕に頭を載せたらイヤリングが触れて涼しげな音がした、といった意味の俳句を目にした覚えがある。

箱のように四角い陶枕もあれば、頭が載る部分を凹ませた形もある。内部に水を詰めて、つまり水枕のような効果を持つものすらある。いっぽう、陶器であるがために、いわば装飾的な方向に凝ったものもある。色彩豊かな絵付けがなされたり、鶴や松の形が透かし彫りになったり、といったものである。装飾主体に向かうと、どうも枕本来の使命は置き去られて、とめどもなくおかしなものが生じかねない。

子どもの形をした陶枕がある。四つん這いになった子ども（唐子《からこ》というのであろうか、中国の絵や焼き物に描かれる裸の子どもである）の、ちょうど背中の部分に頭を載せる構造になっている。大陸伝来で、おそらく目出たい夢を見られるとかいった故事でもあるのかもしれない。色彩はけばけばしく、中華街の雑貨屋で売られていそうなキッチュな印象がある。

はじめてこの唐子の陶枕を見たとき、わたしは衝撃を受けた。いやむしろ、不気味さに打たれたと称すべきであろうか。どうしてこんなものが世の中にはあるのだろうと、不安になった。

たとえばこんな場面を想像してみる。山奥の秘湯に、独りで出掛けて行くとしよう。テレビも映らないような場所である。湯に浸かり、部屋に戻れば布団が敷かれている筈である。タオル片手に浴衣姿で襖を開けると、すでに寝床は用意してあるも、枕だけが異様である。毒々しい色をした唐子の陶枕なのだ。

唐子は赤い口を開けて笑っている。だが顔つきはどこか油断がならない。この陶枕に頭を載せて眠ることは、どうにも気が進まない。嫌な夢を見そうだし、それこそ無意識のうちに心を侵食されてしまいそうな「どぎつさ」がある。纏足《てんそく》や西遊記の化け物や水滸伝に出てくる人肉饅頭の世界へ吸い込まれてしまいそうな心もとなさに襲われる。

どうしてこんな山奥で、中華風の枕なんだと訝りつつも、わたしはこの陶枕を部屋の隅に遠ざける。枕はないまま眠ることにする。だが夜中に、不意に目が覚める。顔を横にして瞼を開けると、陶枕の唐子と目が合ってしまう。するとたちまち連想は時間を遡る。

まだ明治かあるいはもっと前に、旅人が宿で重い病気になった。旅籠《はたご》で寝たきりのまま、彼は日増しに衰弱していく。そして頭はなぜか唐子の陶枕に載っている。彼はうなされ、うわごとを言いつつ息を引き取る。そのときの陶枕が、巡りめぐってこの部屋に置かれていることを直感する。嫌だなあ。かつて不運な旅人は、この枕から頭を持ち上げられないまま、無念の最期を遂げたのである。そんな枕でなんか眠れっこないじゃないかと思いながら、わたしは闇の中で荒い息をしている。

十二、世界の構造

――富岡多恵子『遠い空』

子どもの頃、テレビではやたらと西部劇が放映されていた気がする。モノクロで三十分枠の輸入ドラマシリーズで、『ローン・レンジャー』といったマスク・ヒーローものから『ガンスモーク』といった正統派、『ボナンザ』の家族もの、『コルト45』『ライフルマン』、東部出身の拳銃使いを主人公にした『バット・マスターソン』、女拳銃使いを主人公にした『アニーよ銃をとれ』、賞金稼ぎである『西部の男パラディン』等々、枚挙に暇がない。

西部劇は荒野とか牧場とか、やたらと広くて埃っぽい場所が舞台となる。川や滝や池も出てくる。そして、ときおり「底無し沼」が出てきた。

幼いわたしにとって、底無し沼はむやみに印象が強烈であった。沼とはいうものの練りたての生コンクリートみたいな泥状のもので満たされている。したがって、①一見したところは固い地面と区別がつかない、②いったん落ち込むとその粘性ゆえに自力では這い出せない、③その名の通りに底知れず深くて遺体は決して見つからない――以上の三点を兼ね備えているのが「本物の底無し沼」なのであった。まさに罠とか「突然の不幸」に相当するしろものであった。

　ときには主人公が底無し沼に落ちた。ローン・レンジャーは愛馬シルバーの助けを借りて窮地から抜け出した。ときには悪人がそこで最期を遂げた。正義の味方へ向かって「助けてくれ」と叫びながら悪党は沼に呑み込まれていき、最後には突き上げられた腕の先がタイタニックさながらに沈んでいくのだった。

　これはまさに戦慄すべき存在であった。わたしの理解としては、アメリカ西部にはまるで戦場の地雷地帯のごとく底無し沼が散在している筈であった。井戸のように真っ直ぐな穴が大地に穿《うが》たれ、底はおそらく地殻にまで達し、そのような空間にどろどろの濡れた泥が満たされている。泥の深部には恐竜の骨だとか三葉虫の死骸が沈み、上のほうにはコヨーテとか馬、さらには人間の骨が沈んでいる。それぞれの底無し沼は、もしかすると深いところで互いに繋がっているのかもしれなかったが、それはあまりにも地中深くなので想像すら及ばない。

　とにかく、底無し沼は、うっかりしていると普通の地面と間違えかねないのが怖い。これでは、安心して地表を歩いたり馬で走ることも出来ないではないか。どうしてそんな恐ろしい土地で男たちは平然と暮らしているのか。

　わたしの思い描いていた大西部の地誌的構造は、世間一般とは大いに異なっていた筈である。当方にとっての西部は、まったく油断のならない土地であった。それはガラガラヘビやオオカミやバッファローがいるからでもなく、インディアンが狼煙《のろし》を上げているからでもなく、山賊や牛泥棒が横行するからでもなく、むやみに沢山の底無し沼が口を開けて獲物を待ち構えているからであった。西部劇の舞台は、ホラーそのものだったのである。どの番組を見ていたのか忘れてしまったけれど、保安官が悪党を捕まえ、これから縛り首にすると宣言する場面があった。死刑のために、一本の樹木の枝に太いロープを結びつける。それを見ながら、どうしてあんな面倒なことをするのかと不思議に感じた。わざわざ余計な手間なんか費やさなくとも、悪人を底無し沼まで引っ張って行って放り込めば良いではないか。そうすれば、勝手に沈んでいってそのままこの世から姿を消してしまう。死体の始末をする必要もない。そんな便利な（しかも恐ろしい）存在であるのに、底無し沼を利用しないなんて間抜けな保安官だなと、本気で思った。

今になって振り返ると、ずいぶんな発想をしたものである。だが、わたしにとっての「幻の大西部」は、底無し沼とその縁すれすれを平然と動き回る能天気な人間たちから成り立つ奇妙な構造体として理解されていたのだった。

＊　＊

日本の田舎には、底無し沼はないけれども代わりに肥溜めがある。肥溜めには、底無し沼の持つロマンチシズムが欠けているが、生活に密接した恐怖という点ではよりリアルであった。わたしは小さい頃から田舎が大嫌いでそれは今も続いている。その理由のひとつは肥溜めの存在であり、高級なスーパーマーケットで「有機栽培」などと銘打ってあるのを見ると、それだけでたちまち不安な気分が兆してくる。

富岡多恵子の『遠い空』は、田舎を舞台にした気味の悪い小説である。肥溜めに石を放り込んでみるような怖さと好奇心とに満たされている。

語り口はノンフィクションのように淡々としているが、人名を「ソヨさん」とか「赤木くん」などと記しているので、物語のあった土地に住んでいる人物が書き留めたかのような親しみも感じられる。ただし内容は不可解な殺人事件である。六十九歳の老女が、山菜採りの途中で絞殺されたうえに凌辱され、モンペが膝下までずり下げられたままの状態で発見されたというのであるから。

子どもを六人産んだ東北在住の老女、菅野ソヨは、山菜の豊富な通称・日暮山で右に述べたような状況で見つかった。「死体には杉の枝と土がかけてあった」。

六十九歳への性的暴行といった突飛な要素を除けば、田舎は田舎なりにどろどろした人間関係があるゆえ殺人の容疑者も当然浮かんでくる。だが、警察が調べてみると、どうしても犯人には行き当たらない。

ここで話は被害者から離れ、松山朝乃なる当時五十五歳の主婦に焦点が移る。彼女もまた菅野ソヨと同じ東北の片田舎に住んでいる。農家であるけれど、国道に近く周囲に家が散在しているので、雑貨や煙草を少々商い、片手間に自転車修理業も営んでいた。夫は二年前に病死し、彼女と一緒に住んでいるのは次男（二十四歳で、農業および自転車修繕を行う）と三男（高校一年生）であった。娘はおらず、長男は東京在住である。

ある夏のことだった。既に次男も三男も出掛けていて、家には朝乃さんだけがいた。店へ買い物に来る客など誰もいない。静かな時間帯だった。

ひとりの男が、黒い古ぼけた自転車を引いてやって来た。「男は背丈があり、がっちりした体格で、角ばった大きな顔は陽にやけ、髪は伸びてバサバサしている。ねずみ色のシャツにねずみ色の膝の出たふといズボンをはいていた」。つまり工員風といったところだろうか（それにしては日焼けしているが）。老けて見えるが、三十歳前後のようであった。彼は店の中に入って来た。だが次男は不在なので自転車修理は出来ない。その旨を朝乃さんが伝えても、男は意に介することなくポケットから千円札を出して、それを振りながらずんずんと奥にやってきた。何かを買おうとしているのか。

ちっとも話が通じない。しばらくして、朝乃さんは、その男が「言葉を聴くことも発することもできぬひと」であるのに気付く。彼は妙に切迫している。さかんに千円札を振り立てながら、家の中には朝乃さんしかいないことを確かめるように奥を覗き込む。やがて男の身振りは尋常でなくなってくる。

ズボンをおろす動作を示し、性器を握るふりをするのである。そんな卑猥なジェスチャーを何度も何度も朝乃さんの前で大真面目に繰り返す。男は朝乃さんに、性交を求めているのだった。「なまじ言葉による粉飾がないから、男の求めるものの強さだけがはっきりと見えた」。古ぼけた自転車に乗ってやって来た見知らぬ男は、いきなり身振りでセックスを求めてきたのである、しかも千円札を振りかざしながら（物語はおそらく昭和三十年代に設定されている）。

つまり初老期の田舎のオバサンに向かって、初対面なのに、千円で売春をせよと頼んでいることになる。失礼な話であるし唐突で非常識である。とてもマトモな人間の所業ではあるまい。

（……）男は、息をはずませて、ズボンをおろす仕草をまだつづけている。その目は朝乃さんの目をじっと見すえたままだ。発情した若いオスが、声をあげることもできないでそこにいるように朝乃さんには思えた。

彼女にとって男は、不気味とか恐ろしいより前に、何か痛々しい存在として映ったのである。薄汚く不作法で、しかも言葉すら通じない。動物と大差がない。だが姿は人間そのものなのである。だからこそ、嫌悪感を覚えるというのが通常の感覚であろう。いささかの罪悪感を感じながらも嫌悪し忌避する、というのが。

だが彼女は違った。「朝乃さんは、男がどこの者かは勿論、名前もなにも知らなかった。ただ漠然と、男が強く性交だけを求めるのを見て、かわいそうに思えた。嫁コがこねえんだな、と朝乃さんは思った」。すなわち彼女は、この男は一人前の人間として結婚が出来ない境遇にあり、だから配偶者によって性欲の処理が出来ずに苦しんでおり不憫である、といった理屈を組み立てた。性交を求めることは彼の哀れさを示しているのであり、ましてや彼は言葉を発したり聴けないという意味で、自分自身の中に幽閉されているのである。さながら檻に囚われた獣ではないか。

おそらく朝乃さんは、男が文字通り孤独な存在であることを痛感したのだろう。彼女は、店から土間を通り抜けて薄暗い台所へと男を連れて行った。

（……）男を台所へ押しこめるように先に入れ、重い戸を閉めた。台所の隅には、使われなくなった黒いカマドがあった（引用者注・電気釜が発売されたのは昭和三十年［一九五五］十二月のことで、価格は三千二百円だった）。天井に、明りとりの小さな窓があった。男は、両手をだらりと下げて、落着かぬ目をしてつっ立っていた。朝乃さんは、子供を抱くようにその男の肩と胴体に手をかけた。男はズボンをおろした。朝乃陰毛の中から充血した男の性器が突出し、放っておくと次の瞬間にはさらにせり上ってくるかに、朝乃さんには見えた。朝乃さんは、スカートをまくりあげた。その時の気分は、その見知らぬ、口をきかぬ男との性交のあとさきは考えなかった。朝乃さんは、単純に、男がかわいそうに思えただけだった。

引用した文章において、「朝乃さん」という言葉は出てきても「彼女」という代名詞は出てこないことに注意しよう。代名詞を使っては、朝乃さんの行動に客観的な感想が入り込んでしまいかねないからだろう。いずれにせよ、朝乃さんは「かわいそう」だからとセックスをしてしまったのである。この事実にリアリティーはあり得るだろうか。

男は翌々日、さらにその次の日にもやって来た。そして「二度目も三度目も、最初と同様、奥の台所で朝乃さんは男の欲望をしずめた」。重要と思われる記述が二つあって、ひとつは「朝乃さんは、男の顔を見なかった。男が言葉を発しないのが、朝乃さんに落着きを与えた。もし男が、おばさん頼むからやらせてくれとでもいったら、朝乃さんはその言葉によって動転したにちがいなかった」。もうひとつは、「二度目の時、朝乃さんは立ったままブラウスのボタンをはずして、男の頭部を嬰児を抱きしめるように両腕でくるみ、男の後頭部を撫でた。男は膝を少しかがめて、朝乃さんに頭を撫でられてしばらくじっとしていた。その後、男は、秋までこなかった」という箇所である。

どうもこの二つの箇所は、あえて生真面目な読者を惑わせている気がする。あるいはからかっているのかもしれない。男が聾啞であるからこそ、彼は抽象性を獲得して純粋に「かわいそう」な存在として受け入れられるに至ったのだとか、沈黙こそが雄弁であるといった論調や、朝乃さんの母性本能が男に身体を許させたといった類の小賢しい解釈を嘲《あざ》笑《わら》うために仕掛けた記述ではないのか。まあそこまで意地悪ではないにせよ、いかにも国語読解といった姿勢でこの小説に臨むべきではない気がする。そんな行儀の良いテキストではないのだ。

わたしとしては、朝乃さんが男にセックスを許したのは、たぶん億劫な気持のなせるわざであったと思う。男は言葉によるコミュニケーションの出来ない人物であり、不憫な人間であり、しかもその出現ぶりからして違和感そのものの存在なのである。そうした不可解なものを(しかも自宅で)前にしたとき、徒手空拳で、直ちに闘いや逃亡や無視の姿勢を発動するのはとても煩わしい作業である。もしそれが成功したとしても、おそらくある種の罪悪感ややり切れなさが生じてしまいそうなのである。それがこれからの一生にずっとつきまとうに違いない。そうした場合に、人はいとも簡単に途方もない選択をしてしまうことがある。ただたんに面倒だというだけの理由で。その面倒さには、その場しのぎの安易さとかチープなセンチメンタリズムとか、あるいは自分の不運に対する屈折した攻撃性といったものも大いに含まれているのだろう。

それにしても面倒であるとか億劫であるという感情は重要だと思う。月の明るい晩に、ビルの十階の窓の外の出っ張りに、わたしが両手の指先を鉤のように曲げただけでかろうじてぶら下がっているとする（サスペンス映画の一場面を思い描いていただきたい）。落下したら確実に死ぬ。しかもこの苦境に誰も気付いておらず助けは来ない。完璧に絶望的である。火事場の馬鹿力を発揮しても、足をばたつかせても、這い上がることは出来ない。こんな状況において、結局わたしは墜落死してしまうわけだが、遂に落下する瞬間は、もはや力尽きたとか体力が限界になったといった表現では不適切な気がするのである。おそらくわたしはその瞬間に、すっかり面倒になっている。生に執着することが億劫になっている。運命に抗うことが大儀になっている。「もう、いいや……」。その結果として地上に向かって一直線に落下していくに違いない。絶望も落胆も喪心も虚脱も失意も、結局のところは面倒臭さの自己愛的表現に過ぎないという気がするのである。

朝乃さんはいい人なのであった。男の身勝手さを責めない。不作法さに眉をしかめず、コミュニケーションの成立しないことを受け入れる。いい人は不精者なのである。さもなければ、片田舎での平板な日常に浸りきっていた。だから男の要求を拒むこともいまさら面倒なのであった。ただしだからといって彼女が投げやりな生き方をしていたわけでもない。さまざまな感情を瞬時に麻痺させるだけの力が、億劫さという心性には備わっているだけのことである。そうでなければ、世の中の多くの事件や一見不可解な行動に説明がつかない。付け加えるならば、気が狂うこともまたある種の面倒臭さに支配された精神のありようだとわたしは思っている。

男の素性はどのようなものであったのか。実年齢は二十六歳であった。両親はきわめて濃い血族結婚を交わし、その結果、生まれた子ども五名中、四名が聾唖者であった。言葉を発せられない子どもたちは学校に行かず、友だちもなく、黙々と農作業を営んでいた。男は十か十一歳の頃に上の姉が二人組の中年男に強姦される場面を目撃している。姉は悲鳴を上げられなかったし、もし悲鳴を上げても男にはそれが聞き取れなかった。樹の蔭から、彼は犯される姉の下半身を凝視していたという。彼は十五、六歳になると、風呂から出てきた下の姉に性交を迫ったことがあった。父が杵を持ち出して怒鳴ったが、もちろん男にその声は聞こえなかった。いつしか姉や妹は家から離れ、両親と聾唖の男、そして聾唖の弟の四人で生活をするようになっていた。

さて、男が最初に朝乃さんを訪れたのは夏のことであった。立て続けに三回訪ねて来てそれから不意に途絶え、次には九月の終りに姿を現した。

朝乃さんは深い籠を手に、ちょうど日暮山にきのこ採りへ出掛けるところだった。山へ分け入っていく彼女のあとを、男がついていった。やがて、他人からは気付かれにくい崖の近くで、「朝乃さんは横たわってモンペのヒモを解いたのである」。

そんな関係が繰り返されるのだった、無言のうちに。いったい、彼女にとってその男はどのように位置づけられていたのだろうか。

男に対して、朝乃さんの恐怖はもうひとつあった（引用者注・他の恐怖とは、男があまりに切実に性交を迫ってくるので、もし拒絶したら殺されるのではないかという予感）。男がいったい何者かまったくわからぬことである。何者か、というのは、名前や住所がわからぬということではない。男が得体の知れぬバケモノだと思うわけでもない。ただ、言葉を発することこそできないが、男は正常な人間であって異常でも異形でもない。ただ、その男が朝乃さんの店に突然あらわれ、季節が変ると必ずくる。忘れずにやってくるのが異形のものでなく、普通の人間の男だから、朝乃さんは恐怖しているのだ。しかし、この恐怖は、男がくるのを息子や近所のひとに知られては困るという恐怖とはまったく別の恐怖だった。朝乃さんは男を見て性的な欲望を感じたことはなかった。ところが、男が性交を強く求める仕草をすると、朝乃さんも男と同じように、ただ性交する他ないみたいな気分になるのだった。それで、別に悪いことをしているという感じはしないのであった。ただ、半年ぶりに、また最初の時のようにふいに自分の前にあらわれると、この見知らぬ男が忘れずに自分と性交するためにきたことがおそろしくなるのだった。なぜこの男の相手が自分なのか、と朝乃さんは思っておそろしくなるのだった。

すなわち朝乃さんは、疑いようもなく退屈で相似に満ちた現実を、怪しんでしまったのである。世界は反復で成り立っているという事実に、いまさらながら気付いてしまった。面倒臭さにまぎれてあらためてその手触りを確かめる者などいない筈の〈世界の構造〉に勘づいてしまい、気まぐれかつ手抜きだらけの現実のありように困惑してしまったのである。

だから男が最初に姿を現してから三年目の五月二日（菅野ソヨさんが殺される前日）に、「久方ぶりに男を見た時、朝乃さんにそれまでにない不快感が走った」といった事態も決して理解し難い話ではあるまい。彼女は、あまりにも簡単ゆえにかえって不可解で、しかも単純なくせに限度や節度とは無縁の〈世界の構造〉にうろたえると同時に、そんなものに翻弄される事実に腹立たしさを覚えてしまったのである。

（……）男ははじめてきた時と変らなかった。ナレナレしい態度をとったわけでもなかった。朝乃さんには、男がきたことが不快なのだった。またきたという感じではないのだった。男が今ここにきたのが不快でたまらなく思えた。男がここにいることは、自分のまわりの景色に合わぬものがなにか突然あらわれたように感じられた。朝乃さ

んはそれが自分でも不思議だった。異物が急に自分の空間にはまりこんできたように思えたのだった。（中略）

男はさかんに身振り手振りで喋っている。朝乃さんにはまったくわからない。こういう男の饒舌ははじめてだった。男はしきりに家の外の方を指さしている。朝乃さんは、突然、なにもわからなくなっている。朝乃さんは、男がここにきたことが不快であると同時に、男がこれからもくることが不快で、そのことばかり考えているから、男のいおうとすることがわからないのである。男がこれからもくると思うと、季節のめぐりが、ふいに「永遠」となって感じられてくるのだ。永遠に見知らぬ男と性交をくり返す光景が見えてくるのだ。なぜ、「永遠」でなくてはいけないのか、と朝乃さんは腹立たしくなってきているのだ。この秋には、長男の婚礼が決っている。来春には、三男が高校を出る。それなのに、なぜ、永遠に見知らぬ男がきて、身振り手振りで性交を求めるのか。しかも、それがなぜ「永遠」につづくのか。朝乃さんはもう二、三年もしたら六十歳になるのである。

たしかに「永遠」という言葉が浮かんできてしまうと、たちまち我々の精神は均衡を失うようである。実はわたしは精神科の診察室で、ときおり、わけのわからない怒りに取り憑かれることがある。なぜか患者に対して「あんた、これからも永遠に通いつづけてくる気なのかよ、いつまでもいつまでも辛いとか苦しいとか俺に言いつづけながら朽ちていく気なのかよ⁉」と、異様な不快感に駆られることがあって、もちろんそれは患者にとっては言いがかり同然のことだし当方も頭の中で一瞬そう思うだけの話であるが（それにかなりの部分は自己嫌悪に基づいているのではあるが）、まぎれもなく「永遠」というキーワードが自己増殖的に怒りの振幅を増幅させている気がするのである。そもそも朝乃さんは、永遠というイメージを介して〈世界の構造〉を見てしまったからこそ穏やかでいられなくなってしまったのではないのか。この世界は不条理で退屈で他愛もなく、しかも〈しつこい〉！　終わりのない執拗さは悪意そのものであり、つまり世界は悪意による合わせ鏡になっている。こんな構造に誰が不快感を覚えずにいられようか。

朝乃さんは「もう、いつもみてえにはできね、さあ、帰れ、帰れ」と男へ向かって邪険に言い放つも、もちろんそれを彼は聞き取ることが出来ない。朝乃さんは逃げるようにして裏の畑に出る。さらに行くと日暮山になる。そして驚くべきことに、朝乃さんはまたしてもモンペのヒモを解いてしまう。「家の外の光の中で見る男は、もう、性交を求めつづける『永遠』という異形には見えないのだった」。

だが朝乃さんは、今度こそはもう男のペースに嵌まるまいと決心していた。それに明日は祭日で、店は休業だし息子もいる。

翌日、朝乃さんの家の前に自転車でたどりついた男は、店が閉まっていることから、彼女が日暮山にいるのだろうと見当をつけた。そうして朝乃さんの代わりに、山菜採りをしている菅野ソヨさんの姿を山中に見出したのである。

彼はソヨさんの前にしゃがみ、朝乃さんと初めて会ったときのように性交を求めるジェスチャーを繰り返した。『おめえ、年寄りをなぶるでねえぞ』といって、ソヨさんは笑った。ソヨさんは、男がふざけていると思ったのだった」。だが男の切羽詰まった執拗さがただならぬ雰囲気を作り上げていく。危険な空気が張り詰めていく。相手は本気だ！　モンペのヒモをほどこうとする男の手を振りはらう拍子にソヨさんは転び、すると男は彼女のモンペのヒモをつかむ。ソヨさんは這い回って逃げ、混乱した男は彼女に馬乗りになって絞殺してしまう。なぜ首を絞めたのか。朝乃さんのように振る舞ってくれぬソヨさんに対し、彼はいまさらながら意思を伝えられぬもどかしさと恐ろしさとに打たれ、遂に「とてつもなく奇妙な声」を張り上げた。のみならずソヨさんの悲鳴を耳にし（たとえ錯覚ではあっても、それは男が生まれてはじめて聞く他人の声だった）、動転した彼はソヨさんの喉に指を力いっぱい圧し当てて黙らせようとしたのであった。

男はソヨさんの遺体を犯し、それから「犬が後肢で土をはねあげ自分のフンをかくすようなつもりで、落ちていた杉の枯枝をソヨさんの顔にかぶせ、胴体に土をバラバラとふり撒いた」。

結局八日後に、男は逮捕された。モンタージュ写真が作成されたからで、ただし朝乃さんは警察と積極的な関りは持たなかった。ソヨさんを殺したのはあの男だろうと直感はしていたが、口をつぐんでいた。しかも、これで男はもう来ないと心の底から安堵していた。が、朝乃さんの脳裏には、もはや男が棲みついている。だから彼の写真を見た彼女はこんな感想を抱く。

朝乃さんは写真で、男が畑仕事をしているのを見て異様な感じがした。あの、「永遠」の性交を求めてきた男とは思えなかった。破れた麦わら帽子をかぶって立っている姿は、まるで案山子《かかし》みたいだ。手振り身振りで、性交を求めた時のような、人間らしい目付がまったく感じられない。世界のはてに、ぽつんとカカシが立っている。

世界に果てなどあるのだろうか。本当は世界なんて一ヘクタールがせいぜいで、しかしそれが壁紙の模様のように際限なく、それこそ永遠に繰り返されているだけではないのか。だからすぐ近くにいても声など届かない。世界の構造に気付いてしまった者だけが、永遠がもたらす孤独感と恐怖とを実感する。

秋が訪れ、彼岸が近づいたので朝乃さんは墓の掃除へ出掛けた。家へ戻ると、黒い古びた自転車をひいた「あの男」が道に立っているではないか。「あきらかに、留守の朝乃さんをそこで待っている様子であった」。彼は朝乃さんの姿を認めると、あとを付いてきた。そして彼が「あの男」とそっくりだが別人であることに、彼女は気が付いた。人相や風体から、おそらくあの男の兄弟であろうとは思ったが、まさか彼もまた聾啞であるとは、朝乃さんはまだ知らない。だが男は自転車を店の外に立ててから、中へ入ってくる。制止も無視し、そのくせ何度もおじぎをする。しつこくまとわりついてくる。

その時、男は朝乃さんの手をつかまえて、自分の性器のところへもっていきながら、うめくような不思議な声をあげた。「あ、おめえもが－」と朝乃さんは思わずいった。男は、訴えるような断片的な声を発しながら、性交を求める仕草をしている。

あの男が消え去ったと思ったら、今度は弟が兄の欲望を引き継いで登場したのである。またしても性交を求めて訪ねてきたのである。「あ、おめえもが－」という痛切な台詞は、それがセックス絡みであるからこそ、我々に土俗的な笑いをもたらしてなおさら絶望感を強調する。そして脱力した朝乃さんは、弟とも性交してしまう。

明くる日の朝十時ごろにも、男は裏の戸口の前に立っていた。それを見た時、朝乃さんは戸の内側に思わずしゃがみこんでしまった。腰がぬけたように、一瞬そこで動けなくなった。いったい、この男も、自分もなにをしているのか、と朝乃さんは思った。あれほど昨日、もう今日限りここにくるなといったではないか。朝乃さんは男が自分のコトバを聴きとれぬことは忘れていた。くどいほど、もうここへはくるなと、朝乃さんは昨日男にいいつづけたのだった。男が、永遠にまといつく借金とりのように思えたのだった。もうここへくるな、といいつづけながら、必ず明日もこの男はくるにちがいないと朝乃さんは思っていた。だから、くるな、もうくるな、とくり返しくり返し叫んだのだった。男は、「永遠」の性交というよりも、一生涯自分から離れぬ、たちの悪い借金とりのように思えた。性交ならばことわれるが、借金とりは金を払うまでひきさがらない。男は戸口のところで、口をゆがめ、にっと笑った。目もすこし笑っていた。

こうして男は図々しくもぐったりした朝乃さんを奥の部屋に引きずり込み、性交を繰り返そうとする。彼女は力が抜けてしまったまま、「だれが」「どうして」と繰り返す。そんな身も蓋もない場面でこの短篇小説は終わる。「永遠」が復活したところで、物語は幕を閉じるのである。

この作品の題名である『遠い空』は、男がソヨさんを殺して逮捕された後に朝乃さんが回想する場面から採られている。すなわち、「朝乃さんには、男と性交した時の日暮山のあの場所、かぶさってくる男のうしろに見えた空の遠さが思い浮んでくる。そしてふいに、喋っているふたりの息子が、ふたりとも男であることに改めて朝乃さんは驚愕するのだ」。

空の遠さは、合わせ鏡が作り上げる無限の深さに通じているのだった。

＊　＊

昭和八年（一九三三）の一月九日に、実践女学校の生徒である真許《まもと》三枝子が伊豆大島の三原山の噴火口へ投身自殺した。享年二十三。さらに同年二月十二日には真許の友人である松本貴代子が、やはり噴火口へ投身自殺をし、以後四月までに三原山での投身自殺は六十名、未遂者は百六十名に及んだという（『明治・大正・昭和世相史』より）。背景には伊豆大島の観光ブームと、『島の娘』『燃ゆる御神火《ごじんか》』『大島おけさ』といった流行歌の影響があったらしい。

いったい噴火口へ飛び込もうとするとき、自殺志願者はどのような死を想定しているのだろうか。噴火口が深い井戸のような断面になっていて、底には溶岩が赤く沸き立っているのならば、遺体は一瞬のうちに溶け、やがて噴煙と共に大空へ拡散していくといったプロセスもあり得よう。だが、実際にはそんな具合にはなるまい。噴火口はむしろ擂り鉢状で、溶岩だかマグマの中へ首尾よく墜落できるかどうかはすこぶる怪しい。途中で引っかかって、そのまま噴煙の有毒ガスで中毒死したり、高熱で蒸し殺されるのがせいぜいではないのか。さもなければ打撲や骨折で這い上がれないままになってしまうのではないのか。いずれにせよ、エレガントな死に方にはならない確率が高そうである。

自殺志願者の頭の中は、「もはや死ぬしかない」といった点においてものすごく物事が単純化されている。世界の構造がすっかり見えてしまい、同時に永遠が見えてしまってい る精神状態なのだろう。そんな人々にとって、活火山の噴火口とは「あの世」へのドア程度にしか認識されないのだろう。現実に火口の縁へ立ってもなお、穴は抽象的な存在でしかなかったのだろう。にもかかわらず永遠に行き着く前に、散々肉体的な苦痛を味わうことになるのでは、「話が違うじゃないか!」と文句のひとつも言いたくなったのではないだろうか。

ところで我が家では玉子ご飯(ご飯に生玉子をかけて、ついでに醬油をほんの少し垂らしたもの)を食べるとき、茶碗によそった白米の真ん中に箸でぐりぐりと穴を掘り、そこへ生玉子を注ぎ込む。この穴を「噴火口」と呼び習わしている。どこの家庭でも、当然、ご飯に穴を掘ってそれを噴火口と称しているのかと思っていたら、全然そんなことはないらしい。納得し難いがそうらしい。噴火口と聞くと、わたしには投身自殺と玉子ご飯の二つが、同時に連想される。

十三、グロテスク考

——カースン・マッカラーズ『黄金の眼に映るもの』

妻の友人から聞いた話である。その人（Sさんとしておこう）が飼っている猫はかなり濃厚に野生時代の本能を残しているらしい。家のベランダに小鳥が飛んでくると、猛然と跳びかかる。しかもかなり捕獲率が高いらしい。あわてて飛び去ろうとする小鳥を逃さない。がっしりと爪で捕らえる。

捕らえた獲物はどうするのか。食べてしまうという。キャットフードよりも野趣に富んだ美味さがあるのだろうか。

ある日、ベランダに奇妙なものが落ちていた。茶色っぽくて三角形をした小さなものが、寄り添うようにして二つ。見慣れぬような、それでいて見覚えのあるような〈しろもの〉である。Sさんはそれを拾ってしげしげと眺めてみた。数秒を経て、不意にその三角形の正体に彼女は気づいた。

それは、まぎれもなく雀のクチバシであったという。あたかも尻尾だけが食べ残された海老フライのように、それは食べ残されたクチバシだったというのである。

話はそれだけなのであるが、Sさんの立場になってみれば、これはなかなかインパクトのある体験だったのではないだろうか。そもそも雀のクチバシだけを拾ったら、それを数秒かかってでも認識出来るものなのか。そして猫はクチバシだけを残してあとはすべてを貪り食ってしまったりするのだろうか。

実話ゆえに黙って受け入れるしかない。どこか釈然としないが、えてして現実はそんなものである。

ところでこのエピソードは結局のところ〈気味の悪い話〉として分類されるべきなのだろうけれど、いったい何を以て気味が悪いということなのだろう。バラバラ死体のようにして雀のクチバシだけが落ちていたことなのか。羽でも脚でも骨でもなく、クチバシだけが残されていたというリアリティーのことなのか。さもなければ猫の獰猛さないしは残酷さなのか。考えていると、たちまちエピソードは曖昧となって、漠然としたグロテスクな印象だけが残る。だからどうした？　と問い返されれば言うべきことは何もないが、それでもいつまでも心に引っ掛かる。まるで食べ残されたクチバシのように。

＊　＊

ジョージア州出身の女流作家カースン・マッカラーズは、その顔写真をはじめて目にしたとき、京劇に登場する孫悟空を連想させた。しかも底意地の悪さや辛辣さのオーラが漂っている。年を重ねたらさぞや悪意に満ちた老婆になるだろうと思わせるものの、五十歳にして彼女はあっさり脳出血で亡くなっている。晩年の写真の一枚は、意外に可愛げのある笑顔で写っており、実は外見で損をするタイプだったのかもしれない。

彼女の作品に『黄金の眼に映るもの』という中篇がある。医学生の頃に、病理学教室の片隅で読んだ記憶がある。ただし中身については漠然と「グロテスクな話だったなあ」と憶えているだけで、エピソードもたったひとつしか頭に残っていない。で、そのエピソードとは、精神に不均衡をきたした婦人が自分の乳首を植木鋏で切り落とすというもので、こればかりは生理的に耐え難いものを感じた。もしもベランダに、雀のクチバシではなく人間の乳首が落ちていたら、それを見たわたしはその肉片が何であるかを容易に認識出来るものなのだろうか。

今回、『黄金の眼に映るもの』（田辺五十鈴訳）を三十年ぶりに再読して、つくづくグロテスクというものについて考えてみずにはいられなかった。

主な登場人物は以下の五名である。

●ウィリアムズ一等兵。窃視者。童貞。

●ペンダートン大尉。同性愛者（おそらく女役）。

●レオノーラ。大尉の妻。美人だがいくぶん知能に問題あり。
●ラングドン少佐。レオノーラの間男。軽薄。SF好き。
●アリソン。少佐の妻。神経質で病弱、影が薄い。

物語の中でそのうちの二名が死に、残りも皆不幸になる。話は全部で四章から成り立っている。ウィリアムズ一等兵を軸にして作品をたどってみることにしよう。

【第一章】場面と登場人物が紹介される。季節は晩秋、場所はアメリカ南部。冒頭の「平時の陸軍駐屯地というのは退屈なところだ。いろいろなことが起こる。だがそういったことはすべて、何度でも繰返されていることにすぎない」という物憂げな文章が、はやくも舞台となっている駐屯地の倦怠した空気を描き出している。

最初に登場するのはウィリアムズ一等兵である。他人とは打ち解けず、無表情で、酒も煙草も嗜《たしな》まず、若く無口である。痩せている。腹の底で何を考え、何を感じているのか、外見を観察してもまったく分からない。「琥珀《こはく》色と茶色とが微妙にいりまじった目には、動物などによく見られるような表情があった。ちらりと見ただけでは、ウィリアムズ一等兵は動きが鈍くて無器用そうに見える。だがこれは誤った印象である。彼は野生の動物か泥棒のように、静かに敏捷に動くのだ。ときおり兵士たちは、傍に誰もいないと思っていたのに、いつの間にか、どこからともなく現われた彼が傍にいるのを発見してびっくりすることがあった」。

彼は厩舎《きゅうしゃ》で働いていた。ペンダートン大尉の妻であるレオノーラはファイアバードという名前の美しい馬を所有していて、その世話を受け持たされていた。

ある日、一等兵は大尉から私用を言いつけられる。駐屯地の外れにあるペンダートン大尉の家の、裏手の森につながる草地の灌木や茂みを刈り取ってもらいたい、と。夕方までに一等兵は一人で仕事を終えていた。そこへレオノーラが登場する。「……彼女は美しかった。彼女の顔にはマドンナのような謎めいた平静さがあり、真直ぐな黄褐色の髪の毛は、後首のところでまげにまとめてあった」。彼女は乗馬服のままハンモックに横たわってウィスキーを飲み、あとは一等兵のことなど存在しないかのように押し黙っていた。彼も黙ったまま宙を見つめており、そんな活人画が裏庭で演じられているうちに太陽は沈み、大尉が戻ってきた。ちょっとした行き違いがあって大尉は一等兵を叱責し、兵舎へ帰らせる。

ここでペンダートン大尉が紹介される。「彼はいくつかの点で普通の人とは違っていたのだ」。まず、彼は同性愛者であった。「けれど妻のことでは彼は悩んでいた。妻の愛人たちに惚れこむという悲しい性癖を持っていたのである」。また彼は軍人であるにもかかわらず死を恐れ、臆病であった。そしてもうひとつの特異な点はなかなか説明が難しい。

（……）彼の頭の中には統計とか、学者的な正確さを持った知識がいっぱいで、たとえばえびの奇妙な消化器官だとか、三葉虫の一生などを実に詳細に説明できたし、三ヵ国語を見事に書いたり喋ったりできるのだった。そのうえ天文学もかじっているし、詩もかなりたくさん読んでいる。しかし、個々別々の事実についての知識は随分あるのに、大尉はいまだかつて自分の考えというものを持ったことがなかった。なぜなら、一つの考えを作るということは、二つあるいはそれ以上の既知の事実を融合することだからである。しかし大尉にはそんなことをする勇気はなかったのだ。

つまり大尉の精神は無意味そのものだったということである。知識が、まるで石ころのように、互いに無関係のままそっけなく転がっている荒野のようなものか。それにしても既知の事実を融合して自分なりの考えをつくることは、それほどにも勇気を必要とするものなのか。おそらく必要なのだろう。なにしろ頭の中に「考え」が湧いたとして、いったいそれが自分にとって有害なものなのか無害なものなのかはすぐには分からないのだから。さまざまな事象が心の中で新たな意味を獲得するとき、それが宿主《しゅくしゅ》の身体を食い破って増殖する寄生虫のように作用してしまう可能性は誰にも否定出来ないのだから。

ペンダートン大尉の空虚な精神は、自分自身の振る舞いに責任を持とうとしない。その結果、どうなるか。不気味なエピソードが語られる。

（……）その夜彼は、今と同じ不愉快ないらいらを覚え、何か変ったことをしてこの気分から逃れようと思った。それで、当時配置されていた駐屯地の近くの町へ車を走らせ、車を駐車しておいて、長いこと町を歩きまわったのだった。それは冬で、夜もかなり遅かった。そうやって歩いていた時、大尉はある家の戸口でうろうろしている小さな仔猫にめぐり会った。その仔猫は身をよせる所が見つかったので、身体を暖めていたのだった。大尉が身をかがめてみると、その仔猫はのどを鳴らしていた。彼がその仔猫をつまみあげると、それは掌の上でぶるぶる震えた。長いあいだ彼はそのやわらかで穏やかな顔を見つめ、温かな毛を撫でていた。その仔猫は、澄んだ緑色の眼を大きく見開くことができるようになったばかりだった。しまいに大尉はその仔猫を持ったまま通りを歩き出した。ある町角まで来るとポストがあった。彼はあたりをすばやく見まわしてから、凍えるほど冷たい郵便投入口を開けて、その仔猫を中に押しこんでしまった。そうしておいて彼はなお歩き続けたのだった。

もしも大尉に向かって、なぜあんな残忍な仕方で仔猫を殺したのかと問い詰めてみたとしても、おそらく彼は困惑した表情を浮かべるだけだろう。猫という動物に嫌悪感を抱いているのかと尋ねられても、首を振るばかりだろう。ではなぜペンダートン大尉はこんな恐ろしいことをしたのか。

仔猫が可愛いとかいじらしいといったことと、いらいらした気分とが何の違和感もなく頭の中に同居していたからである。あえてこれら二つの感情はまったく無関係であると自覚することもなければ、逆に折り合いをつけるべきとも思わない。ただたんに二つが存在している。すると大尉の精神はキマイラの怪物と化す。だから矛盾したことも躊躇なく行える。ただしどうしてそんなことをしたのかと理由を問われても答えられない。答えるということは、二つの事実を融合することなのだから彼には不可能なのである。

いったい、複数の事象を無関係なままでいつまでも心に保持しておけるということは、おそらく〈生きている手応え〉を平気で放棄していることを意味しているだろう。生きている手応え、生きる喜びといったものが何に由来しているかについてはさまざまな意見があろうが、個人的には、種々の事象が互いに共通点や類似点を示したり、意外な関係性を見せたり、思いもかけない新たな意味合いを現出させたり——そのような瞬間を見出すことにこそ生の実感をまぎれもなく覚える（美しさを感じるといったときも、結局は同様の文脈に回収されるだろう）。だからわたしにとってペンダートン大尉の荒涼とした精神は人間のものとは思えない。それこそ海老や三葉虫の内面に近いと考える。そして海老や三葉虫が残忍ではないのと同じように、仔猫を冷え切った郵便ポストに押し込む大尉もまた残忍ではないのだろう。

近頃の犯罪には、驚くばかりに残虐かつ刹那的で、しかしそれに見合うだけの激情やストーリーが存在しないケースが散見される。そうした犯罪者たちはもしかすると大尉の精神的な兄弟かもしれないなどと想像したくなるが、往々にして作家の造形する人物像にはつい深読みをしたくなるところがあるもので、あまり尻馬に乗らないほうが賢明かもしれない。

いずれにせよ、ウィリアムズ一等兵とペンダートン大尉は、どちらも我々の理解を超えるという点で不気味きわまりない。

さて大尉の妻であるレオノーラは、男を惑わすような魅力をたたえている。それなのに夫は同性愛者なのであった。子どもがいないのも無理からぬことである。彼女（実は二桁の足し算も満足に出来なかったが、それを他人に悟られぬように振る舞う知恵はあるといったきわめて娼婦的な女性）はラングドン少佐と浮気を重ねていた。そのことを大尉も、少佐の妻のアリソンも気付いている。それなのに大尉と少佐は夫婦ぐるみの交際を延々と続けている。

レオノーラは夫を馬鹿にしていた。一等兵が裏庭での仕事を終えて帰ったあと、大尉の自宅にはいつものようにラングドン少佐夫妻がディナーに来る予定となっていたが、彼女は平気で裸のまま家の中を歩き回って夫をはらはらさせた。そのように他人を翻弄することもまた、彼女には楽しみのひとつなのであった。

いっぽう少佐の妻であるアリソンはどんな人物であったか。「彼女は大きな鼻と敏感そうな口をした、小柄で色の黒い、弱々しげな婦人だった」。「その病いは肉体的なものだけではなかった。悲しみと心配とで骨の髄までさいなまれて来たので、もう今にも実際に気が狂いそうなところまで来ていたのである」。つまり弱々しく病的で、ついでに女性としての魅力にも欠ける婦人だったということである。

第一章の最後は、夜の帳《とばり》の中に佇むウィリアムズ一等兵がレオノーラの裸体を目にし、また大尉夫妻と少佐夫妻がディナーを楽しむ光景を家の外からじっと覗き込む場面で締め括られる。驚くべきことに、一等兵はそれまで女の裸を見たことがなかった。男ばかりの小さな農場で育ち、父はホーリネス教会の狂信的な信徒であり、その父から「女というものは男どもを盲目にし、不具にし、確実に地獄へ行かせてしまう、致命的で感染しやすい病気を持っているのだと教えこまれていた」。そんな一等兵が、偶然にも窃視の味を覚えてしまったのであった。

【第二章】翌日の晩、一等兵は森づたいに大尉の家まで出掛けた。覗き見のためであり、以後この行為は習慣化する。「葉が密に茂っているこれらの常緑樹にかくされて、兵士の姿は通りからも隣家からも簡単には見えなかった。彼は大尉のすぐ近くに立っていたので、もしも窓が開いていれば、手を伸ばせば彼に触れるぐらいだった」。

毎晩窃視（大尉の家では、ほとんど何も起こらなかった。もちろん妻とセックスが交わされることもなかった）を重ねるウィリアムズ一等兵には、その頃、仕事中にいきなり理由もなく茫然自失ないしはフリーズに陥ってしまうことがあった。そして一等兵のわずか二十年の生涯においてある不思議なパターンがあった。彼は今までの人生で四回だけ（！）自発的に行動を起こしたことがあって、それらのいずれにおいても、前兆としてこの茫然自失というかフリーズが発生していたというのである。

一回目は、十七歳の時である。自分で貯めた百ドルでいきなり彼は一頭の牝牛を買ってきた。しかし彼のちっぽけな農場に牝牛など必要がなかったし、法律の関係で乳を売ることも出来なかった。なぜそんな厄介なものを買い込んだのか、自分でも判然としなかった。しかしその行為には何か官能的なものが潜在していたのかもしれない。「冬の朝、少年は夜明け前に起きて、カンテラを手に牛小屋に行った。彼は額を牛の暖い腹に押しつけて乳を絞りながら、静かに、熱心に、小さな声で語りかけた。彼は両手を茶碗のようにまるめてミルクの泡立っているバケツの中に突込み、ゆっくりとミルクを飲むのだった」。

二回目は、ホーリネス教会での宗教体験である。「それまで彼はいつも、父が日曜に説教する教会の後ろの方の腰掛けに静かに坐っているだけだった。けれど、信仰復興特別伝道集会の期間中のある夜、彼はだしぬけに演壇の上に飛び上って、聞きなれない野性的な声で神に呼びかけ、身体を震わせながら床を転がり回った。その後一週間ばかり彼はひどくものうくなり、もう二度とこんなふうに聖霊と出会うことはなかったのである」。

三回目は、殺人である。真夏の暑い午後に厩肥《きゅうひ》を積んだ手押し車のことで口論となった挙げ句、一人の黒人を刺し殺して森の奥の古い石切り場へ隠したのであった。「あの時もある種の驚異と、ぼんやりした悲しみとを感じはしたが、恐怖はなかった。そしてその時から一度たりとも、彼の心の中で自分が殺人者だという意識がはっきりと形になったことはなかったのである」。

そして四回目は、だしぬけに陸軍へ入隊したことなのであった。いずれの場合も、あとになってからやっと、彼は自分が何をしようとしていたかに気付くことになった。たとえば四回目にしても、「彼が徴兵局の門を入った時はじめて、彼の中にもやもやしていたものが一つの考えにまとまったのだった。それで彼は自分が兵隊になろうとしていることを知ったのである」。

ペンダートン大尉は自分の考えを持つということがなかった。他方、ウィリアムズ一等兵は、自分なりの考えや意思を持つときには、自分自身が心の外へ締め出されてしまうのであった。だから結果的には、大尉も一等兵も精神のありようはきわめて近いということになるだろう。そんな二人が、片方は家の中で沈黙しており、片方は闇に紛れてじっとその姿を眺めている。

ところで少佐の妻であるアリソンもまた、茫然自失状態となることがあった。彼女は奇形児を産んだことがあり、結局その赤子は十一ヵ月目に死んだ。そして埋葬されたのだが、

「アリソンは長い間、小さな遺体がその墓に横たわっている、鋭い病的なイメージに悩まされ続けた。その遺体が腐って行き、小さな孤独な頭蓋骨だけが残るのだという恐ろしい物思いに憑かれっぱなしだったので、ついにいろいろとむずかしい手続きをして棺を掘り出させた。そしてまだ残っていた遺体をシカゴの火葬場に運んで焼き、その灰を雪の中に撒いてしまったのだ」。

あるいは、彼女と夫がペンダートン家で大尉夫妻と過ごしているときに、いきなり自宅へ駆け戻った。そして植木鋏で自分の乳首を切り落とした。「彼女は壁に植木鋏がかかっているのを見て、怒りと絶望で逆上していたので、自分を刺して自殺しようと思ったのである。けれど、その鋏はちっとも切れなかった。あの時、ちょっとの間、彼女は頭がおかしくなっていたに違いない。というのは、彼女自身それがどんなふうにして起こったか分らないのである」。

結局、アリソンにも自分が自分の心から締め出されてしまうことがあったのである。

第二章では、ただならぬことが起きそうな予感だけが次第に膨らんでいく。そして一等兵の窃視はエスカレートし、遂には家の中へ忍び込むようになる。

ウィリアムズ一等兵は、レディ（引用者注：レオノーラのこと）の部屋のベッドの脇に、ほとんど明方近くまでうずくまっていた。彼は動きもしなかったし、物音もたてず、大尉の妻から目を離しもしなかった。そのうちに夜が明けてくると、彼はもう一度窓枠につかまって身体のバランスをとりながら、注意深く立ち上った。階段を降り、裏口のドアを後手にそっと閉めた。空はそろそろ白みはじめ、金星も光を失いつつあった。

【第三章】この章では、ペンダートン大尉の行動が大きな比重を占めることになる。彼はその日の午後、一人で厩舎を訪れた。無表情なウィリアムズ一等兵に向かって、大尉は妻の愛馬であるファイアバードを引き出して鞍を置くように命ずる。その馬は妻のものであり、いかに夫といえどもそれへ勝手に跨《また》がることは本来許されないことである。が、大尉は強引であった。

ギャロップで出発した大尉は、陰険に馬を戸惑わせ苛《いじ》めた。それは妻へのあてつけに近いものであった。だが馬はなされるがままではいなかった。突如としてファイアバードは、大尉を乗せたまま猛スピードで走り出した。あまりの暴走ぶりに、大尉は手綱で馬をコントロールすることなど不可能となった。振り落とされないようにしてるのがせいぜいである。もう駄目だ、落馬して死ぬだろうと覚悟した瞬間に、不可解な感情が生じた。

（……）気違いじみた喜びが彼を襲った。この感情は、この馬が思いがけず突然疾走しはじめたのと同じように、思いがけず大尉を襲ったもので、今まで経験したことのないものであった。彼の目は、錯乱状態の時のようにどんよりとして半ば開かれていたのだが、だしぬけに、今まで見たこともないものを見たのだ。世界は万華鏡のようで、彼の目に映る様々なものの姿が、やきつくような鮮やかさで彼の心に残った。地面には、落葉の間に半ば埋もれて、目も眩むように白い、小さな美しい花が一つ咲いていた。棘《とげ》のある松かさ、風の吹いている青い空を飛ぶ一羽の小鳥、緑の薄暗がりの中に射しこむ強い日光——こういったものを、大尉はまるで生れて初めて見るかのように見たのだ。彼は空気が冷たく澄みわたっていることを意識し、己れの緊張した肉体、今でもなお脈々と打ち続ける心臓に驚異を感じ、血液、筋肉、神経、骨が見事に働き合っていることに奇蹟を感じたのだった。大尉はもうなんの恐怖も感じていなかった。彼は神秘家が、この大地こそ己れであり、彼こそが大地であると感じる、あの稀有な意識のレベルまで舞い上っていたのだ。疾駆する馬の背に蟹のようにへばりついている彼の血の滲む唇には、歓喜の笑いが浮んでいた。

このような至高体験は、たとえば血なまぐさい戦場において不意に出現する類のものだろう（だからこそ、薬物依存症のように戦闘依存症を呈している職業軍人が存在するのだろう)。倦怠感の支配する平時の駐屯地でそのような体験をするのは、珍しいことに違いない。

ペンダートン大尉のように荒涼とした内面しか持ち合わせていない人物が、自分とは無関係だがそれだけになお一層鮮明で美しい〈世界の細部〉に気づくとは……。その刹那の大尉の目こそは、「黄金の眼」と化していたのか。死に直面することによって、彼の内面でばらばらに散らばっていた知識や記憶は、やっと互いが無縁のものではないことを大尉に囁きかけたのである。

ではそのことによってペンダートン大尉は救われたのか。

いつしか馬は走り疲れて立ち止まり、大尉はよろよろと地面に降り立った。そして横わった。「こうして森の外れに投げ出されている大尉の姿は、投げ捨てられてこわれた人形そっくりだった」。しばらくの間、彼は意識を失っていた。ふと気が付くと、何者かが近くにいる。それはウィリアムズ一等兵であった。「彼は一糸まとわぬ裸だった。彼のほっそりした身体が、午後の日光を受けて輝いていた。彼は、まるで今まで見たこともない昆虫でも見ているかのような、ぼんやりした無表情な目で大尉を見つめていた。大尉は驚きのあまり身体が麻痺してしまって動けなかった。彼は口をきこうとしたが、乾いたがさという音が喉から出ただけだった」。

ペンダートン大尉は至高体験の直後に、自分と近似した精神の持ち主であるウィリアムズ一等兵と森で出くわすことになったのだった。そして一等兵は黙したまま行動に移った。

　大尉は兵士と馬との間に横になっていた。その裸の男は、長々とのびている大尉をわざわざ除けてまわったりしなかった。彼は木のそばを離れると、将校の身体を軽く飛びこしたのである。大尉はその若い兵士のはだしの足が目の前をかすめるのを見た。それはほっそりと華奢《きゃしゃ》にできており、甲は高くて青い静脈が浮き出ていた。兵士は馬の綱をほどき、鼻面を愛撫するように撫でてやった。それから大尉の方には一べつも与えず、馬を森の奥の方へ引いて行ってしまった。

　この幻のようにエロティックな出来事は、大尉に激しい感情をもたらした。ウィリアムズ一等兵に対する愛と憎しみである。前者は死と隣り合った至高体験に通底しているかもしれない。後者は、妻のみならず自身の人生全体に対する憤りと通底しているかもしれない。いずれにせよこの瞬間から、大尉の激情は一等兵へと焦点を定めることになった。

　（……）ウィリアムズ一等兵は、食事に戻る途中で後を振り向いてみると、ほんの十ヤードばかり離れて大尉が歩いて来るのを見たことが三回もあった。歩道で大尉とすれ違ったことも偶然というにははるかに多かった。ある時、そういった出会いの後で、兵士は立止って後を振返ってみた。ほんの少し距《へだた》った所で大尉もまた立止っていて、こちらを振向いていたのである。もう午後も遅くて、冬の夕暮れは淡いすみれ色を帯びていた。大尉の目は断固としており、情容赦なく、きらきら光っていた。二人が同時に向きを変えて、それぞれの方向へと歩き出したのは、ほとんど一分ばかりたってからであった。

【第四章】この章で、(既に乳首を失った)アリソンは呆気なく心臓発作で死んでしまう。だがその前に彼女は異様なものを目にする。真夜中に、彼女はふと窓から隣家すなわちペンダートン家の裏庭を眺める。すると怪しい人影が大尉の家にこそこそ忍び込んでいく。アリソンは、夫であるラングドン少佐がレオノーラのもとへ夜這いをしていく姿であると直感したのである。彼女は怒りに駆られ、寝巻の上にコートをひっかけて隣家へ歩いていった。玄関から大尉の家に入り、二階へ上がった。

(……)レオノーラの部屋のドアは開いており、一人の男がベッドの脇にうずくまっているシルエットが見えた。アリソンは部屋に入って行って、部屋の隅にあるスイッチを押した。

急に明りをつけられて、兵士はまぶしげにまばたきした。それから窓枠に手をかけて腰を浮かした。レオノーラは眠ったまま身動きし、何かぶつぶつ言ったが、寝返りして壁の方を向いてしまった。アリソンは驚きのあまり、蒼白なゆがんだ顔で戸口に立っていたが、やがて一言も言わずに後ずさりして部屋から出て行った。

人違いであった。少佐ではなく、見知らぬ男であった。アリソン自身も自分が見たものの意味が分からず困惑したまま、彼女は周囲から精神を病んでいるとみなされてしまう。ウィリアムズ一等兵の奇怪な行動など、誰も気が付いていないのだから無理からぬことだろう。こうして彼女はヴァージニアの精神病院へと送られ、二日目の夜に心臓発作で亡くなってしまう。

レオノーラと姦通していたくせに、少佐は妻の死に嘆き悲しむ。絶望の日々を送るようになる。いっぽうペンダートン大尉もまた、苦悶の日々を過ごしていた。「大尉は常に抑圧された焦燥状態だった。例の兵士に対する異常な関心は、彼の中で病いのように広まっていた。それは、細胞が不可解な謀反を起し、油断のならない自己増殖をはじめて、最後には肉体を滅ぼしてしまう癌の場合のように、彼の心の中では例の兵士についての思考が、当然占めるべき大きさに比して不釣合なほど異常に大きくなって行ったのだった」。

ではいくぶん頭の鈍いレオノーラはどんな様子であったろうか。「レオノーラは恋人の妻が死んだことでひどく気落ちしてしまっていた。お棺の中の死体を見てひどく心を奪われてしまったので、葬儀が終わって数日の間は、駐屯地の売店で食料品を買う時ですら、畏れおののいているような囁き声で注文するのだった。彼女は一種うつろなやさしさで少佐に対し、アリソンについて覚えている限りの楽しい逸話を繰返し語るのだった」。

事態は以前と大きく変わっていた。「けれど今は、この家には死の雰囲気があった。アリソンが死んだというだけでなく、残った三人全部の生命が、不思議なかたちで終りを告げてしまったように大尉には思えたのである。レオノーラが自分と離婚して、モリス・ラングドンとどこかに行ってしまうのではないかという、かつて抱いた恐怖は、もはや彼を悩ませなくなっていた。少佐に対して以前彼が持った好意は、例の兵士に対する感情と較べれば、今やかすかな燃えかすのようなものになっていた」。

破局が迫りつつあった。ペンダートン大尉の内面も切迫しつつあった。ウィリアムズ一等兵に寄せる思いが彼を混乱させていた。まさに実存的な心象風景が彼の視界を占めていた。それに関して二箇所ほど引用してみよう。

このところ、この家そのものが大尉を極度にいらいらさせるのだった。彼等の住居の家具はまったくの寄せ集めなのだ。居間には花模様の更紗のカバーをかけた昔風のソファーと安楽椅子二脚、けばけばしい赤い色の絨毯と時代物の書物机とがあった。

その部屋は、大尉がなによりも嫌いなごてごてした雰囲気があった。レースのカーテンは安っぽく、むしろみすぼらしいといっていいほどだった。暖炉の上には雑多な置物やげて物のコレクションが並んでいた——タイの象牙製の象の列とか、錬鉄製の美しい一対のローソク立て、一切れの赤い西瓜を前に歯をむき出しにして笑っている黒人の子供の彩色像、レオノーラが古い名刺を投げこんである青いガラスのメキシコの鉢といったものが。（中略）彼は心の奥底でひそかに兵舎のことを思い、きちんと並んだ寝台の列や、むきだしの床、カーテンのない、荒涼とした窓などを心に浮べるのだった。想像の中のいかめしくて禁欲的なその部屋の一方の壁に、なぜか真鍮の金具のついた、彫刻をほどこした時代物のたんすがあるのだった。

（……）他の人たち全部から自分が孤立していると感じていたにかかわらず、散歩中に目に映るものがすべて異常なほど重要に見えたのである。彼と何らかの形で接触があるものはなにもかも、ごくごく平凡な物でさえも、自分の運命に何か神秘的な意味を持っているように思えたのだ。たとえば、もしも溝に雀がいるのに気がついたとすると、彼はその当り前の光景にすっかり心を奪われて、何分間でもそれを眺めて立ちつくすのである。このところ大尉は、五感に訴えてくるさまざまの印象を、その相関的な価値に応じて本能的に分類するという原始的な能力を失ってしまっていた。ある日の午後、彼は輸送用トラックが一台の自動車にぶつかったのを見た。けれどこの血なまぐさい事故も、それから数分後に見た、新聞の切端しが風に舞っている光景以上に生々しい印象を彼に与えなかったのである。

こんな状態に大尉が陥っていたとき、一等兵はどうであったのか。静かだった彼は凶暴になっていた。突発的に他の兵士と喧嘩をした。夜は悪夢にうなされて呻き声を上げ、森へは足を向けなくなった。アリソンにいきなり明かりを点けられて以来（結局それがきっかけでアリソンは精神病院へ送られて急逝してしまったのだが）、窃視は中断していた。そしてペンダートンのことはこんなふうに思っていた。「兵士は大尉のことを、まるで天気とか自然現象ででもあるかのように、宿命的なものとして受け取っていた。大尉の行為がとても意外に思える時もあったが、それを自分と関係づけて考えはしなかった。そして雷を伴った嵐だとか花の色があせることを疑問に思ったりしないのと同じく、そのことに疑問を持ったりはしなかったのである」。

雨上がりの月の出ていない晩、ウィリアムズ一等兵は「最後」の窃視をすべく大尉の家へ出向いた。これが「最後」であることを、兵士は心のどこかで悟っていた筈である（彼にとって人生で五回目の茫然自失状態が生じていたのは、おそらく「最後」に対する予感だったのではないのか）。

不眠症の大尉がぼんやりと風のざわめきに耳を傾けていると、階段を上がる不審な足音が聞こえた。廊下に出てみると、「探していた男の輪廓」が妻の部屋の窓ガラスに浮かんでいる。

（……）大尉はベッドの脇のテーブルの引出しからピストルを取り出し、廊下を横切って行って妻の部屋の明りをつけた。その間に、今まで眠っていた記憶の断片——窓に写った影とか、夜中の物音といったもの——を彼は思い出していた。自分には何もかも分っていたのだと彼はひとりごとを言った。しかし何が分っていたのかは表現することはできなかったであろう。ただ、これで終りなのだということだけを確信していた。

大尉は一等兵（泥のついた服を着て、レオノーラのベッドの横にうずくまっていた）を躊躇することなく射殺した。発射した弾丸は二発とも兵士の胸を貫通した。撃ち殺される瞬間のウィリアムズ一等兵は、「茫然とした当惑の表情だった」。レオノーラは半ば寝ぼけた状態であたりをきょろきょろ見回している。

以上で物語は終わる。そしてこの悲劇は、小説の冒頭にある言葉を借りれば、「どこかの駐屯地に、もう二度と起こりそうもないような事件が時に起こることがある。南部のある駐屯地で、数年前に一つの殺人事件があった」といった具合に語り継がれることになったのだった。

文庫本で百三十頁しかないこの半端な長さの物語は、どれほど沢山の読者たちに「いやあな感じ」を与え続けてきたことだろう。グロテスク（おぞましく不気味）な本を一冊挙げよと言われたら、迷うことなくこの本をわたしは差し出すだろう。

ではグロテスクであるとは、どのようなことなのか。

ひとつには、〈目を背けたくなる（しかし、しばしば目が釘付けになる）〉といった事態が挙げられるだろう。正視に耐えない、とてもじゃないがそんなものは見たくない。と言いつつも、自らの顔を覆った両手の指の隙間からそれを覗かずにはいられない。さっさと目を逸らせばトラウマを避けられたかもしれないのに、なぜか魅せられたかのように見入ってしまう。その挙げ句に困惑したり、うろたえる。そのようなメカニズムにおいて、卑しげな好奇心の塊であるわたしたちは、実はそのおぞましい対象物との共犯関係によってグロテスクという事象を現前させ強調していることを忘れるわけにはいくまい。

もうひとつには、〈そのようなものと一緒に自分はこの世界を生きていかねばならないのかと慨嘆したくなったり、震撼させられたりする〉――そんな感情の励起であろう。つまり、グロテスクと認定したくなるような存在は、自分とは無縁だと割り切れない。

マーガレット・ミラーの薄気味悪い長編ミステリに『これよりさき怪物領域 *Beyond*

This Point Are Monsters』（山本俊子訳、ハヤカワ・ポケットミステリ、一九七六）という作品があり、この題名の由来は、登場人物の一人で失踪したまま生死不明の若き農園主、ロバート・オズボーンの少年時代にある。古い中世の地図があって、この世は平たくて海に囲まれ、辺境には得体の知れない怪物どもが棲むといった世界観に基づいて作成されたものであった。そしてその地図の端っこには「これよりさき怪物領域」と素っ気なく記してあった。ロバート少年はこの文句が気に入り、紙にわざわざ「これよりさき怪物領域」と書いて自分の部屋のドアに貼り付けていたというエピソードに基づいているのだ。ロバートの母アグネスは語る。「ロバートの地図の世界はきれいで、平たくて単純でした。人の住む場所と、怪物の住む場所をきちんと区別していました。その世界がほんとうはまるくて、場所はみんなつながっており、怪物とあたしたちをへだてる何ものもない、と知ることはたいへんなショックなのよ」。

そう、わたしたちはもはや「そのようなもの」が「これよりさき怪物領域」の向こうにしか存在しているわけではないのを知ってしまっている。あらためてそれに気付いて、狼狽せずにはいられない。

さらにもうひとつは、〈その異質さは、ときに滑稽さという文脈でしか受け入れられない〉という事実ではないか。すなわち、受け止めたふりをしつつも笑い飛ばして排除を図るか、苦笑いの中に共感と和解を見出そうとするか、そんないじましい作戦を用いずには平静を保てない。だがそれが奏功することはなく、虚ろな笑いが浮遊するだけとなる。辺境（怪物領域）に隔離されていた筈の怪物たちが、いつの間にかぐるりと地球を周回して背後に無言のまま立っていたという状況は、恐ろしいと同時に滑稽なのである。

ひるがえって『黄金の眼に映るもの』の登場人物たちを思い返してみよう。彼らは考えることをしない。あるいは、自分が自分の心から締め出されてしまう。その結果として、世界はリアリティーを失う。さまざまな事象は統《す》べられることなく散らばり、衝動と気まぐれ、曖昧な予感と当惑をもたらす結果ばかりが彼らを翻弄する。残忍であることも優しくあることも、それがどのような意味をもたらすのかはっきりと認識出来ない。だから彼らは互いに孤立している。もはや取り返しがつかないことを平気でしでかし、孤独でいることの辛さにまったく無頓着でいる。世界を形作る細部は、自分にとって何の親しみも感じられない。精神的に痛覚を欠いた人間のように、倦怠こそが感情の基盤となっている人間のように、いや〈人間もどき〉の生物のように彼らは生きる。

毎日のように出会っているのに、彼らは窃視といった形でしかコミュニケーションが出来ないかのように見える。互いにばらばらであり、認識する事象もまたばらばらのまま心に放置される——そんな彼らをすべていっぺんに視界に収めてしまう目こそが「黄金の眼」であり、そんな目を持った存在は、神を信じない彼らにとって怪物でしかないだろう（彼らだって〈人間もどき〉の怪物であるにもかかわらず）。そして実際のところ、黄金の眼の持ち主とは、たぶん書物の頁をめくる我々読者にほかならない。一等兵や大尉やその他の登場人物たちがグロテスクであると同時に、彼らにとって我々は黄金の眼を備えた怪物そのものなのである。

＊　＊

中学三年のときであった。巷では自動車レースがブームになっており、模型のレーシングカーを走らせることにわたしは夢中になっていた。V8エンジンを搭載した米国の市販の大型車を改造してレースを行う〈ストックカー・レース〉は、その豪快さから特別な人気があった。わたしのお気に入りの車種はポンティアック・ボンネヴィルであった。

そんな頃に、『レッドライン7000』という映画（一九六六）が封切られた。マイアミで行われるストックカー・レースを題材にしており、映画のタイトルはエンジンの回転数の限界（レッドゾーン）が7000回転であることに由来している。監督はハワード・ホークスで、レースのシーンがクラッシュやら炎上やらとにかく派手であった。中学生としては大満足といきたいところだが、三組の若者たちの恋模様がレースと平行して描かれ、でもセックスの場面は出てこない。そんな生ぬるい青春ドラマなんかよりも、もっと自動車を映せと文句をつけたくなった。まさに中途半端なB級娯楽映画でしかない。と、そのようにわたしは映画館の暗闇で思っていた。最後のシーンを目にするまでは。

記憶では、主人公のレーサーは最後に大きな事故に巻き込まれる。彼は死んでしまったかもしれない、そんな雰囲気でいったん映画は終わる。ところがそのあとに、エピローグのようにして奇怪な場面が映し出される。スクリーンいっぱいに主人公がハンドルを握っている場面が正面から映し出される。つまり彼はあの大事故を生き延び、今もレースに人生を賭けている、といったことが示される。だが彼の片手は、手首から先が、まるでフック船長のように金属製の義手（というよりも鉤手）となっている。すなわち、事故で不具となったにもかかわらず、彼は情熱を失っていなかったというわけである。

だが、彼の義手はあまりにも唐突であった。青春ドラマにいきなり鉤手が出てくることに、わたしは困惑した。その昆虫の前脚をも思わせるような義手は、情熱とかひたむきさといったものとは結びつかず、妄執とかパラノイアに近いものを想起させた。しかも当時のわたしの語彙には妄執もパラノイアもなかったせいで、何やら異常だけれどそれを指し示す言葉がないといった、きわめてもどかしくまた不安な気持ちにさせられたのだった。

あの映画は、わたしにとってグロテスクなものの記憶として頭の中に分類されている。

十四、うふふ。

——車谷長吉『忌中』

古いニュース映画を見ていた。画像の粒子が粗く、人物の動きもどこかぎごちない。映っているのは地面にしゃがみ、深々と頭を垂れて祈っている老婆である。いかにも田舎の人といった姿格好である。足元の土に何本かの線香が立ててあり、そこから立ちのぼる白い煙が、モノクロの画面全体を曖昧なものにしている。煙は落ち着きなく漂っているが、老婆はほとんど動かない。

彼女が死者を弔っているところであろうことは察せられる。だが彼女の前にあるのは、ただの道や広場と同じようにまっ平らな地面でしかない。土が盛ってあるとか、墓標に相当するものが立てられているわけではない。石ころひとつ置かれていない。区別のつけようもないのっぺりとした地面に線香を突き立て、身を縮めるようにして老婆は祈っているのであった。

しかもその周囲を丸く取り囲んでいる男たちがいる。彼らはフラッシュ付きのカメラを構え、あるいはメモを手にしている。報道記者たちが勢ぞろいして、老婆を囲んで見下ろしているのである。

まことに異様な光景であった。ひどく残忍な雰囲気に満ちた眺めであった。

問題は老婆の息子なのであった。彼は営利誘拐を目論んで幼い子どもを連れ去った。電話で身代金を親へ要求し、結果的に金は受け取りそこねて捕まった。ただし逮捕されたときには、いや電話を入れた時点で子どもは既に絞殺されていた。

身勝手きわまる犯罪であり、冷血なやり口であった。彼は死刑となり、遺骨が故郷の母へと送り返された。その遺骨を埋葬し弔っていたところが、さきほどのニュース映画の光景だったのである。

菩提寺からも拒絶され、葬る場所にも困ったことだろう。母は村八分に近い扱いを受けたことだろう。やっと埋葬場所を見つけても、そこに墓標を立てることは許されなかったのだろう。

それにしても、盛り土もなければ墓石や卒塔婆もなく、ただただフラットなだけの地面というものがあんなに恐ろしく感じられるとは思ってもみなかった。葬られているとか、埋骨されているといったイメージからは程遠く、むしろ地中に閉じ込められているといった印象を与えてくる。そして線香の煙だけが、いやに生々しく渦を巻いているのである。

老母は、立場がなかったことだろう。世間に気兼ねしつつも、とにかく罰当たりな息子の弔いはしなければならない。真っ黒な地面の中へ遺骨を押し込んだものの、墓標もないのでは、あとで埋葬場所を確認することすら難しくなってしまいそうである。位置が判然としなくなることで、やっと村人たちから赦しが与えられる仕組みになっているのか。それとも、暗い地中で誰に気付かれることもなく永遠に閉塞感に苦しめられるように謀ることで、やっと周囲が納得してくれるということか。

わたしはそれまで墓石なんてものは悪趣味の極みで、あんな馬鹿馬鹿しいオブジェは無意味であると蔑んでいた。死んでもなお見栄を張っているようなところがあって、見苦しいことだと思ってきた。墓標の類は俗悪に近い存在だと感じてきた。

しかしあのまっ平らな地面に向かって祈る老母の姿を見て、墓石の不在は恐ろしいことなのだと実感した。あれだったら、成金趣味の墓石であろうとそれなりにあったほうがまだマシである。残された者も、無用な困惑や不安感に苛まれずに済むことだろう。

ローカル線に乗って窓から外を眺めていると、線路ぎりぎりまで墓地が迫っている眺めに遭遇することが珍しくない。古びた墓石や朽ちかけた卒塔婆が林立したまま、ざわざわと先を争ってこちらへ迫ってくるように見えたりする。猥雑に感じられて気が滅入る。自分が死んだあとであるいった光景に参加するなんて嫌だな、と常々思っていた。けれども、あの営利誘拐の死刑囚みたいな埋葬のされ方よりはまだ救いがある。

れたように考え方が変わったのであった。いやはやニュース映画によってもたらされた「暗澹とした気分」の効果は絶大であった。

＊　＊

もしも世の中に「縁起の悪い小説」といったジャンルがあるとしたら、車谷長吉《くるまたにちょうきつ》の『忌中』は間違いなくその代表的作品と目されることになるだろう。

この短篇では死だけでなく死体そのものが執拗に描かれている。物語の筋そのものは単純で、妻を殺した男が自殺を遂げるまでの日々を描いたものである。そして殺された妻と殺した夫とのあいだに子どもはいなかったので、一家は消滅してしまう。残されたのは、顚末を淡々と記した三面記事だけ。そのような、無惨で下世話で悪趣味なストーリーである。

もちろん教訓もなければメッセージもない（たぶん）。ではどこに意味があるのか。それはおそらく、妻を殺した直後に自殺に失敗した夫が、もういちど自殺を試みる（そして成功する）までの奇妙に猥雑な日々が、我々の生活のどこかと相似形であるように感じられるからだろう。わたしは世の中が相似と反復で成り立っていると考えている。退屈と惰性と懐かしさと既視感とで成り立っていると考えている。だからなのか、むしろ簡潔な短篇においてこそ小説は深い感銘をもたらしやすい気がする。

この作品をわたしが好むのは、非常に本質的なものをトレースしているように感じられる「緊張した部分」と、どこか安直で無防備な「キッチュな部分」とが程良く組み合わされているからである。だから興味本位に読んでも面白い。

物語をたどってみよう。

主人公の菅井修治（六六）は、ろくでもない男である。すぐに腹を立てる。感情的になって、他人を怒鳴りつけることもある。亜細亜《あじあ》大学を出て信用金庫の貸付課長をしていたが、仕事上の失敗から四十八歳で金融ブローカーに転ずる。かなり「えげつない」こともした。容赦のない金の取り立てをしたことも数多い。そうやって築後三十年の家をやっと手に入れた。風呂や台所などを別とすれば六畳二間だけの家で、場所は千葉県の流山市にあり、鬱蒼とした竹藪に囲まれているために昼でも小暗い。

この家には妻の二三子も一緒に住んでいる。既に述べたように他に子どもや同居者はいない（ペットも）。索漠としている。

二三子は二十年来、慢性関節リウマチを患っている。指が変形して洋服の釦《ボタン》も掛けられない。痛みも伴う。痺れもある。そうした状態に加え、三年前からは脳卒中が加わった。右半身不随の寝たきりとなり、言葉もはっきりと喋ることが出来なくなってしまった。

この二三子に対して、菅井修治は甲斐甲斐しく世話をしてやった。炊事洗濯は当然のこととして、垂れ流し状態の妻の糞尿の始末や身体を拭き清めること、粥を作って口へ運んでやることまで、熱心に努めた。

ただし次第に介護に疲れてくる。「些細なことですぐにいら立つ修治は、二三子がたれる糞尿を二三子の顔に投げ付けてやりたい衝動を覚えることが、しばしばあった。そうなると、二三子はそれを敏感に感じ取り、さらに困惑した表情を浮かべるのだった」。

夫婦の力関係は微妙な感情に支えられていた。二三子は、利き腕ではない左手で「もう死にたい。」「死だけが私の救いです。」などと紙に書き散らす。すると修治は不貞腐《ふてくさ》れ、あるいはげんなりして、妻を兵糧攻めにする。その結果として二三子が衰弱してくると、この世の中に独りぼっちで残されることが怖くなって、今度は急に修治は優しくなる。粥を作り、味付けをして、冷ましながら彼女の口へと匙を運んでやる。そんなことの繰り返しであった。

二月末の、昼から小雪の降る夕べに、修治は決心をする。

（……）修治は座椅子の横に散らかっている紙に、「今夜、いっしょに死のう。」と書いて、掛け布団を捲った。二三子ははじめ歪んだ顔でその字を見ていたが、急に何かに気が付いたように、目を光らせた。そして頷いた。それから鉛筆を手に取って、しばらく考え込んでいたが、「ながいあいだ、ありがとうございました。」と書いた。修治はほッとした。最後の食事の準備に掛かった。目刺し四尾と野沢菜の漬物に粥である。

こうして食事を終えたあとに（メニューをちゃんと具体的に記すところが、やはり車谷だなあと思う。ただしこういったときに、最後の晩だからとデザートにグリコのプッチンプリンを添えるようなおかしな感覚には与《くみ》しないところもまた、車谷であるのだろう）修治は妻の髪を梳《くしけず》ってやり、唇に紅を差してやり、横にして電灯を消してから手早く絞殺した。引き続いて鴨居に革バンドを通して自分も縊死を図るが、些細なことに気を散らしてしまい、結果として修治は自殺を遂げ損ねる。死ぬタイミングを逸してしまったのである。

そのまま菅井修治は家の中で茫然としたまま四日間を過ごす。我に返ったのは、二三子の遺体から腐臭が漂いはじめたからである。彼は押し入れから茶箱（それが小石川の蒟《こん》蒻閻魔《にゃくえんま》通りで新婚時代に求めたものだとわざわざ註釈を付けるあたりが、物書きとしての上手さなのだろう）を取り出し、彼女の遺体を、膝と腰を折り曲げるようにして納めた。つまり屈葬の状態で、柩は茶箱というわけである。そしてその茶箱をまた押し入れに仕舞ってしまった。すなわち本気で死体遺棄などする気はないのである。

妻の遺体を、せいぜい動物が死骸の上に葉っぱを数枚被せて隠したつもりになっているのと大差のない仕舞い方をしてから、彼は捨て鉢な日々を、自決するまでの約二カ月半にわたって過ごす。この日々こそが作品の眼目だろうが、状況確認と時間経過を示すために、腐敗していく遺体の描写が折に触れて出てくる。時系列に沿って抜き出してみよう。

二三子を茶箱に押し詰めてからは、何とはなしに自宅にい辛い。じっと息を詰めて押し入れの方を見ていると、箱の蓋を開けて覗きたくなるのである。

（……）面白くないので、居酒屋で安酒をあおって、終電で帰宅すると、酒とパチンコに負けた勢いで、茶箱の中を覗こうとした。蓋を開けると、まず強い腐臭が修治の鼻と目を襲った。が、修治は二三子が恋しくて、顔をじっと見た。撫でた。暗赤褐色の死斑の出た顔である。修治は胸いっぱい二三子の死臭を嗅いでから寝に就いた。

（……）また茶箱を開けると、二三子の皮膚がずるずるに剝けはじめていた。

（……）二三子の屍体は十五日目が経過して、皮膚の衣類を身に着けていない部分はすべてずる剝けになり、爪は剝がれ落ち、肉はじくじくに溶け、その溶けた部分が裂け目になって、そこからは肝臓や腎臓、直腸などが腐敗して流れ出ていた。顔は鼻と耳が欠け落ちそうになり、目玉も白濁して、飛び出して来ている。髪は菅井が摑んだ分だけが、ごっそり抜け落ちた。茶箱の底と横板には銀紙で目張りがしてあるのだが、そこには溶けた肉の汁が溜まり、尻の部分の衣が、その肉汁を黒く吸っていた。

（……）家に帰って二三子の顔を見ると、目玉が片方と鼻が下に落ちて、暗い穴が開いていた。

（……）いつものように、茶箱の中を覗くと、二三子の片方残っていた目玉が下に落ち、暗い眼窩の穴が二つ、笑うように修治を見ていた。

その晩、茶箱の中を覗くと、二三子の屍はほぼ白骨と化していた。物凄い腐臭である。抜けた髪が肩にしなだれ、全身の溶けた肉と内臓が汁となって、箱の底に溜まっていた。

こうした一連の描写に、たとえば壮絶さだとか腰の据わった無常観の類を見出すとしたらそれはたぶん過大評価だろう。ただの悪趣味、ただの通俗、ただの大衆文学的装置に過ぎない。B級怪奇小説作家の領分でしかない。

ではこんなグロテスクな箇所は不要なのか。夾雑物《きょうざつ》でしかないのか。そんなことはあるまい。私小説が往々にして自分の愚かさや情けなさを(あざとくも)題材とするように、読者が苦笑したくなるような通俗的描写を確信犯的に混ぜ込むこともまたひとつの戦略となり得るのだろう。いずれにせよ、それで物語が読みやすく、かつ面白くなることは間違いないし、そもそも性格の悪さと愚直さとの境目が判然としないところに車谷の持ち味があったのではなかったのか。

だいたい、茶箱に詰めた妻の遺体を覗かずにはいられない心理にリアリティーはない。いくら愛する者の遺体であろうと、腐敗が進んできたら忌避するものである。ときたま自宅に死者を放置していた事件が報じられるが、腐敗臭のこともあって、また無惨に変貌していく肉体への本能的な恐怖もあって、ビニールシートで何重にもくるんでしまったり、石灰や防臭剤を振りかけたうえで布団袋に密封しようとしたり、死者の視線が怖いからと解体してしまうなどの行為のほうが普通である。頻回に茶箱を覗き込み、かつ腐臭をわざわざ吸い込むような精神を納得させるだけの描写がないので、悪趣味のための悪趣味にしかなっていない。

ただし、読者としてはそのような暴走をしかねない作者というものをどこかで期待しつつ読んでいるのであって、だから眉をしかめたりしない。そういった点では、読者と作者とが協力しあって出現した描写ということになろう。「お約束」が期待を裏切ることなく登場してくるのが、通俗小説の必須条件なのである。

どうもこの作品を貶《おとし》めるようなことばかり書いているが、わたしは本作に大変な好感を抱いている。それは菅井修治が妻の死骸を茶箱へ詰め込んでからの日々の過ごし方に、深い共感を覚えるからなのである。

自宅には腐臭が漂っているし、遺体が気に掛かる。居づらい。だが暗い秘密を抱えたまま気楽に出掛けて行ける場所は案外と少ない。意味もなく朝から晩まで過ごせる場所をみつけることは難しい。本当は、彼は将棋が好きなのだけれど、家の近くに将棋倶楽部はない。仕方がないので、朝からパチンコ屋へ行って負け、居酒屋で独り酒を飲んで帰ってくる。まことに非生産的だが、近々自決するつもりなのだから、どうでも構わない。年金をパチンコと安酒に注ぎ込み、自分を無一文の状態へ追い込むことで自殺へのスプリングボードにしようと修治は思っていた。だがそんな時に限って、意外にも日々は静謐《せいひつ》に流れていく。

ここで歌手の園まりが登場する。修治はたまたま電車の中吊り広告で、越ヶ谷のヘルシー・ランド「アクエリアス」で園まりショーが開かれることを知る。園まりは昭和四十年前後に活躍した歌手であり、ヒット曲も多いがここ四半世紀近くは引退同然である。修治はかつて園まりのファンだったのである。

（……）かつてはNHKの「紅白歌合戦」に出たほどの人が、越ヶ谷くんだりの健康ランドの舞台に立つというのは、言うなれば「どさ廻り」だ。修治はそこに何か酷《むご》いものを感じた。

けれども修治は「どさ廻り」であろうと何であろうと、いったん「死んだ者」（引用者注・歌手として、引退同然の生活を送ることは死んだ者になるということ）が生き返って来たことに、ある種の救いを感じた。

ここに記された「救い」とは何なのだろうか。ああ、園まりも頑張っているなあ、じゃあ妻殺しの俺もひとつ気合を入れて生きていかなくちゃ！　といった気持ちを喚起させる意味での「救い」であるのだろうか。

おそらく、「救い」には二つの種類がある。ひとつは、破産寸前のところへブラジルの叔父から膨大な遺産が転がり込んで助かったといった類の、「都合のいい出来事」としての救い。いまひとつは、実際には何の役にも立たないが、気分的に孤立感を打ち消してくれおまけに活力をもたらしてくれる装置としての「救い」である。後者が成立するのは、つまり世の中が相似と反復で成り立っているからであり、だから「だったら俺にも立つ瀬があるのかも」といった錯覚をもたらしてくれる。その場合に救いをもたらしてくれるのは、自分とは大いに異なったジャンルの人間でなければならず、そうでなければ嫉妬しか生じない。一緒に文学修行をしていた仲間が芥川賞を取っても、「ならば俺にも可能性はありそうだ」と心の底から喜ぶ者などいないだろう。そういった点で、スターは常に一般人と大きく隔たった世界の住人であるがゆえに、我々に救いをもたらしやすい装置として機能するのだろう。

で、園まりである。彼女が「生き返った」ことが、もはや殺人者である修治になぜ救いを感じさせたのか。

菅井修治は自殺への腹が括れるまでの「とりあえずの日々」を送っているのである。近いうちに死の世界へと踏み込むことになっている。そんなときに、まるで彼と入れ替わるかのように、園まりは「死んだ者」から復活してきた。しかも彼女は修治なりの良い思い出と華やかさとを纏っている。そうした存在と一時的に入れ替わるのであれば（やがては、誰もが死者となる）、死への恐怖感は麻痺することになるだろう。ためらいは消えることになるだろう。

小説の中では、修治があえて図書館へ出向いて『日本歌謡曲大全』を繙《ひもと》き、ご丁寧にも園まりのヒット曲である「逢いたくて逢いたくて」「夢は夜ひらく」の歌詞を書き写す場面が描写される。実際に一頁以上を費やして長々と歌詞が引用されているのである。このさながら写経のような営みは、当然のことながら修治の死の覚悟を再認識するために行われている。

園まりはキッチュな救済者である。彼女が場末の健康ランドへ出現するという事実のみによって、八方塞がりの殺人者に「救い」を感じさせてしまうのだから。彼の「自決」へと背中を押してあげているのだから。自死の暁には三面記事というステージを彼に約束しているのだから。

園まりショーの当日、はるばると菅井は越ヶ谷にまで出掛けた。鉄筋コンクリート三階建てのヘルシー・ランド「アクエリアス」に二千円の入場料を払って入り、二百畳敷きの大宴会場へ赴いた。会場は既にヒマな老人たちで超満員で、席を見つけてビールを飲みながらショーを待っていると、各種ご宴会うけたまわりますと墨書した紙が壁に貼ってあった。「忘年会、新年会、結納、謝恩会、団体会合、節句、七五三、記念祝賀会、結婚式の二次会、誕生会、歓・送迎会、同窓会、発表会、ご法要と列挙してある。菅井は今日は二三子のご法要じゃ、と思うた」。

忘年会とか七五三とか、思いつく限りの宴会の理由が貼り出されているのをいちいち読んで、その中からわざわざ「ご法要」を選び「今日は二三子のご法要じゃ」などと馬鹿げたことを思う描写は、素晴らしい。殺人を犯し、自分も死を選ぶことにしている男にとって、世界は微妙にリアリティーを失っている筈である。彼は離人《りじん》感に囚われ、ごく当たり前のものが、いや当たり前であるがゆえに普段とは違って珍しく映ったり、馴染みのない不思議な存在として立ち現れているだろう。健全な日々を送っている限りは目にもとめないような下らない貼り紙や品書きやビラなどに、奥行きのある啓示を見出すような精神状態というものが、明らかに存在するのである。

やがていきなり園まりが舞台に出てきて、「何も云わないで」を歌いはじめる。四十年近く前に妻とテレビ局の前でちらりと園まりを見掛けたことがあって、驚いたことにそのときとまったく彼女は変わっていない。歳をとっていない。

（……）菅井は何かおろおろするような気持だった。二三子が「死の女神」だとするならば、園まりは「愛の女神」だと思うた。胸にふるふる戦慄を覚えた。客席から「ひィぃ、まりちゃんッ、ええぞうッ。」と歓声が上がる。口笛を吹く者がいる。園まりが「生き返った」ことに感動しているのは、菅井だけではないのだ。

熱狂し感動する老人たちの純粋さと見苦しさとの混淆が、読者である自分の将来の姿と重ね合わされて、つくづくとげんなりした気持にさせてくれる。なるほど園まりは「愛の女神」かもしれないけれど、本当は「腰痛と尿洩れの女神」「抜け毛と加齢臭の女神」「皺と入れ歯の女神」「感情失禁と記憶障害の女神」でもあるのだ。

ショーが終わったあと、修治は風呂に入り、それからマッサージ室へ行った。四十分三千五百円という値段のせいか客は一人しかいない。修治が金を払うと、意外にも四十前後の大層な美貌の女があらわれた。美女だが高慢なところはない。山田明美という気さくな女で、もとSKDのダンサーだったが、いつしか場末のマッサージ師に落ちぶれている。彼とは、まことに気取らない会話を交わす。

「あたしは茨城県水海道《みつかいどう》の、町外れの豚屋の娘よ。」

「ブタヤ?」

「養豚業のことを豚屋と言うのよ。家の中が豚のウンコやオシッコの臭いで臭いの。あたしはそれが厭で、中学校を出ると、東京へ飛び出して来たの。親はね、いま時、水戸徳川家のお殿さまだって養豚業をなさっていらっしゃるんだから、って言うんだけど。」

「はあ、俺の家も家の中は臭いよ。」

「あら、どうして。」

「うふふ。」

修治の「俺の家も家の中は臭いよ」との台詞は、もちろん妻の二三子の遺体が腐乱して悪臭を放っていることを指している。ついさきほどまでは「今日は二三子のご法要じゃ」と思いつつ、いまでは自分の身体へ馬乗りになった美人マッサージ師へ向かってこんな謎掛けをして楽しんでいる。一貫性がない。

だが、罪を背負い暗い秘密を抱えた者にとって、「うふふ。」という薄笑いはある種の救いでありまた醍醐味でもある。不安感と諦めの気分と屈折した優越感とが混ざり合って、おそらく奇妙な平穏が修治の心には訪れているに違いない。彼の態度の二重性には、他人の家の天井裏や床下に潜んで息をひそめているかのような楽しさが伴っている。わたし個人としては、もちろん修治みたいな立場になりたくはないが、「うふふ。」に伴う陰惨な喜びには共感するところがある。

鬱病患者は別として、自殺を真剣に考えてみたことがある者ならば、実行の手段や日時について思いを巡らせつつ、世の中に対して歪んだ優越感を覚えることはむしろ当然ではないのか。そしてそのとき、目の前に広がる日常の光景には奇妙な新鮮さが伴っていることだろう。事物の輪郭は普段以上にくっきりとし、あらゆるものが明瞭に映ることだろう。コントラストはどぎついほどに鮮明となり、当たり前だった筈の事物の形状がいかに奇異なものであったかに気付くことだろう。親しげに話しかけてくる相手には、表面的な返答をしつつ「うふふ。」と心の中で笑うことだろう。それはまさに醍醐味なのである。

菅井修治は、自暴自棄そのものの行動を取る。サラ金から借金をしまくるのである。その金はすべてマッサージ師の明美に注ぎ込む。どうせ死ぬつもりなのだから、返済のことなどに悩む必要はないし、むしろ自分が徹底的に追い込まれなければ自殺への決断が鈍りかねない。

というわけで彼は池袋西武百貨店の六階のクリッツィアで明美に服や靴やバッグを買い与えてやる。ディオールでは毛皮のコートを買う。まさに後先など考えない。すると明美はいかにも場末の女らしく、連れ込みホテルで彼に身体を捧げる。それが彼女なりのせめてものお礼というわけである。

修治はどのようにして自身の生へ決着をつけたのだろうか。捨て鉢でもあり、また淡々としていたともいえる日々を過ごした挙げ句の五月中旬、彼はひどく芝居がかった行為に及ぶ。

燈《あかり》をつけて、便箋を取り出した。墨を磨《す》って、「警察の方へ。／奥の茶箱の中に妻の死体があります。私の死体ともども、よろしく処分をお願いいたします。私には借金があります。菅井修治。」と記した。その紙を裏返すと、墨で黒枠を作り、真ン中に大きく「忌中」と書いた。それを玄関のガラス戸に「忌中」を表にして、貼り付けた。内側から鍵を掛け、奥の六畳間に戻った。茶箱の中を、も一度覗いた。押し入れの襖を閉めると、鴨居の下に踏み台をおき、紐を掛けた。菅井は燈を消した。も一度、踏み台に上った。

さて物語は、ここで終えても形は整う。題名と内容とがきちんと照応して、余韻が残る。さもなければ、ぶら下がった修治が失禁して舌を出して果てる描写を加えても良いのかもしれないし、彼の遺体の腐臭が妻の腐臭と混ざり合うところを書いても良いのかもしれない。いくらでも書きようはあるだろう。しかし車谷は、最後に新聞記事の引用を提出する。朝日新聞の平成十五年（二〇〇三）五月二十七日夕刊に載っていた記事である。

〈玄関に「忌中」…自殺

二十六日夜、千葉県流山市東深井、金融ブローカー菅井修治容疑者（六六）方の玄関の戸に、「忌中」と墨書した紙が張りつけてあるのを、借金の取り立てに来た埼玉県内の金融業者が見つけ、流山署に届けた。同署で調べたところ、台所で修治が首をつっているのが見つかった。また、妻三三子さん（六二）の死体が六畳間の茶箱の中につめ込まれているのも発見され、「忌中」の紙の裏に修治が書いたとみられる遺書めいた走り書きも残されていた。

死体の状態や遺書の内容から同署は、二ヵ月半前に病気を苦にして自殺した二三子さんの死体を修治が放置したうえ、多額の借金を抱える修治もあとを追って自殺したものとみており、死体遺棄事件として調べている。〉

すると作者はこの新聞記事をもとにフィクションを作り上げたのか。(おそらく)名前だけは変えて、想像力を駆使して三面記事の背後をドラマに仕立てたのか。当初はそう思ったし、車谷は私小説作家廃業宣言をしたときに、新聞記事の切り抜きをたくさん保存しているのでこれからはそれで話を作るようなことを言っていた気がする。そんな知識もあったので、余計にこの記事は本物だろうと思った(実は五割くらいの確率で)。それに朝日新聞に載っていたと明記し、ついでに毎日にも讀賣にも同様の記事が載っていたと記している。さすがに嘘だったら具体的に新聞の名前までは書くまいと推測したのである。

しかし一応好奇心から縮刷版を調べてみたら、こんな記事は載っていなかった。日にちがずれていたわけでもなさそうであった。案の定? わたしは鼻白んだ。作者としては、「うふふ。」といったところなのであろうか。

(追記)

『文學界』に書いた段階では、右記の通りにモデルとなる新聞記事は見つかっていなかった。しかしその後、小説内の引用にほぼ合致する記事の存在が判明した。なるほど朝日新聞の夕刊ではあったが、掲載の日時は大きく異なり、昭和五十九年（一九八四）八月十八日であった。以下に実際の記事の引用をしておくが、またしても作者の「うふふ。」とほくそ笑む声が聞こえてきそうな気分である。

〈玄関に「忌中」の紙張り、自殺、野田で病気と借金苦の老夫婦

十七日夜、千葉県野田市尾崎、金融ブローカー岡田幸八（六四）方の玄関の戸に、「忌中」と印刷した紙が張りつけてあるのを、借金の取り立てにきた埼玉県内の金融業者が見つけ、千葉県警野田署に届けた。同署で調べたところ、台所で幸八が首をつって死んでいるのが見つかった。また、妻錦さん（六五）の死体が十畳間の茶箱の中につめ込まれているのも発見され、「忌中」の紙の裏や十畳間にあった大学ノートに幸八が書いたとみられる遺書めいた走り書きも残されていた。

死体の状態や遺書の内容から同署は、二ヵ月半前に病気を苦にして自殺した錦さんの死体を幸八が放置したうえ、多額の借金を抱える幸八もあとを追って自殺したものとみており、死体遺棄事件として調べている。

遺書によると、六月四日、幸八と錦さんが、錦さんの高血圧を苦にして家の中で首つり自殺しようとしたが、錦さんだけが死に、幸八は死に切れなかった。幸八は死体の処置に困り、茶箱につめて隠した。また、幸八は、金融業や知人らから五百万円以上の借金があ

った。

遺書には、借金の支払い能力がないため、「死にたい」などとも書かれており、妻の自殺と借金を苦にした幸八が後追い自殺したらしい。ただ、妻の自殺をなぜ警察に届けず、二ヵ月半も放置していたかなど、不審な点もあり、さらに調べている。

幸八夫妻には、子供や身寄りがなく、近所付き合いもほとんどなかったことから、近所の人たちは事件には気づかなかった。〉

＊　＊

人はびっくりするほど簡単なことに、気がつかないときがある。

学生時代に、内心あまり好きでない男が話しかけてきたことがあった。つまらぬことを、いやに熱心に喋っている。わたしは左手で自分の鼻を覆い隠し、右手で鼻の穴をほじりながら、耳を傾ける「ふり」をしていた。相手はいつまでもべらべら喋っている。わたしの行為が何なのだか当然分かっているだろうに、不思議なことだと思った。

相手が一息ついたところで、うふふと笑ってから、「俺、ずっと鼻をほじっていたんだけど、知ってた？」と尋ねてみた。すると彼は一瞬呆気にとられてから、憤然として立ち去ってしまった。四十年近く前のことである。

十五、昆虫的

——内田百閒『殺生』＋ブルーノ・シュルツ『父の最後の逃亡』

恐ろしい話や気味の悪い話は、それを微に入り細を穿って語られたほうが〈耳にしなければよかった物語〉として効果的なのか。それともどこか曖昧で茫洋としていたほうが想像力を揺さぶることになるのか。前者はスティーヴン・キングの小説のように下品になりかねないし（そこが味わいどころでもあるが）、後者はたんなる描写力の不足のように感じられることがある。

内田百閒の随筆に『殺生』という四百字詰め原稿用紙でわずか四枚にも満たない作品がある。幼年時代に、生き物に対していろいろと残酷な仕打ちや殺生をしたという思い出を淡々と綴っている。遠い昔の罰当たりな所業に対して詠嘆してもいないし、子どもがときに示す残忍さを訳知り顔で説いてみせるのでもない。そのあたりの呼吸が素晴らしい。

とにかく惨《むご》いことが列挙してある。猫や犬を執拗に苛めたこと、「頭が少し変」な級友（これも生き物のうち）に悪さをしたこと、生きた鮒《ふな》を面白半分に熱湯へ放り込んだり、這っている蟹へ煮え湯を注いだことなどが記される。そして最後に、蛸《たこ》の話が出てくる。

海水浴に行つた時、生きた蛸を貰つて来て、バケツに入れたまま二階に持つて上がつたら、いつの間にか水から這ひ出して、床の間を走つてゐた。その様子が憎らしいので、お灸を据えてやらうと思つたけれど、生憎艾《あいにくもぐさ》がなかつたので、祖母の刻莨《きざみたばこ》をもんで、蛸の頭にのつけ、蚊遣線香で火をつけた。段段に煙草の玉が燻《くゆ》つて行つて、火の玉の下に廻り、蛸の頭に触れたと思ふ途端、蛸は頭から八本の脚の突尖《とつさき》まで、さつと一どきに色が変つて、死んでしまつた。

これで作品は終わりなのである。読んでいたわたしは、本を取り落としそうになった。頁と頁のあいだに大きな虫が潰れて挟まっていたかのように反応した。ぞっとしたのである。「頭から八本の脚の突尖まで、さつと一どきに色が変つて、死んでしまつた」という件《くだり》に、まさに生理的なレベルで精神を逆撫でされたからである。

さてここで気になるのは、火の点いた刻莨が遂に蛸の頭に触れた刹那、いったい蛸の全身は何色に変わったのかが書かれていないことである。妙にリアリティーのある描写なのに、具体的な色が書かれていない。そのことが〈書き落とされている〉とか欠落しているようには感じられず、むしろよりダイレクトに〈殺生の瞬間〉を際立たせている。

つまりこれはモノクロ・フィルムの映画を見ているようなことなのかとも思うのだが、蛸の話の前に「津蟹を捕まへて来て、這つてゐるところを、甲羅の上から、煮え湯をかけたら、忽ち脚が胴体から離れて、みんなばらばらに転がり、その離れ目から、どろどろした青い汁が少しばかり流れ出したので、気味が悪くなつた」という文章が先行している。こちらにはちゃんと色彩がある。おそらくこの違いというか使い分けに文章という表現形式が持つ大いなる秘密が示唆されていそうであるが、考え詰めるとかえって何が何だか分からなくなる。さながら中島敦の『文字禍』にある有名な一節、「一つの文字を長く見詰めている中《うち》に、何時《いつ》しか其の文字が解体して、意味の無い一つ一つの線の交錯としか見えなくなって来る。単なる線の集りが、何故、そういう音とそういう意味とを有《も》つことが出来るのか、どうしても解らなくなって来る」に近い気分を覚える。

結局、百閒のような名人芸は到底真似られそうにない。だが恐ろしい話の中には、むしろ市井の人が思いがけず発した言葉であるからこそ迫力を持ち得る場合もある。

ある実業家が亡くなった。決して若死にというわけではない。脳卒中で倒れて翌日に息を引き取ったので、そう悪い死に方でもない。この実業家は世間ではなかなか強面《こわもて》で通っていたようだったが、実際には結構小心者の側面もあり、そこは気丈な美人妻が支えてキャラクターが成り立っていたという。で、葬式が終わっていよいよ本人が荼毘《だび》に付される寸前、喪服の妻は棺に駆け寄って、「あなた、怖くないですからね！」と声を掛けたのだという。

それだけのことなのであるが、この話はむしろ笑い話に属するのだろうか。火葬を控えた死者に向って「怖くないですからね」と言っても意味はあるまい。どこか音程の外れた愛妻ぶりを示したユーモラスなエピソードということになるのだろうか。少なくとも、この話を披露してくれた人は、そのような文脈で理解していたようであった。

だがわたしは、嫌な話だなあと思わずにはいられなかった。そもそも火葬というものがわたしには恐ろしい。瞬時にして灰になってしまうならともかく、骨を拾える程度に焼かれるのが無残で未練がましく受け入れ難い。といって悪臭を放ち蛆《うじ》を湧かしつつ腐っていくのも嫌だし、ミイラにされるのはもっと嫌である。鳥葬で妥協したいところだけれど、実現は難しい。フリーズドライにして粉々にしてもらえれば嬉しいのに、そう簡単に実行出来ることでもないらしい。

いずれにせよ、これから火葬されようとしているのに「あなた、怖くないですからね！」などと言われたら、死者としては立場がない。心遣いは嬉しいけれど、余計に怖くなってしまいそうではないか。それに、「怖くない」と妻が言い切るのに根拠はあるのか。ただの気休めではないか。

馬鹿げた言い草に聞こえるかもしれないが、わたしの妻は「あなた、怖くないですからね！」と棺の中に横たわっている当方を励ましてくれそうなタイプの女性なのである、たぶん。だからこの話は生々しい。そしてわたしはもっと別なことに連想が及んだために、なおさら激しい不安に囚われてしまったのであった。

カフカの『変身』みたいなことが我が身に起こったとき、毒虫だか甲虫だかに変貌してしまったわたしに向かって、妻は、十中八九、「あなた、怖くないですからね！」と言ってくれそうな気がするのである。が、わたしは発声器官を失っており、返事すら叶わない。分節された腹を上にして無数の脚をぞわぞわ動かしながら、ザムザ同様のわたしは上下がひっくり返っている状態に苦しむ。すると妻は、モップの柄を梃子にするといった類の工夫をして、わたしを楽な姿勢へ戻してくれることだろう。彼女はわたしの顔見知りの医者たちへ直ちに連絡を取って、この奇態な出来事は病気なのか、病気ならば何科の医師が扱う種類のものなのか等をてきぱきと聞き出してくれるだろう。毒虫となったわたしが好む食べ物も、試行錯誤を重ねてたちまち同定してくれることだろう。

そんな様子が目に見えるようで、するとわたしは恐怖と絶望と妻の甲斐甲斐しさの前で泣き笑いのようなおかしな表情を浮かべることだろう（毒虫が表情を浮かべられたら、の話だけど）。

わたしは昆虫が大嫌いである。おぞましい。共感するとか擬人化することがまったく不可能に思え（たとえばみなしごハッチは、巨大な蜂の胴に子どもの頭を合体させただけのキマイラであり、擬人化ではない。ただの怪物である）、盲目的な悪意のカタマリのように思える。しかもその悪意は、とんでもない場所に卵を産みつけるとか、寄生した挙句に体壁を食い破るとか、勝手に食べ物の中へ潜り込むとか、大挙してぞろぞろ室内に侵入してくるとか、そういった陰険な形で実現される。彼らの形態はきわめてメカニカルで、しかしそのような合理的な姿をしているのになぜ子孫を残す以外の目的を持とうとしないのかがまったく解せない。造化の神の悪ふざけとしか思えないし、何かしら突飛な意思をプログラムされているようにも見える。

昆虫の延長で、蜘蛛も節足動物も甲殻類も駄目である。したがって食材に海老や蟹が使われていたら、絶対にその料理には箸をつけない。ときおりソローの『森の生活』に憧れるけれど、昆虫も蜘蛛も節足動物も我慢出来ないのでは到底ウォールデンの森で暮らしてはいけない。

そしてもうひとつ気になることは、果たして昆虫は不潔なのか否かということなのである(たとえば砂糖壺の中で一匹の昆虫が蠢《うごめ》いているのを発見した場合、そのまま砂糖を平気で紅茶へ入れることが可能かどうか)。もちろん、蠅とか腐ったものにたかる虫は細菌に汚染されているだろう。しかしたとえば蟬や飛蝗《バッタ》や蟷螂《カマキリ》は不潔なのか、それとももっとニュートラルなものなのか。どっちだってよさそうなものかもしれないが、そのメカニカルさゆえに無機物の持つ冷たさに通じそうな印象と、外骨格に被われた柔らかくどろどろした内臓の生臭そうな印象との落差が常にわたしを脅かす。彼らは行動が有害な場合と、物質としての身体が有害な場合があり得る。油断がならない。あらゆる意味で、昆虫やそれに類似した生き物たちは、存在そのものがまったく〈気を許せない〉。

五十歳にして路上でナチスに殺された作家ブルーノ・シュルツは、果たして昆虫恐怖症や甲殻類恐怖症であったのだろうか。彼の不条理な小説には、おぞましい姿として甲殻類や昆虫がしばしば出てくる。よほどの嫌悪感を抱いていなければ、あそこまで迫真的には書けないのではないか。

シュルツはマゾヒストや不具をテーマにした版画の連作を製作したり、精神を病んだ父に対する複雑な思いがあったり、さらには昆虫・甲殻類恐怖症疑惑があったとなれば、精神科医が小賢しい知識をひけらかして作品を分析してみせるにはうってつけの題材である。ただしそんな不毛なことにわたしは関心がない。さしあたっては、シュルツの嫌悪に満ちた書きっぷりを鑑賞してみたい（工藤幸雄訳）。

彼の作品には、父が出奔してはさまざまな姿に変身して家に戻り、そしてまたしばらくすると行方をくらましてしまうといったパターンの反復される短篇小説群がある。その中でも『父の最後の逃亡』は、個人的にはもっとも気味が悪い。

この作品の中で、父はザリガニだかサソリに似た甲殻類となって登場する。サイズはロブスター位だろうか。

（……）床に皿を置き、私と母とは、その上に屈《かが》み込んで、こんどは仔細に彼を観察した。何対かある弓なりの脚のあいだに沈み込んだようになり、それはかすかに脚を動かしていた。いくらかもたげ気味にした鋏とひげは傾聴する気配であった。私は深皿を傾けてやった、すると父は注意深く躊《ため》らいがちに床に降りたが、足元が平坦であることを確かめると、とつぜん、十本ほどの脚をいっせいに動かして駈けた、節足動物の硬い骨がかたかたと音立てた。私は行く道を塞いだ。父はゆき惑い、波状に動くひげで障碍物《しょうがい》に触れ、それから鋏を上げて脇へ折れた。私たちは決めた方向に彼を走るようにさせた。そのほうだと隠れ場所になるような家具はひとつもないのだった。波立つように痙攣しながら、たくさんの脚を操って彼は走り、壁まできた、と見るより早く、彼はそこに停まりもせずに、歩脚の全装備を動員して軽々と壁を這い登った。私は、壁紙をかさかさと鳴らして進んでゆく多足の歩行を、本能的な気味悪さを抱きながら目で追った。父はやがて壁に嵌め込みになった台所のちいさな食器棚まで行き、その角のところで一瞬身を折り曲げ、鋏で棚のなかを探ってからそのなかへ入った。

いったいこの描写にあるのは父親になぞらえられた甲殻類なのだろうか。しかしおよそ親しみのある要素はなく、違和感と唐突さのみが描かれている。まさにわたしが甲殻類や昆虫に抱く〈おぞましさ〉が表現されており、父親の姿の記述であるとは夢にも信じ難い。だいいち「私と母」とは、この甲殻類を庇護しようとしているのか、それとも慄然としながら遠巻きにしているだけなのか。父の姿は臆病で無害のようでもあり、反対に危険で害毒を及ぼしそうな形にも映る。

それでも、父は家族の一員なのであった。叔父だけが父を嫌っていた。

父は、体を長く伸ばし、脚で立っていてこそ身軽に機敏に動いたが、あらゆる甲殻類の例に洩れず、いったん裏返しとなると、全く無防備になってしまう。脚という脚をむやみに動かしながら、背なかを軸に途方に暮れて回転するさまは、不様であり、また哀れでもあった。彼の解剖図——仰向けに寝て、何の蔽《おお》いもない剝き出しの節々に分かれた腹部のひどくあけすけな仕組みのようなものを見せつけられるのはやりきれなかった。そういうとき、叔父のカロルは椅子から跳び上がって、踏みつけようとした。私たちは救援に駈け寄り、父のそばに何か物を置いてやった、父はしゃにむに鋏でそれにつかまり、うまく正常の姿勢に戻る、起き直るや否や、稲妻のようにジグザグを描きながらふだんの二倍もの早さで走り出すのだが、それはみっともない転倒の記憶を消し去ろうとするかのようであった。

少なくとも父の様子は尊敬に値するものではなさそうである。深い傷を負った挙句に人間以外の生物に変身して帰郷した傷痍軍人みたいに思えなくもないが、むしろ賭けに負けて、負債を払う代わりに変身をさせられたかのような〈なげやり〉な雰囲気や〈恨みがましさ〉が伝わってきてげんなりする。

変身した父はいつしか家庭に溶け込み、ずっと以前からその姿のまま家長であったかのような態度をとるようになる。もちろん変人のカロル叔父だけは父を嫌っていたが。それなのにある日、悲劇は起こったのであった。

（……）そのとき、父は皿に載せて運び込まれてきたのだった。そこに横たわっている父は料理されたために大きく膨らみ上がり、ぼやけた灰色をして、ゼリーをまとっていた。私たちは毒を盛られたように静まり返って坐っていた。ひとりカロル叔父だけは、フォークを皿のほうへ伸ばしかけたが、私たちにいぶかしむ目を向けると、自信なげに中途でその手を下ろした。

すなわち父は殺害された。よりにもよって妻の手で。さらに、死体としての尊厳など無視され、甲殻類の姿にふさわしく遺体は料理へと転化されてしまった。母は自分でも気づかないうちに、魔が差して、甲殻類を家族ではなく食材と見なしてしまっていたのである。

姿かたちからいっても、決して人肉食の範疇とは考えていなかった。惰性としての主婦の営みが発揮されただけのことだったのである。

殺人はなかった、客観的には。

もちろん皿の上の父を食べようとする者は（変人のカロル叔父以外には）いなかった。だが残飯として捨てるわけにもいかない。皿は居間へ下げられ、写真アルバムやオルゴール付きのたばこ入れと一緒に「ビロードのクロスを掛けたテーブル」に置かれることになった。すると——

（……）数週間、身動きしないまま横たわったあと、父はわずかながらも体力を回復し、少しずつ自分をとり戻してくるようであった。ある朝、皿は空になっていた。一本の脚だけが皿のふちに残っていた、それは父の逃亡の痕を止める干上がりかけたトマトソースとゼリーのなかに落ちていた。料理され、脚をなくしながら、それでも父は残る力を振り絞ってさらに放浪の旅へ出かけていった、こうして私たちは二度と父を見なかった。

これが小説の末尾である。脚が一本だけ残っていたところが厭わしい（もしも父が人間の姿に戻ったとしたら、身体の一部が欠損している結果となるのだろうか）。昆虫や甲殻類は身体の一部を損なわれたり失ったりしてもおよそ怯《ひる》む様子がなく、痛覚にも喪失感にも無縁のように見える。身体はあまりにもメカニカルなゆえに感情を必要とせず、ではこの姿のどこに生命なるものは宿り、どこに思考が封じ込められているのかと不可解な気分になる。ときにはあまりにも巧妙な擬態をしたり、ときには想像もつかないような攻撃を行ったり、彼らはあの小さな体に何らかの〈観念の断片〉だけを妙に鮮明に抱いているようで、しかしいかなる精神の切れ端なのかが不明であるところも薄気味が悪い。

シュルツの短篇には、父があぶら虫に変身して家から失踪してしまうものもある。題名はそのまま『あぶら虫』で、変身の過程が記されている。


（……）夜遅く、私は蠟燭の光のなかで床の上にいる父を見かけた。父は素裸で床に腹這っていた、その軀にはトーテムの黒い染みを点々と見せ、あばら骨の線をくっきりと浮き上がらせながら——それは外側に透して見せる解剖模型の挿絵のようだ——四つん這いになっていた——縺《もつ》れ合った道の奥深くへと父を引きずり込む嫌悪の魔力にとり憑かれて。父は奇怪な祭儀を思わせる節足動物の複雑な運動を見せて動き回った、私はそこにあぶら虫の儀式の模倣を認めて竦然とした。

そのときから、私たちは父を見放した。あぶら虫との類似は日を追って明瞭の度を加えた——そして父はあぶら虫に変わった。

なるほど昆虫や節足動物や甲殻類は、その動きや形態に見知らぬ宗教、いや邪教めいたものを感じさせる。つまり彼らにはおよそ我々には考えの及ばない姿をした神様がいるわけで、その神様は常に生贄を要求している気配がある。あぶら虫の神様や百足《むかで》の神様、ベニシタバの神様やタカアシガニの神様、オオグソクムシの神様やショウジョウバエの神様（……）たちが、我々の頭上にはひしめいているのである。

昆虫やら海老・蟹・百足の類のもたらす嫌悪感について的確に述べたものはないかと探していたら、ポール・シェパードの『動物論——思考と文化の起源について』（寺田鴻訳、どうぶつ社、一九九一）という本があった。その中でシェパードは語る。

昆虫やクモは、われわれが事物を生息空間に位置づけることによって秩序を作り出そうとする努力を脅かす。境界線上の居住者である彼らは、明確な区別の必要性に対立する。これらの生き物は分離地帯である隙間とか、物の下とか、場所と場所との間に住んでいる。飛び回る昆虫はわれわれの頭の周りに群がり、またわれわれのからだにある穴の近くに群がるが、その穴はそれ自体境界線上にある場所である。ヒトや動物のからだに住みつく寄生虫は不定型の生き物であって、内部にも外部にも属さず、われわれの一部でもなくわれわれから離れてもいない。昆虫は這うが、それは歩行と遊泳の中間である。芸術作品におけるミニアチュアはオリジナルを単純化したものだが、そのようなものとしてそれらはわれわれの知覚を方向づけ、助ける。けれども、縮尺された昆虫は彼らの奇怪な細部によって裏切られている。さらに悪いことには、昆虫たちは形態のもつ親近感と生息場所の特殊性に一貫して逆らおうとしている。さらに、種類の数が非常に多いので、彼らは変容の泡立つような秘密の世界を予想させ、繁殖力で威《おど》し、変態で脅かしている。昆虫は一定の比率からはずれていて、われわれが住む中間世界、あらゆるものの中で最も危険な境界の周縁に住んでいる。

こういった痒いところに手が届くような文章には、なかなか出会えるものではない。まさにわたしの気持ちを代弁してくれている。さらにシェパードはこんなことも記している。

どっちつかずのあいまいな構造、誇張された大きさ、恐しげな変態、これらがモンスターを作る際の主要な様式である。もう一つは可動性ないし自動性というわれわれが深くとらわれている先入観である。小さい子供のときから〝あいつらの動き方〟や〝自分たちの動き方〟ということについて強烈な感覚が存在している。このことが、ヘビやハゲタカに対するわれわれの恐怖感、海と、たとえばそこにいる人喰いザメに対する恐れを多少なりとも説明しているのではなかろうか。

まさに動きに対する「強烈な感覚」は存在しており、だからシュルツが甲殻類と化した父の動きについて「波立つように痙攣しながら、たくさんの脚を操って彼は走り」、とさもおぞましげに語るのも当然だろう。

ところで、この章のタイトルにおいてわたしは〈昆虫的〉という言葉を提示した。もちろんこんな言葉は、辞書には載っていない。個人的な造語（それが精神疾患によってなされた場合には言語新作とよばれる）に過ぎない〈昆虫的〉は、なぜ必要であったのか。昆虫はそれを捕獲し標本を作製するマニアが少なからずいる。それは昆虫の形態がそれなりにまとまりが良く、合理的で精巧でくっきりとした輪郭を備えているからだろう。しかもその形態には微妙なバリエーションが数多く存在し、蒐集分類の楽しみも提供してくれる。良質な標本は、昆虫の左右対称な姿を見事なオブジェとしてピンに託す。

だから生命のないものとしてならば、昆虫がコレクションに値するものであろうことは理解が出来る。だがひとたびそれが生き物として勝手に動き回り、隠れ潜み、棲み付き、卵を産み、増殖し、不意打ちのようにして日常生活の中へ姿を現すようになると、それは脅威以外の何物でもなくなる。たとえ無害な昆虫とされているものであろうと、所在と個体数が不明な限りわたしは我慢がならない。彼らに感情と痛覚とが欠落している限りは不気味であり油断がならない。擬人化が困難な以上は親しみを覚えられないし、生物としての構造体が外骨格である限りは内部に封じ込められた異形の思考やイメージに歩み寄る余地はなさそうに感じられる。

そもそも昆虫の目が濡れておらず透明でもないところから、もはや理解をしかねる。心の窓がまったく異質なのである。おまけにシェパードが言うところの〝あいつらの動き方〟の唐突さが生理的に恐怖を喚起する。〝あいつらの動き方〟をヒトが真似出来たとすれば、それは怪物の登場である（以前、テレビでタモリが蝿の動作を真似してみせたことがあった。上手いなあと感心すると同時に、ぞっとした気分を覚えずにはいられなかった。彼がいつもサングラスで目を隠していることも関係していたのかもしれない）。

ここで重要なことは、昆虫は形が整然としているし何らかの必然性を持った存在と考えられる。生態にしてもきちんと適応がなされている。にもかかわらずわたしはなぜ彼らが存在しているのかが理解し難い、ということである。それを言うなら我々自身とて存在の必然性など疑わしく、わたしの疑問は傲慢に響くかもしれない。生態系の維持には人間なんかよりも昆虫のほうが遥かに大切だろう。だがそういったレベルの話をしているのではない。昆虫の様子があまりにも自己完結的なことがかえってわたしに不信感を生じさせるのである。オートマチックに彼らが自分たちの領分を守って勝手に生きている分には構わない。それなのに、ある日突然彼らはわたしの生活に侵入してくる。あまりにも異形な姿を見せつけ、あまりにも異質な秩序に基づいた動きを示し、悪意や邪悪さの片鱗とも取れる印象をわたしに植え付けていく。彼らはくっきりとした輪郭に縁取られているにもかかわらず、わたしの秩序を乱し曖昧さをもたらす。明瞭であるのに混乱と不安とをもたらす。昆虫はわたしにとって寓意的なのである。きわめて不快で強迫的なものを寓意しているのだろうとわたしの直感は囁いている。それなのに、実際のところは何を寓意しているのかがさっぱり分からない。他人に尋ねてみても、たかがちっぽけな虫に過ぎないではないかということで話は終わってしまうだろう。昆虫自身がメッセージを伝えようと目論んでいるとも思えない。にもかかわらず、あの姿かたちにはおぞましい寓意が埋め込まれているとしか考えられない。その寓意こそが彼らを生かし、繁殖を促しているとしか考えようがない。目の前に出現した昆虫に対し、わたしは彼らが「頭から六本の脚の突尖まで、さっと一どきに」無意味さと寓意の双方を放射するのを感じる。だからこそ、ぞっとするのである。

本書で取り上げたさまざまな小説たちは、その完成度や雄弁さにおいて一定はしていないけれど、いずれも明瞭な輪郭を備えている。ひとつの世界を構築している。しっかりとした存在感を持っている。だがどれも教訓やメッセージを携えているとは思えない。娯楽のための綺談であると割り切ったとしても、それにしては溢れ出てくるものが生々しい。

どこか精神の根源的な部分に働きかけてくる気配がある。そのようにストーリーと与えてくる印象とが乖離している事実こそが寓意的なのであり、しかもその寓意はおそらく精神の暗部に働きかけているであろうことから、わたしはそこにあの不気味な昆虫との類似を感じずにはいられない。だから、どうしても、〈昆虫的〉なる奇異な言葉を作り出さずにはいられなかったのである。

扱ったいずれの小説も、かつて読んだまま自分の心の隅に妙に引っ掛かり、何かの拍子に意識に浮かび上がっては「あれはいったい何だったのだろう」と訝しい気分を覚えさせるものであった。だがあらためてそれらを読み返すことは、何か大切なものを失ってしまいそうでためらわれていた。本書ではそのあたり覚悟を決め、あえて〈昆虫的〉という言葉のもとに読み直してみた報告書という次第である。おそらくこの行為によって昆虫的な小説たちは再び蠢きはじめ、気づかぬうちにわたしや読者諸氏の心へ新たな卵を産み付けたに違いない。

文庫版ボーナストラック

十六、入り込んでくる人

――庄野潤三『黒い牧師』

Qさんについて書いておきたい。

わたしが小学校の高学年からやがて中学に入ってしばらく経つまでの期間だから、すなわち昭和三十年代後半の頃合いである。当時、父は厚生省（現在の厚生労働省）に勤務していた。もともとは外科医だったが、思うところがあって臨床医を辞めて埼玉の保健所長となり、そこから厚生省に移った。しばらくすると課長に昇進した。

今では考えられないけれど、あの時代には、課長以上の国家公務員にはそれぞれ専用の自動車が割り当てられていた。自宅までの送迎のみならず、ちょっとした移動にも運転手付きの黒塗りのクラウン（その数年前まではフォードやシボレーが用いられていた）が活躍する。車のナンバープレートは４６３８であった。父が「〈よろめく産婆〉と覚えるんだ」と教えてくれたので、六十年を過ぎた今でもこうして記憶に残っている。

Qさんは、４６３８のクラウン専属の運転手であった。年齢は三十五歳あたりと思っていたが、小中学生の目からの推測だから当てにならない。背が低くて小太りで、男前といった容貌ではなかった。髪は七三に分けていたものの、七五三の子どものようであった。ただし当人は、女性には意外にモテると自認していた。ソニーの工場に勤める奥さんがいて、息子や娘はいなかった。中古のフォルクスワーゲン（ビートル）を所有していた。黄色い車体である。

ウィークデイの朝は、Qさんが運転するぴかぴかのクラウンが公務員宿舎の前に横付けされる。母は既にサイフォンで淹れたコーヒーを用意している。父と母、登校前のわたし、そこにQさんも加わってダイニングのテーブルに集まる。全員（もちろんわたしも）がコーヒーを飲みながら雑談を交わす。父とわたしはトーストやハムエッグなども食べる。やがて父とQさんは車に乗って出発する。しばらくするとわたしも登校する。そんな毎日が繰り返されていた。

とにかくQさんは話上手であった。役所に勤める前に働いていた電気工務店でのさまざまなエピソード。旅行先で見聞きした出来事。運転手として遭遇したさまざまな珍事。そうしたものを身振り手振りを交えて語ってくれる。子ども向けにアレンジした話ではなく、あくまでも大人向きの話として彼は語っていた。当方は自分が大人扱いされていると感じて嬉しかった。両親もQさんの話には引き込まれていた。

運転手は待ち時間が長い。無聊《ぶりょう》を慰めるためには読書が一番であった。母は翻訳ミステリのマニアで、しばしばQさんに早川のポケットミステリなどを貸していた。そうした本を楽しめるほどに活字や言葉に親しんでいた。他にも彼には趣味がいろいろとあった。たとえばプラモデル。モノグラムやレベルといったアメリカのメーカーのプラモデルを入手しては組み立て色を塗っていた。新橋にステーション・ホビーという模型屋があってそこは輸入モデルが揃っているので有名だったが、その店へ足繁く出入りしていた。わたしは自分で組み立てペイントした田宮模型の装甲車や戦闘機などをQさんに見せて技術的なアドバイスなどを貰っていた。それ以外では、オーディオ関係がメインの趣味であったようだ。共働きで子どもがいなかったためか、趣味にかなり金銭をつぎ込めるらしかった。

父の帰宅は夜の十時を過ぎていることが多かったが、比較的早く帰ってきた日にはQさんも我が家で一緒に夕食を食べていくことがあった。そんなときにも彼は面白い話や珍しい話を披露し、わたしたち家族を楽しませたり感心させた。Qさんは電気関係の専門学校を出ていて、電気製品や機械に詳しい。家電が故障したり、配線や配管に不具合があるとたちまち直してくれた。器用な人で、ちょっとした大工仕事などもこなす。台所用に収納の箱を作って持ってきてくれたこともあった。母はそうした手間仕事に対しては、紙幣を入れた封筒をさりげなく渡していた。Qさんも、悪びれることなく受け取っていた。

我が家はQさんのファンになっていた。話が面白く多趣味で、しかも手先が器用で気軽に手伝ってくれる。世事にも通じている。彼がいると安心感がある。いつしかQさんは、運転手以上の存在感を発揮するようになっていた。

このような関係は、いつまでも続くかといえば（残念なことに）そうではない。濃密さにおいて旬があれば衰退期もある。ほんの些細なきっかけで、わたしたちとQさんとの距離は遠のいていった。

ある日曜日に、わたしはQさんの家を訪ねた。彼が招いてくれたからである。玄関脇に糸杉の木が立っている小さな一軒家で、わたしが到着するとちょうど彼の奥さんが出掛けるところだった。顔が長く、髪にはパーマを掛けていた。小粋なスタイルで、これから友人と会うという。夫婦というよりも同居人といった印象であった。

今ふうに表現するなら、Qさんの部屋はまさに男の隠れ家であった。棚には組み立てたプラモデルが並び、壁には帆船《はんせん》の大きな絵が飾られていた。その絵は、実はジグソーパズルを完成させたもので、当時はそんなサイズのものは珍しかった。そして彼の自慢のオーディオ一式が揃っていた。スピーカーや自作のアンプ、レコードプレーヤーなどについて盛んに蘊蓄《うんちく》を聞かせてくれる。わたしはあまりオーディオには興味がなかったが、Qさんの説明は分かりやすく、いかに彼のセットが素晴らしいかは十分に伝わってきた。

Qさんがコーヒーを淹れてくれた。我が家の豆とは違い、酸味が強かったけれど美味いことは確かであった。カップは琺瑯《ほうろう》引きの金属製で、登山家が愛用しそうなものであった。カップの縁が熱くなって、なかなか飲めなかったことを覚えている。

小学生のわたしがコーヒーを飲んでいると、Qさんが「面白いレコードを聴かせてあげましょう」と言う。こんなに面白いレコードを耳にできる君は幸運であるとでも言いたげに、彼は目を輝かせている。勿体ぶった仕草でターンテーブルにレコードを載せる。いったいどんな音楽が流れてくるのだろう。

意外にも、それは音楽ではなかった。大きなスピーカーから流れてくるのは鼾《いびき》であった。いささか誇張したトーンの鼾がオーディオ・システムを通して聞こえてくる。何だかつまらないユーモアを押しつけられているような雰囲気がうっすらと感じられた。やがて鼾と重なるようにして蚊の羽音が耳に届いた。ステレオによって作り出された音像は、蚊が飛び回る様子を立体的に再現する。鼾が途切れ、呻き声と共に蚊を叩き潰そうとする乱暴な音が響く。だが蚊は首尾良く逃走し、またしても空中を旋回しつつ寝ていた人物を刺してやろうと隙を窺う。こうして自在に飛び回る蚊と、眠りを妨げるどころか血まで吸おうとするそいつを退治しようとする男との攻防が音のみの喜劇として進行していく。まさにステレオの威力を如実に感じさせる。

なるほど見事ではあった。Qさんは、あたかも自分がそのレコードを制作したかのように得意げな表情を浮かべ、それどころか眠っていた男が腹を立てると可笑しくてたまらないといった様子で相好を崩す。もっと君も笑いなさい、楽しみなさいと強要するかのような視線をこちらに送ってきたりもする。

そのときわたしは、胸の内で「あんた、本気かよ。これがそんなに面白いのかよ」と呟かずにはいられなかった。左様、音響効果のデモンストレーションとしては成功だろう。だがこんなに延々とコメディーとして流すと、退屈を通り越してもはや野暮の領域に入ってしまうのではないか。スマートさに欠けないか。それなのにQさんは、「取って置きの小咄《こばなし》」でも披露しているかのように得意満面なのだ。

実在しない蚊が執拗に飛び回る音を契機に、急にQさんが安っぽく見えてしまった。憑き物が落ちるかのように、Qさんへの評価が下落してしまった。子どもであろうと、さすがにそんな感情を表に出してはまずいと弁《わきま》えていた。とりあえず面白がるふりをしつつ、みるみる気が重くなっていった。

帰宅してから、わたしはQさんに対する一種の失望を母に語りたかった。いや、語らずにはいられなかった。でもその年齢における当方の語彙や表現力ではそれを上手く伝えられそうになかった。そのもどかしさが、なおさら心を索漠としたものにした。翌日にもQさんはクラウンに乗って父の迎えに来た。しかしわたしにはもう、彼に対する讃美にも似た感情は消え失せていた。今になって振り返ると奇妙なことだが、同じ頃に母もQさんへの評価を低下させていた。それには何らかの挿話があった筈だが、母もそれは口にしなかったのでわたしには分かりようがない。が、さながら阿吽《あうん》の呼吸で、(いささか身勝手ではあるけれど)わたしと母とはQさんを過大評価していたと後悔し始めていた。夢から覚めたような感覚がそこにはあった。父だけは、彼とは仕事上の関係性があったから普段と変わらなかった。

それから数ヶ月後、Qさんはクモ膜下出血で倒れた。運転中だったら大変な事件になったであろうが、不幸中の幸いといったところであろうか、自宅で倒れたのだった。もしかすると「あの」蚊が飛び回るレコードを飽きもせずに聞き直していた最中だったかもしれない。結局後遺症が残って運転には差し支えるようになったらしい。事務仕事に鞍替えとなり、我が家との縁もあっさりと切れてしまった。

＊
＊

庄野潤三は、「多摩丘陵にある一軒家で、父＝庄野潤三を中心に家族が肩を寄せ合いながら営むささやかな日常生活を、慈しむような筆致で描いた懐かしくも穏やかな小説」を書き綴った作家と見なされているようだ。今わたしの手元には『庄野潤三の本　山の上の家』（夏葉社、二〇一八）という瀟洒《しょうしゃ》な書物があるが、作家案内や単行本未収録作品、家族によるエッセイ、書誌、さらには保存されていた家屋の内部や本棚の様子、原稿が書かれた机だとか文房具などのカラー写真が収録されたいわば庄野ファンのための一冊で、それは右に述べたような心の温まるイメージに沿って編集されている。

しかし芥川賞を受賞（一九五五）した『プールサイド小景』は都市生活者の不安に満ち

た内面を小説に仕立てたものであったし、初期の作品には狂気や不条理など不穏な事象を真正面から描いた短篇が散見される。一九四八年、庄野の奔放な生き方や浮気に絶望した妻は睡眠薬自殺を図る。あやうく一命を取り留めたが、この深刻な事件が、ある意味で過剰なマイホーム指向ともいえる家庭小説を（贖罪として）書き継いでいく伏線になったようである。平和で優しさに満ちた小説の裏には、ダークで生々しい過去が裏打ちされていた。

さて一九五四年に発表された『黒い牧師』という短篇がある。妻の自殺未遂から六年を経たもののいまだ作品の方向性が定まらない時期に書かれたものだ。世間的に庄野の作風と目されている家庭小説群が本格的にスタートするには、一九六一年に多摩丘陵に家が建つのを待たねばならない。

『黒い牧師』の語り手は女性で、「あたし」と称している。その「あたし」が、女学生時代の出来事を振り返って語っている。そこで述べられる過去と、現在の「あたし」との間にはたんなる時間的な隔たりのみならず太平洋戦争という大きな混乱の時期が挟まれており、だから過去の奇妙な体験はなおさら非現実感を帯びることになる。

　妻になって、三つの女の子がいる今のあたしでさえも、立上《たてがみ》先生（引用者注・タイトルに該当する牧師の名前）があたし達の家庭に入り込んでいたあの二年近い間を、何か不愉快な感情で思い出すことはないし、その当時の生活から悪徳めいた秘密の匂いを感じることも出来ないのだ。

しかし、母とその牧師との間に何事もなかったと考えることは、かえって不自然なような気がする。多分、何かあったことは事実なのだ。でも、それがどんな風にあったか、そして母にとってそのことがどんな意味を持っていたかは、あたしには永遠に謎であるように思う。

どこか言い訳がましい口ぶりではないか。理屈からすれば母と牧師との間で何やらいかがわしい出来事があったとしか思えないけれど、当時の自分はそうしたことがもたらす違和感や不自然さ、グロテスクさの微妙な兆候には気付かなかった、それは「あたし」が無垢で清純だった証拠に他ならないと主張しているようにも響くのだ。作品の冒頭から三行目で、早くも「あたしは特別無邪気な性質の女学生であった」とわざわざ言うあたりにもいささか引っかかりを覚えたくなるが、所詮は「信頼できない語り手」によって綴られた文章であるのもまた事実なのである。

語り手の家は、女性のみで構成されている。女学校三年の「あたし」、語り手よりも二学年上でバレーボールの選手でもあり「学校中で一番きれいだ」と言われたりもする姉、病弱な母、ねえや（お手伝いさんに近い存在。行儀見習いといったニュアンスもあり、ただの使用人よりは家族に近い立場でもあった）、の四名である。父は不在だが理由は書かれておらず、経済的基盤もはっきりしない。なお母については「……色が白くて、きゃしゃなのだ。身体を気遣って、力のいる仕事や水仕事は全部ねえやにやらせていたから、皮膚が柔らかく滑らかだ。年もまだ四十になったばかり」と説明されている。

そこへ「立上先生が突然ある日から女ばかりの私達の家庭の中へ入って来たことに対して、最初はちょっと奇異の感じを抱いたけれども、それもすぐに消えてしまった」。

では立上先生はどのような理由で入り込んできたのか。母が「あたし」に説明した台詞を引用するなら、「こちらは牧師の立上先生。今日からお母さんに指圧療法をしに来て下さる方です」。つまり宗教家の立場ではなく、指圧師として招き入れられたのである。

だが一介の指圧師にしては、彼は妙に重々しくまことしやかな存在感を示している。黒ずくめの服を着て黒い口髭を生やし、体格はがっしりしている。背筋を伸ばして厳粛な姿勢で座っている。年齢は六十に近い。左利きで、指圧の際には「左手の親指だけを使うのだけど、全身の重みをそれにかけて押すので、最初の日なんかはたった五分くらいで母はふらふらになってしまった」。実際、彼の左手の親指は、奇形ででもあるかのように巨大であった。

先生はあたし達が夕御飯を食べている頃にやって来た。玄関のベルが短い音をたてると、ねえやがすぐに出て行く。間もなく、二階へ上る階段を力強い足音が上っていくのがあたし達の耳に聞こえる。

夕御飯が済むと、あたし達は二階の勉強部屋へ行く。（中略）あたし達の勉強部屋の隣りが母の寝室になっている。母はそこで寝間着を着て布団の中に横になって、立上先生の治療を受けた。

こうして母へのどこか秘密めいた施術の後には、一家と牧師との交流が営まれる。交流は次第に親密度を高め、また施術の時間も徐々に長くなっていく。家族とともに夕食を摂る機会が増え、それどころか「母はよく先生に持って帰って貰うために、あくる朝の弁当をつくって上げていた。朝御飯だけれど、お菜も御飯もうんとたくさん詰めていた」。牧師はどんどん家族の一員のような立場になっていく。そして宗教を強要することは一切なかった。

母の寝室で治療が行われている間、勉強部屋にいるあたし達の耳には、母と立上先生との間に交される低い声が聞こえて来た。話していることは分からなかったし、それを知ろうという気持もあたしには無かった。その話し声は、時々ちょっと跡絶えた。あたしは、それらの気配から、あたしや姉と一緒にいる時とはまた違った親密な空気を感じた。

しかし、それはあたしの場合、嫉妬とか、漠然とした不安を呼び起しはしなかった。姉にもそんな様子は全く無かった。

治療が終ったあとの母は、ぐったりとして床の中に横になっていた。そのまま引きこまれるように眠りそうだと母はよく云った。

牧師には、人の心を捉えるような魅力が備わっていた。ひとつには、身体の底から響き渡るような、しかも倍音を含む声の持ち主だったことである。和歌の朗詠など見事だった、と。なるほど。声というものはダイレクトに相手に届き、また肉体性に富む。彼のような声は、自信と説得力に溢れていたのだろう。かつてわたしはある人に「顔の悪いプレイボーイはいても、声の悪いプレイボーイはいない」と教えられたことがあるが、これは確かにその通りだろう。

もうひとつは、話上手だった。声の良さとも相俟って、迫真さや解像度が圧倒的だったのではないか。しかも教会では信徒を相手に説教をしていたわけで、なおさら話上手には磨きが掛かる。さらにもうひとつは、物知りだった。「地理の宿題に、『何々地方の民謡について調べよ』というような問題が出されたら、あたしは立上先生に教えてもらった。先生はその場で歌詞をつぎつぎと云ってくれるのだ。歴史上の事件についても、よく知っていた。とにかく、あたし達にとっては立上先生ほど役に立つ先生はいなかった」。

という次第で、これならば母や姉妹が牧師に夢中になるのも無理からぬ話である。

彼は牧師館に一人で住んでいた。東京には妻と、美大を出て彫刻家になった息子がいるらしいが、家族愛にはいまひとつ恵まれていない様子があった。

ある夕方、「あたし」と姉は散歩ついでに牧師館を探し出す。ほんの気まぐれであった。牧師館はおそろしく古ぼけた三階建ての洋館で、庭には雑草が生え茂って荒れた印象だ。庭先から呼んでみると、牧師は在館していた。


あたし達は、二階にある立上先生の書斎に通された。何という不思議な部屋であったろう！　一方の壁には、大きな人体解剖図が掛っていた。他の三方の壁は本棚になっていて、びっくりするほど沢山の本が部屋を取り巻いている。

そして、机の上には、試験管が乱雑に立てかけられてあり、その中には枯れた草やひげのような木の根がいくつも入っていた。立上先生が漢方薬の研究をしているということを母から聞いていなかったら、私はそれが何の意味を持っているものか、理解出来なかっただろう。


どこか錬金術師とかホムンクルスを研究している人に通じるような妖しさがあり、それは胡散臭さを思わせる場合もあれば神秘性を醸し出す場合もあるだろう。

胡散臭さといえば、牧師には羞恥心に欠けるというか何やらあざとい要素が垣間見られたようだ。たとえばクリスマスのときに、牧師は「あたし」にはキューリー夫人伝を、姉にはS画伯の画集を贈り物としてくれた。だがそれだけではなかった。

（……）姉が画集を開いてみると、厚ぼったい封筒が挟まっていた。

姉がびっくりして、立上先生の顔を見ると、先生は厳粛な表情でこう云った。

「知恵子さん、その手紙をここで声を出して読んでごらんなさい」

そこには母もいた。あたしは、いったいどんなことが書かれてあるのだろうかと不思議に思いながら、姉が封を切ってかさばった便箋を取り出すのを見つめていた。

やがて姉が読み始めた。それはずいぶん長い手紙であった。そこに熱情をこめて語られているのは、あたし達の家庭に対する礼讃であり、結局それは母を賞めたたえていることとであった。（中略）

姉は途中まで来ると、到頭感激のあまり泣き出してしまった。すると立上先生は、

「おしまいまで読むのです」

と、姉を叱咤するように云った。

姉は泪《なみだ》を流しながら、読み続けて行く。立上先生の横に坐った母は感激した面持で、

じっと聞いている。あたしは、姉があんなに泣いているのにあたしだけ何ともない顔をしていてはいけないと思っても、ちっとも泣けて来ないのであった。だいいち、姉が何故声を立てて泣くほど感激するのか、どうも少しおかしいと云う気がしてならない。立上先生がそんな手紙を書いて、あたし達みんながいる前で、わざわざ姉に朗読させることからしておかしい。母が真面目な顔をして聞いていることもおかしい。

この時点で、「あたし」以外つまり姉と母はすっかり牧師に心酔し、あるいはコントロールされる側になってしまったわけである。ではなぜ「あたし」だけが覚めていたのか。語り手は述べる、「立上先生は、あたしよりも姉の方が気に入っていたようだ」と。姉のほうでも牧師を尊敬していた。だが牧師が姉だけを映画や展覧会へしばしば連れて行くというのはいかがなものか。母がブレーキを掛けても良さそうなものだが、「母は立上先生が姉を方々へ連れて行くのを満足気に見ていた」。そんな状況に対して嫉妬などしなかったと「あたし」は主張しているが、微妙な疎外感は覚えていたのではないか。いずれにせよ、牧師は母に良識を越えるラインぎりぎりの関心を抱いているようであり、他方、姉にも近づき過ぎている気配があった。

牧師の特異な人間性（まさに黒い牧師と呼ぶに相応しそうだ）、「あたし」と姉と母の心の動きを庄野は巧みに描写している。でもストーリーに大きな動きはない。物語は既に七割以上が語られている。では残りの紙数で、この小説はどんなふうに纏《まと》め上げられるのだろうか。

年に一度、「あたし」の家では母と娘二人であまり遠くない場所へ二、三泊の小旅行に出る習慣があった。前年には「あたし」が中耳炎になったせいで中止になったものの、今年は夏休みにG峡へ赴くことになった。

女ばかりの泊まりがけ旅行である。少なくとも娘たちは、いくら親密になったとはいえ牧師がその旅行に加わるなどとは思ってもいなかった。男と女が一緒に食事を摂るのと、一緒に風呂へ入るのとがまったく違う階層の事象であるように、牧師が同行するなんて想像の埒外だったわけである。

ところが当日、駅の構内には黒いトランクを掲げて黒い服を着た牧師が立っていたのである。

（……）母はこの時、ちょっときまりの悪そうな表情で、

「立上先生にも御一緒に行って頂くの」

と云った。

母と牧師との間では事前に話がついていたのに、それを当日まで彼女は秘密にしていた。ここには明らかに後ろ暗さが感じられるだろう。さすがに「あたし」も不信感を覚えたが、汽車が走り出すうちにその感覚は「立上先生が加わったことによって、この小旅行が俄《にわ》かに賑《にぎや》かになったことをよろこんでいた」。でも、本当に喜んでいたのか？

宿は静かでのんびりしていた。眼下にはゆるやかに流れる川が二本落ち合って三角州を作り、そのあたりでは泳ぎを楽しめる。水着を持参した姉妹は三角州の周辺で水遊びに興じる。実は「あたし」はほぼ金槌同然で、でも足が川底に届けば怖くない。運動神経抜群の姉は存分に水泳を楽しんでいたけれど。母と立上先生は、宿の中から娘たちの様子を眺めていた。

うっかり「あたし」は深みに嵌まってしまった。溺れかけたのである。叫び声を上げ、姉がすぐに助けてくれた。「うっかり眼が離せないわ。このひと」と姉が呆れたので、「あたし」は思わず泣き笑いをしてしまう。

この時、あたしの眼に、手すりのところで笑いながらこちらを見ている母と立上先生の姿が映った。二人は笑っていた。

あたしが冗談をしたのだと思い違えたのだろうか？　あたしは姉と顔を見合せて、

声を立てて笑っていたから。それとも、あたしのことを見ていたのではなく、二人だけの話で笑っていたのかも知れない。
あたしは、この時、母を憎んだ。

右に引用した部分が、「あたし」にとってはクライマックスであっただろう。その後の展開はどうなったのか。溺れかけたという小事件を契機に、「みんなが、この宿に飽いてしまった」という。だがその「みんな」に牧師が含まれていたのかどうかは分からない。いずれにせよ、二泊の筈が急遽一泊で旅行は取りやめになった。G峡から全員が引き返した。しかしもう少しいろいろな出来事があったのではないか。でもそれは書かれていない。何しろ「あたし」は「信頼できない語り手」なのだから。

（……）不思議なことだけれど、このG峡への小旅行を境にして、母の立上先生に対する態度が少し冷たくなって来たようにあたしは感じた。それまでは当然夕食を一緒に食べるように先生に勧めた時に、何も云わなくなったことも、その一つの現れであった。むろん、それは急激に目立つ変化というものではなかったけれど。治療の間に交される二人の会話に、時たま、ふといささかいの語気を感じることもあった。咎めているのは、いつも母の方であった。

こうした事態に対して「あたし」はコメントを述べない。淡々としている。数ヶ月後には、その年に卒業していた姉が海軍の主計中尉と結婚して東京へ去ってしまう。親戚筋がもたらした縁談で、あれよあれよと話がまとまってしまった。ゲスな勘繰りをすれば、当初は牧師は母に下心を持っていたのが、旅行中に、既に彼が姉に手を出していたのが露見してしまったからなのかもしれない。いずれにせよ姉がいなくなると牧師の訪問は間遠となっていき、遂に関係はフェードアウトしてしまう。作品の最終行は「やがて戦争があたし達の生活を急速度に変貌させて行った」となっている。

ここで短篇小説『黒い牧師』をあらためて振り返ってみたい。心理劇としては上手く書かれているし、最後を戦争の勃発によって区切って自己完結的な形へと封じ込めてしまう手腕も見事だと思う。見え隠れするエロさやいかがわしさも珍味である。だがそれ以上に何かがあるだろうか。別に何らかのまことしやかなテーマが必要などとは思わない。が、これだけでは所詮、風変わりではあるけれども奥行きに欠けないか。早い話が、純文学という気がしない。むしろ大衆雑誌に載っている実話小説に近くないか。

しかし庄野潤三にとっては、これは書かねばならない小説であったと思うのである。「信頼できない語り手」がいかがわしい秘密について述べるという不穏な作品を執筆することを通して、彼の精神からそれこそ黒々とした毒を吐き出す必要があったのではないのか。庄野の家庭小説サーガには、その前哨戦として『黒い牧師』が求められたのだと勝手に想像してみると、にわかに不気味なものが漂ってくる。

＊　＊

いつの間にかするりと家庭に入り込んでくる人物、さりげない闖入《ちんにゅう》者といった題材は、奇妙なキャラクターや異様な人間像、さらにはサイコパス的な者も含めて小規模ながらひとつのジャンルを作り上げているかもしれない。彼らはいつしか精神や貞操や家や財産を乗っ取っていく。愉快犯に近いケースもある。古典的な例としては、ヒュー・ウォルポールの短篇『銀の仮面』（一九三三）が挙げられるだろうし、むしろ作例は映画に多いかもしれない。

闖入者の系譜において、『黒い牧師』はいくぶん幻想的な色彩を帯びている。その幻想度がもっと高まり、しかも純文学として成立している作品はあるだろうか。小池昌代の長編小説『くたかけ』（鳥影社、二〇二三）はその大きな成果だと思われる。母の佐知、娘の麦の二人だけが住む海辺の家に小磯という得体の知れぬ男が次第に入り込んでくる。いや、絡みついてくるというべきか。ただし状況はもっと込み入っていて、奥行きも深い。特筆すべきは小磯がマッサージ師という職を武器に近づいてくることだ。指圧もマッサージも、まずは治療という名目で濃厚な肉体的接触が成立する。その生々しさは圧倒的だ。小説技術の観点からは、闖入者の特技の設定として最適解に近いのだろう。

もうひとつ作例を挙げておくなら、丹羽文雄の短篇『虚実』はどうか（『彼岸前』所収、新潮社、一九八〇）。怪物的に肥満した女主人・沢子（既婚）が住む広大な屋敷に入り込んだ無口な青年・汐見は、やはり見事なマッサージを用いて家を支配していく。

それにしても牧師の立上先生もマッサージ師の小磯や汐見も（そしてQさんも）、物知りで話が上手く（汐見だけは無口だが）、器用で何でもできる。考えようによっては完璧に近い人間なのである。にもかかわらず彼らは、どちらかといえば世界の周辺で生きるような立場にある。これは少しおかしいのではないか。でも、そうでなければこの世の中はどこか歪んできそうな気もする。どうもよく分からない。

心がざわついてくる。

作品解題

●第一章　ナサニエル・ホーソーン（一八〇四〜一八六四）『牧師の黒のベール　*The Minister's Black Veil*』（一八三六）：坂下昇編訳『ホーソーン短篇小説集』（岩波文庫、一九九三）より。この作品を収録した本は多数あるが、国書刊行会から出ていたボルヘス編〈バベルの図書館〉シリーズの第三巻『人面の大岩』（一九八八）にも収録されており、付録の月報にはベールを被った牧師の不気味な姿に村人がうろたえている場面を描いた写実的なイラストレーションが掲載されている。出典は不明で、また牧師の顔は逆光になっているものの雰囲気は非常に良く出ており、一見に値する。

●第二章　河野多恵子（一九二六〜二〇一五）『半所有者』（二〇〇一）：『秘事・半所有者』（新潮文庫、二〇〇三）より。第二十八回川端康成文学賞受賞作。

●第三章　パトリック・マグラア（一九五〇〜）『長靴の物語　*The Boot's Tale*』（一九八八）：宮脇孝雄訳『血のささやき、水のつぶやき』（河出書房新社、一九八九）より。後に河出は奇想コレクションというシリーズでやはり宮脇孝雄の訳による『失われた探検家』（二〇〇七）と題したマグラアの全短篇集を刊行しており、そこにももちろん収録されている。

●第四章　古井由吉（一九三七〜二〇二〇）『仁摩』（一九七六）：全集『古井由吉作品　五』（河出書房新社、一九八三）より。もともと短篇集『哀原《あいはら》』（文藝春秋、一九七七）に収められていた。作者自身はあまり評価していないようで、自選短篇集には採られていない。

●第五章　H・P・ラヴクラフト（一八九〇〜一九三七）『ランドルフ・カーターの陳述 *The Statement of Randolph Carter*』（一九二〇）：大瀧啓裕訳『ラヴクラフト全集6』（創元推理文庫、一九八九）より。国書刊行会による全集や、他の訳者によるものなどヴァージョン多数。ひょっとしたら海外でラジオドラマとして放送されたことはないだろうかと想像してみたことがあったが、今のところその事実はない。

●第六章　日影丈吉（一九〇八〜一九九一）『旅は道づれ』（一九七九）：短篇集『夢の播種《はんしゅ》』（早川書房、一九八六）より。国書刊行会から出ている『日影丈吉全集』では第七巻（二〇〇四）で読める。

●第七章　J・M・スコット（一九〇六〜一九八六）『人魚とビスケット *Sea-Wyf and Biscuit*』（一九五五）：清水ふみによる新訳の『人魚とビスケット』（創元推理文庫、二〇〇一）。世界大ロマン全集版（田中西二郎訳、一九五七）以来の新訳復刊であったが、「冒険小説べスト・セレクション」の一環として刊行され、帯のコピーが「生命あるかぎり戦いは終わらない」などと見当外れなものであったのはこの作品にとって不幸であった。綺譚として味わうべき佳作である。

●第八章　藤枝静男（一九〇七～一九九三）『風景小説』（一九七三）：短篇集『愛国者たち』（講談社、一九七三）より。藤枝は個人的にもっとも尊敬する小説家であり、ベストは長篇『空気頭』、次が連作の『欣求《ごんぐ》浄土』といったところか。世間では『田紳有楽《でんしんゆうらく》』がやたらと褒められているけれど、「あの弾け具合がスゴイ」的な評価には与《くみ》する気になれない。

●第九章　レイ・ブラッドベリ（一九二〇～二〇一二）『目かくし運転　*Driving Blind*』（一九九七）：短篇集『バビロン行きの夜行列車』（金原瑞人・野沢佳織訳、角川春樹事務所、一九九八）より。原書の刊行は作者が七十七歳のときで、さすがに出来がいまひとつの短篇が多い。それはそれとして、ブラッドベリのサインが入った詩集（*The Climate of Palettes*, Lord John Press 1989）を所持しているのだが、これはわたしの密かな宝物である。

●第十章　高井有一（一九三二～二〇一六）『夜の音』（一九七七）：『半日の放浪　高井有一自選短篇集』（講談社文芸文庫、二〇〇三）より。高井有一の作品には、本書で取り上げるのに相応しいものが結構ある。全集がないのが残念だが、ある種の違和感や不穏な気配を帯びた作品だけで構成した彼の短篇集が編めそうな気がする。

●第十一章　クレイ・レイノルズ（一九四九～二〇二二）『消えた娘　*The Vigil*』（一九八

六）：土屋政雄訳『消えた娘』（新潮文庫、一九八九）。解説を含めて、二百九十一頁の薄い本である。片岡義男のエッセイを読んでいたら、「まだ若い母親が娘をひとり連れて、自動車でアメリカのなかを長距離にわたって旅をする、という設定の小説」は少なからず存在して、小さなジャンルを形成しているといった意味のことが書かれていた。ある種の既視感に似たトーンはそのあたりに由来しているのかもしれない。やはり同じ架空の町アガタイトを舞台にした『アガタイトの葬列』という長編も山本やよい訳で新潮文庫から出ていた。さまざまな病んだ心を点綴したアガタイト・サーガを著者は目論んでいたのだろう。

●第十二章　富岡多恵子（一九三五～二〇二三）『遠い空』（一九七九）：短篇集『遠い空』（中央公論社、一九八二）より。三年後には中公文庫に入った（菊地信義によるカバーは、業の深い物語を巧みにデザイン化してあって感心させられた）。講談社文芸文庫の『戦後短篇小説再発見2　性の根源へ』（二〇〇一）にも収録されている。

●第十三章　カーソン・マッカラーズ（一九一七～一九六七）『黄金の眼に映るもの *Reflections in a Golden Eye*』（一九四一）：田辺五十鈴訳『黄金の眼に映るもの』（講談社文庫、一九七五）。内容は濃いが、わずか百五十四頁の中篇である。しかし本書を書き上げたのが二十二歳というのは信じ難い。ヴァージニア・S・カーによるマッカラーズの評伝『孤独な狩人』（浅井明美訳、国書刊行会、一九九八）によれば、出版された当時『黄金の眼に映るもの』の評判は散々であったらしい。「中には彼女が『とりつかれたように異常なものに熱中している』と言って激しく非難する批評家もいれば、また登場人物はすべて『あまりに非常識』と感じ、彼女にトゥエインやチェホフを読み直すよう提案する人もいました」。今になってみればどれも褒め言葉に相当するだろう。

●第十四章　車谷長吉（一九四五～二〇一五）『忌中』（二〇〇三）：短篇集『忌中』（文藝春秋、二〇〇三）より。三年後には文庫化されている。彼は他人の小説を「毒にも薬にもならない」と貶めたことがあるが（芥川賞で競り負けた際の捨て台詞）、では『忌中』はどうなのか。さすがに薬ではなかろうから、そうなると毒なのか。毒々しくはあるが、「毒まがい」という気がする。妙に読みやすいところも含め、その胡散臭さこそが魅力だと思う。本人もそのあたりは自覚していたのではないか。

●第十五章　内田百閒（一八八九～一九七一）『殺生』、ブルーノ・シュルツ（一八九二～一九四二）『父の最後の逃亡　*Ostatnia ucieczka ojca*』（一九三六）：『殺生』は百閒の三冊目の随筆集『無絃琴』（中央公論社、一九三四）に収録。手元にあった旺文社文庫版を参照したが（一九八一）、これは旧仮名のままなので安心して読める。現代仮名遣いの百閒なんて、イチゴ大福よりも気色が悪い。同書の解題によると、『殺生』初出の掲載誌（紙）は不明とのこと。いったいどんな雑誌だか新聞がこのような文章を載せたのだろうかと思うと、頭が混乱してくる。『父の最後の逃亡』は平凡社ライブラリーの工藤幸雄訳『シュルツ全小説』（二〇〇五）による。このライブラリー版は大きさが手頃なうえに訳者の情熱が伝わってきて、所持しているだけでも嬉しくなる。

●第十六章　庄野潤三（一九二一～二〇〇九）『黒い牧師』：『庄野潤三全集　第一巻』（講談社、一九七三）より。『新潮』の一九五四年六月号に掲載後、翌年に単行本『プールサイド小景』（みすず書房）に収められた。『黒い牧師』は意外にも『団欒』『桃李』と共に第三十一回芥川賞の候補となったという。良く出来た短篇ではあるけれども、芥川賞に相応しい革新性とか話題性とは無縁だろう。アンソロジーや独自に編まれた短篇集にも採録されたことはないようで、しかしこれはこれで「黒い庄野」の佳品とされるべきではないのか。

文庫版◆あとがき

雑誌『文學界』での連載（二〇〇五年十月号〜二〇〇六年十二月号）を経て、二〇〇七年にハードカバー版の『無意味なものと不気味なもの』は文藝春秋から刊行された。凝った装丁で（表紙に用いた黒インクは、当時もっとも黒いとされていた高価なインクであった し、半透明なカバーには不穏そのものというべき線画が描かれていた）、少なくとも物体としてはかなりの存在感を備えた書物であった。内容は筆者の趣味が百パーセント反映されている。どのような反響があるだろうかと楽しみだったのを覚えている。

だが結果は惨敗であった。売り上げは伸びず、書評に取り上げられることは一切なかったし、雑誌などで言及されることもなかった。黙殺されたわけで、わたしは大いに落胆した。余りにも粗末な論考であったら、さすがに版元も出版を控えた筈だ。では何が問題だったのか。反省すべき点があるなら素直に反省するけれど、それすら判然としない。といった次第で、釈然としない心持ちのまま十年くらい経ったら絶版通知が来た。実にもう嫌な気分であった。

ところが運命というものは不可思議であって、たとえば一九九九年に河出書房新社から出したハードカバー書き下ろしの『屋根裏に誰かいるんですよ。——都市伝説の精神病理』もまったく売れず、それは納得がいかないと版元は四年後に増補版を『家屋と妄想の精神病理——あるいは、狂気とアナクロニズム』と改題してソフトカバーで再発売したがこれも売れなかった。にもかかわらず、二〇二二年にTwitterでこの本が一読者から紹介されたところなぜか「いいね」が五万ほど付いて、しかしハードカバーもソフトカバーも既に絶版となっていたので急遽文庫版が発刊されてそれなりの売れ行きを示したことがあった。ゾンビの覚醒といったところか。そして今回は、幸運にも『無意味なものと不気味なもの』が十七年ぶりに中公文庫で甦ることになった。嬉しくなって、本書にはボーナストラックを新たに書き下ろした。本当は十五本くらい書き足そうと思ったのだが、それでは価格が倍になってしまう。しぶしぶ一本のみのボーナストラックで踏みとどまった。

さて、本書ではそれぞれの章において、論考の前後にそれぞれエッセイないしは断章のような文章が配置される形式となっている。これら前後に配された文章は余計といえば余計なわけで、しかもそれはわたしの個人的な思い出や夢想、身辺雑記といったものだ。煩わしく感じた読者もいるかもしれない。

でも当方なりに弁解しておくと、論考の部分とそれを前後で挟む文章とは、内容において、連想に近い形で関係性を保っている。その関係性は、「付き過ぎず、離れ過ぎず」といった点で（上手くいけば）詩の文法に近いものとなるだろう。そもそも論じられたテキストはわたし自身の生活の文脈で相応の位置を占めるというか個人的な事情と密接に絡み合うことで「無意味なもの」や「不気味なもの」に化した筈である。決してテキストのみによって無意味さや不気味さが立ち上がったわけではない。

言い換えれば、文学がどのようにして人の心へ居場所を見つけ出すのか——そうした経緯をひとつの形式に託して表現してみる企てだったのである。そこへ詩の文法が関与することで何か新しいものを生み出せるかもしれないと目論んだのであった。おそらくそういった試みは（残念なことに）効果がなかったのだろう。だがわたしとしては、ここでもう一度、このような形式はどうでしょうかと問いかけてみたい気持があるのだ。

雑誌連載中は編集部の山下奈緒子氏と中本克哉氏に、ハードカバーにおいては第二出版局の山本浩貴氏、装丁では石崎健太郎氏、装画では東芋氏にお世話になった。
今回の文庫化では、中央公論新社・文庫編集部の名嘉真春紀氏の多大な尽力に負うところが大きい。朝宮運河氏は素晴らしい解説を寄せて下さり、澤村伊智氏から帯文をいただくという驚喜にも出会えた。表紙イラストの徳野雅仁氏、装丁の中央公論新社デザイン室には素敵な仕事をしていただけた。もちろん読者諸氏も含め、ここに深く感謝する次第です。

二〇二四年三月十五日　H・P・ラヴクラフトの祥月命日に

春日武彦

解説　〈恐怖以前〉の展示室

朝宮運河

タイトルだけでは何の本か分かりにくいかもしれませんが、本書『無意味なものと不気味なもの』は精神科医・作家の春日武彦氏が内外の文学作品を論じた異色の文芸評論集です。単行本は二〇〇七年に文藝春秋より刊行され、今回の文庫化にあたって新原稿（第十六章）が加えられました。

春日氏には実に数多くの著作があり、専門の精神医学関連を中心として、妄想と都市伝説、人の顔、天才、蒐集、不幸と幸福、残酷とグロテスク、映画、自殺と取り上げるテーマや題材も多岐にわたっていますが、意外にも文学作品をメインで扱ったものは本書が唯一となります。

もちろん春日氏の読者なら、氏が尋常ではない多読家であり、著作においてそれこそ呼吸をするように、数多の文学作品に言及してきたことはよくご存じでしょう。たとえば代表作のひとつにあげられる一九九九年刊の名著『屋根裏に誰かいるんですよ。都市伝説の精神病理』（後に『家屋と妄想と精神病理　あるいは、狂気とアナクロニズム』と改題）では江戸川乱歩「屋根裏の散歩者」をはじめ〝屋根裏に何者かが潜んでいる〟という都市伝説的イメージを扱った文学作品を渉猟し、詳細に論じています。テーマを問わず春日氏の著作はいつもマニアックな読書案内の趣があり、そこが小説好きにはたまらない魅力のひとつとなってきました。

雑誌『文學界』の連載をもとに生まれた本書は、そんな春日氏の小説通ぶりや読み巧者ぶりをあらためて伝える一冊です。解説を書くにあたって久しぶりに読み返してみましたが、切れ味鋭い文芸評論でありながら、強迫的な気配に満ちた自伝的エッセイでもあり、ざらざらした手触りの怪談・奇談集でもあるような読み味にあらためて引き込まれました。これほど不穏で、ただならぬ感じのする文芸評論集もちょっと他にはないでしょう。そしてその不穏さこそが初刊から十七年経った今日も、本書を忘れがたいものにしている理由なのだと思います。

本書のコンセプトについては単行本版のまえがきに述べられている通りで、春日氏が思わず「あれはいったい何だったのだろう」と呟いてしまった忘れがたい小説の数々を、個人的記憶や体験を織り込みながら紹介し、その奇妙さのポイントに分析を加えたものです。「それは無意味なものと不気味なものにまつわる探究報告であり、『あれはいったい何だったのだろう』という呟きの執拗な反復でもある」という一節からも、本書が一般的な文芸評論とはやや毛色が異なっていることが伝わってくるのではないでしょうか。

取り上げられているのは、特異な性愛世界を描いたことで知られる河野多惠子をはじめとして、現代ゴシック小説の旗手パトリック・マグラア、シュルレアリスム的手法を駆使した私小説作家の藤枝静男、クィア文学の先駆者として現在再評価されるカーソン・マッカラーズ、白日夢のような恐ろしい短篇を数多く残した内田百閒、路上でナチスに殺害されたブルーノ・シュルツらによる全十七篇。戦後の私小説から海外のエンターテインメントまで幅広く取り上げられていますが、単にバラエティに富んでいるだけではなく、春日氏の趣味嗜好が色濃く反映されたラインナップとなっています。

目次を眺めていて気づくのは、H・P・ラヴクラフトを除いて、怪奇小説専門の作家がほとんど取り上げられていないことです。普通、文学における〈無意味なものと不気味なもの〉を論じるならば、ホラーや怪談を観察対象としそうなものですが、春日氏はあえてそれをしていません。もちろんこれは氏がホラーに関心が薄いということではありません。著者がホラーに精通していることは、映画論集『鬱屈精神科医、怪物人間とひきこもる』や、恐怖を多角的に論じた近著『恐怖の正体』などから明らかです。

考えてみると、ホラーに登場する幽霊や怪物、殺人鬼は私たちを戦慄させることはあっても、「あれはいったい何だったのだろう」と困惑させることはあまりありません。存在の輪郭がはっきりしているだけに、その怖さは喉元を過ぎればやがて消えていきます。本書で春日氏がこだわっているのは、もっとわけが分からない、どう受け止めていいのか解釈に困るようなものたちです。分からないからこそ、それは心の底に澱のように留まり続け、ふとした瞬間に何度でも蘇ってくる。文庫版まえがきの言葉を借りるなら、本書が扱おうとしているのは「恐怖以前」と呼ぶべき何かなのです。

では、春日氏が文学作品に見いだした〈無意味なものと不気味なもの〉とはどんなものだったのでしょうか。それはたとえば顔を黒いベールで覆ったまま人生を終えた牧師（第一章）や、海豹と旅する淋しい男（第六章）、長い年月を経て届けられる郵便物（第七章）です。あるいは目隠しをして車を運転する名物男（第九章）や、死んだ娘を思いやる母親からのぶしつけな手紙（第十章）、自殺を覚悟した男が発する「うふふ。」という笑い声（第十四章）でもあります。

この現実に属してはいても、半歩ほど常識をはみ出していて、ナンセンスな感じや不気味な感じをもたらす人や出来事。言うなればスープ皿に紛れ込んだ、一粒の砂のような何か。そうしたものに春日氏はカメラを向け、ピントを合わせて執拗にシャッターを切り続けます。そしてできあがった写真をまじまじと見つめ、ああ、やっぱり気持ちが悪いなあと呟いてみせる。喩えるならば、本書はそんな奇妙な写真をずらりと並べた、暗鬱なアートギャラリーのような文芸評論集なのです。

そうした気持ち悪さの底にあるのは、他人との分かりあえなさであり、人の心の奇妙奇天烈さなのだろうと思います。本書で取り上げられる作品の登場人物たちは、普通では理解しがたいような行動を、さも当たり前のことのようにやってのけ、私たちを当惑させます。その気持ち悪さは〝人間が一番怖い〟といった、よくある言い回しでまとめられる類のものではなく、もっと人間と世界の本質的なところにまで到達しています。無意味で不気味なものたちは、ありふれた日常に亀裂を走らせ、私たちを取り巻く世界が秘めているいびつさをも露わにしてしまう。本書全体にみなぎる不穏な気配は、おそらくはこのあたりに秘密があるはずです。

本書は一章ごとに一篇の小説（第十五章のみ二篇）を取り上げ、それを丹念に読み解いていくという構成になっています。対象となる作家・作品については毎回必要十分な解説が付されているので、予備知識がなくとも問題なく楽しめますし、そもそもよほどの読書家でなければ、取り上げられている作品をすべて読んでいるということはないでしょう（結末まで明かされているので、ネタバレを気にする方は要注意）。

本書の大きな特色としては先に述べたとおり、各章に作者自身の体験や記憶が織り込まれていることがあげられます。医師として経験した恐ろしい出来事、旅先で見かけたどこか不吉な福助人形、田舎町で見かけた淋しい家具センターの看板。春日氏自身が目にした

〈無意味なものと不気味なもの〉の思い出が、各章の作品論と重なり合うことで、奇妙な読み味を一層強めています。

ときに私小説や散文詩、ときにある種の怪談・奇談のような雰囲気を漂わせるこの回想部分は、メインの評論パートに負けず劣らず魅力的です。考えてみれば私たちも人生の過程で、こうした奇妙なものに何度か遭遇しているはずですが、あらためて省みられることはまずありません。無意味であったり不気味であったりするものは、日常生活を送るうえで必要とされないからです。

しかし春日氏はそうした体験や記憶を膨大にストックしているようで（忘れようにも忘れられないのでしょうが）、それらが文学作品の内容と共鳴し、自由連想のように次々とページ上に現れてきます。冒頭で本書を「異色の文芸評論集」と呼んだのはこの構成のためで、長年〈無意味なものと不気味なもの〉に取り憑かれてきた春日氏でなければ書き得ない、極めて私的な評論集になっているのです。

とはいえ作品の読みそのものは精緻かつ冷静で、独りよがりなところは見受けられません。作家の伝記的事実に引きずられることなく、かといってそれを無視することもなく、適切な間合いを保ちながらずばりと作品の核心に切り込んでいきます。

たとえば河野多恵子『半所有者』を取り上げた第二章。妻を亡くした男の心理を丹念に辿る春日氏は、死体を前にした男が六法全書を調べ始めるくだりに着目し、「六法全書を繙いた時点で、話はまさにモノとしての所有権へと文脈が転換してしまう」と鋭く指摘します。さらに物語で描かれているのは屍姦よりむしろ窃視行為であり、男は妻の死体を窃視することで〈半所有〉しようとしているのだと鮮やかに分析してみせます。書かれた言葉とひたすら向き合うことで作品の内奥に迫っていく春日氏の眼力は、ホーソーンの『牧師の黒のベール』を論じた第一章から、十七年ぶりの書き下ろしで庄野潤三『黒い牧師』を扱った第十六章まで冴え渡っています。

古井由吉『仁摩』のしゃがみ込む会社員たちの共通点を探った第四章、車谷長吉『忌中』に流れる曖昧な時間を巧みに言語化した第十四章など、思わず唸るような論考の詰まった本書ですが、白眉といえば富岡多恵子『遠い空』を論じた第十二章ではないでしょうか。

東北の片田舎で店を営む女性のもとに、「言葉を聴くことも発することもできぬ」孤独な男がくり返し性交を求めにやってきます。その要求を億劫さから拒まなかった女性は、この世界はどこまでいっても退屈な反復でしかないという事実に触れてしまう。彼女の人生はみるみる生彩を失い、書き割りめいた荒涼とした風景が立ち現れてくる……。「世界の構造に気付いてしまった者だけが、永遠がもたらす孤独感と恐怖とを実感する」。この章で春日氏が指摘してみせた「永遠」は、世界のいたるところに存在し、底なし沼のように私たちが沈むのを待ち続けている。なんとも重たい気持ちになる、それだけに心揺さぶられる結論ではないでしょうか。

このように本書は〈無意味なものと不気味なもの〉というレンズを用いて、対象作品と作家の新たな魅力を探り出し、さらにはこの世界のグロテスクさ、いかがわしさをも浮き彫りにしていきます。といってもあえて奇を衒っているわけでも、悪趣味に走っているわけでもありません。春日氏自身が「強迫的」と述べているように、そう語らざるをえなかった、という必然性が文章の端々から感じられます。痒いところをつい掻いてしまう、止めようとしても止められない。そんな叫び声が、理性的な文体の奥から漏れ聞こえてくるようです。

春日氏はこれまでにも自らが抱え込んでいる不安や鬱屈について、折に触れて語ってきました。特に昨年（二〇二三年）刊行された『恐怖の正体』では、甲殻類全般に対して感じるいいようのない恐怖や、世の中が気付いたら違うものに変貌していること、すぐ隣に「永遠」や「無限」が存在していること、生き埋めになることなどに対する恐怖について、生々しく綴られていました。普通、人間は年齢を重なると怖いものがなくなっていくものですが、春日氏は大人になった今でも、恐怖や不安に満ちた世界に生きているようなのです。恐怖心がすっかり摩耗した私としては少々羨ましくもありますが、ご本人にとっては決して愉快なものではないでしょう。

考えてみれば氏の著作の多くは、『恐怖の正体』で語られていたような恐怖や不安を反映しています。博覧強記の人であり、著作のテーマも多岐にわたるのでつい見過ごしてしまいがちですが、本質的にはいくつかの気になるポイントを強迫的に掘り続けている作家といえるでしょう。こうした資質はもちろん本書にも影を落としていて、たとえば世の中がいつの間にか変わっていることの恐怖は第十一章に、永遠や無限への恐怖は第十二章に表れていますし、甲殻類への恐怖はそのまま最終章の「昆虫的」という造語と響き合っています。

ところで先に本書をアートギャラリーに喩えました。しかしより正確を期すならば、地方のロードサイドなどでひっそり営業されている、私設博物館や宗教施設に近いような気もします。孤独な主人が趣味を全開にして独立で作り上げた、キッチュでいかがわしい珍スポットです（第八章で取り上げられた藤枝静男『風景小説』には、まさにそうした寺院が登場しています）。恐る恐る足を踏み入れると、展示室には無意味なオブジェや不気味な芸術作品がずらりと並んでいて、見てはいけないものを見ているような気持ちになる。ふと気になってカウンターに目をやると、主人らしき男性がこちらを見てにっこりと笑っている……。

単行本刊行以来、熱心な文学愛好家に支持されてきた本書を、地方の珍スポットに喩えるのは失礼な話かもしれません。うしろめたさを共有することで生まれる一種の親密な空気も、本書を読む楽しみのひとつだと思います。私自身はとりたてて神経質でも強迫的でもないつもりですが、春日氏の著作に漂う暗鬱さに触れるのを常々心地よく感じています。人々は顔を黒いベールで覆い、消えた娘を何十年も待ち続け、自死を前にして「うふふ。」と笑う。そんな世界のありようにいやあな感じを抱きながら、懐かしい故郷に帰ってきたような安堵感を覚えたりもする。つまるところ世界とは、本質的に無意味で不気味なものなのかもしれません。

本書を覆ういやあな感じに懐かしさを覚えた読者が、本稿で言及した春日氏の他の著作や、言及しきれなかったさらに多くの著作に手を伸ばしてくれたなら、解説役を仰せつかった人間としてこれほど嬉しいことはありません。

（あさみや・うんが　書評家）

本書は、『無意味なものと不気味なもの』（文藝春秋、二〇〇七）を底本とし、書き下ろしを加えたものです。

引用文中、今日の人権意識に照らして不適切な語句や表現がありますが、それぞれの執筆者が故人であること、執筆当時の時代背景と作品の文化的価値に鑑みて、そのままとしました。

中公文庫

無意味《むいみ》なものと不気味《ぶきみ》なもの

2024年5月25日　初版発行
2024年9月10日　再版発行

著　者　春日《かすが》 武彦《たけひこ》

発行者　安部 順一

発行所　中央公論新社
〒100-8152　東京都千代田区大手町1-7-1
電話　販売 03-5299-1730　編集 03-5299-1890
URL https://www.chuko.co.jp/

ＤＴＰ　嵐下英治
印　刷　三晃印刷
製　本　小泉製本

Published by CHUOKORON-SHINSHA, INC.
Printed in Japan　ISBN978-4-12-207514-6 C1195

中公文庫既刊より

各書目の下段の数字はＩＳＢＮコードです。978－4－12が省略してあります。

か-89-1
老いへの不安　歳を取りそこねる人たち
春日武彦
よく老いることは、むずかしい。老人たちの不安に向き合ってきた精神科医が、老いゆく人の心に迫る。哀しくもおかしな老いの見本帳。〈解説〉宮沢章夫
206744-8

た-19-5
橘外男日本怪談集　蒲団
橘外男
虚実のあわいに読者を引きずり込む、独特の恐怖世界――日本怪談史上屈指の名作である表題作他全七篇を収録した、著者初の怪談傑作選。〈解説〉朝宮運河
207231-2

た-19-6
橘外男海外伝奇集　人を呼ぶ湖
橘外男
虚栄の裏の差別、愛憎の果ての復讐……鬼才による、異国を舞台にした怪奇と幻想のベスト・セレクション全八篇。文庫オリジナル。〈解説〉倉野憲比古
207342-5

よ-17-18
吉行淳之介掌篇全集
吉行淳之介
短篇の名手による、研ぎ澄まされた掌篇五十篇。一九六一年の「肥った客」から八三年の「夢の車輪」まで年代順に初集成。文庫オリジナル。〈解説〉荒川洋治
207487-3

あ-96-1
昭和の名短篇
荒川洋治編
現代詩作家・荒川洋治が昭和・戦後期の名篇を厳選。志賀直哉、高見順から色川武大まで全十四篇を収録した戦後文学アンソロジーの決定版。文庫オリジナル。
207133-9

ち-8-8
事件の予兆　文芸ミステリ短篇集
中央公論新社編
大岡昇平、小沼丹から野坂昭如、田中小実昌まで。非ミステリ作家による知られざる上質なミステリ十編を一冊にした異色のアンソロジー。〈解説〉堀江敏幸
206923-7

ひ-1-2
女の家
日影丈吉
妾宅の女主人の死は事故か自殺か、それとも他殺か。女と男の語りが明かす意想外の真相とは。澁澤龍彥、種村季弘に愛された著者の代表作。〈解説〉堀江敏幸
206937-4